學會紫微斗數這本很重要

紫微斗數賦文白話解釋

了然山人——著

自序

經常有人問山人，為什麼三合的論斷這麼的快又這麼準，不用飛也不用化，厲害的老師，稍微看一下就能說出這麼多呢？其實不是老師們厲害，而是祖師爺-陳希夷先生在其原著的「紫微斗數全書」中早就已經歸納出許多的結論了。因此你只要把「紫微斗數全書」讀熟了，了解了，其實論斷起來，那是相當輕鬆的事情。相信看完山人這本針對紫微斗數全書精選出的古賦文、論、則的白話解譯之後，您應該也能夠快速的作論解，事實上，你需要的資訊還有論斷技巧，通通都在書理。而且本書也把原籍卷四的近百古命譜還有論斷方法，完整的收錄在此書裏，讓你理論與實務並用，了解古人是怎樣使用紫微斗數論斷命盤，以戰養戰，快速提升論斷功力。

山人常說：『如果你從沒看過斗數創始人-希夷先生的紫微斗數全書或全集，這本最原始的典籍，你要如何確定，你你怎麼知道你學的是「紫微斗數」還是少了星曜的「紫微術」呢？甚至是只有四化飛星的「紫微飛星術」？』。學習任何學問，必須要追本溯源，才能真正了解這門學問的基礎與底蘊，誠如已故哈佛大學藝術及科學學院 Jeremy Knowles 院長名言：**高等教育最重要的目標，就是要確保學生能辨別『有人在胡說八道』！**

市面上紫微斗數書籍琳瑯滿目，每個都說自己是正宗、正統，但除了希夷道長原著的「紫微斗數全書」或全集，其他大概都只是「讀書心得報告」或是「個人研究心得」。加上現在網路發達，隨便問個『谷歌大神』，都可以查出一堆資料，但真正的學問在書上，而非網路那種片段、不完整或是偏頗的論點與想法。所以許多人學了十幾年的紫微斗數，卻連紫微斗數這個名稱是怎麼來的，都不知道，這不是很可悲的事情嗎？所以你學的，到底是什麼術？

事實上，當你完整閱讀過紫微斗數全書，你就知道，紫微斗數，除了星，就是星，還是星，除此之外，別無一物，他就是星命學，所以紫微斗數運用的三方四正論斷法，正是西洋占星、印度占星全世界星命學通用的「相位原理」。

0. 序

也許你會說，既然紫微斗數全書這麼重要，那為何不普遍呢？我想這說中了許多斗數學者心中的痛。因為紫微斗數的流傳充滿的神奇色彩，此書自明朝羅洪先狀元訪道華山無意間自 希夷公後人處取得此書之後，便一直以秘傳方式流通，加上紫微斗數是星命學，與中國最古老的星命學，也是山人一直在開課傳授，強調三天八小時就能學成的「七政四餘」如出一轍。而運用星命學論斷，需要的是**精準的數據**，**正確的儀器設備**還有對**天體物理的認知**。但中國民間缺乏此類人才，在後續的補註補輯中，把八字還有七政四餘的內容混用，加上後續印刷排版的漏誤，以至於不管是紫微斗數全書或全集，通通都敖口饒舌，錯字連篇，讀起來真的是相當痛苦，也因此市面上相當少見這類型的書籍。有鑑於此，山人在二〇一二年重新把這本「紫微斗數全書」校訂完成，相信只要對古文稍微有點基礎的，一定很快就能讀通了。

但因古文義簡言亥，就如同「心經」一樣，短短幾個字，往往蘊藏了無限的深意，因此解讀古賦文，如果沒有豐富的實務經驗與厚實的學術基礎，相當難以訓出希夷先生隱含在字裡行間的奧義。也因此，校訂紫微斗數全書容易，但如果要白話解譯這本書，真的很困難。

經過六年多的努力，超過二十年以上的醞釀，慢慢的把這些內容一點一滴的匯聚成冊，終於在二〇一九年的今天完成這艱辛的任務。希望能藉由這本書的問世，讓更多人能清楚知道**什麼是紫微斗數，它的源頭是什麼**，它的本質是什麼。時代在進步，論斷法也隨著進步，無可厚非。你可以用四化飛星或任何其他技法，只要推論正確，都是好方法。但如果你連最紫微斗數最原始的組成道理與論斷技巧都不知道，不清楚。那麼我想 希夷公在天之靈，應該也會長嘆三聲。

再次感謝各位同道好友長期以來對山人的支持，從山人 Youtube 免費教學視頻 (http：//www.youtube.com/arena6975) 突破百萬的流覽次數，山人真切的感受到這百萬的鼓勵，這些力量都是促使山人持續傳承正統紫微斗數的最大動力，因為在這條路上，我，並不孤單。

了然山人

目錄

1.

太微賦

1. 太微賦

原文：斗數至玄至微，理旨難明。雖設問餘百篇之中，猶有言而未盡。

紫微斗數是一門相當玄妙且可以推理到相當細微的一門祿命術，其間深奧的道理及含義相當不容易說明清楚。縱然在書中用了百篇以上的文章來說明解釋，仍然感到無法清楚明白的道盡其中一切深意。

原文：至如星之分野，各有所屬，壽夭賢愚，富貴貧賤，不可一概論議。

就如同紫微斗數中使用的南北斗星還有許多的雜曜，分布於不同的宮位，有不同的組合，每一種差異都相當大，還有各星曜的五行屬性與宮位的屬性是否契合等。因此論斷命主是長壽，短夭，賢能，愚昧抑或是富貴貧賤等狀況時，不可以太過絕對與武斷，必須仔細思考審視命盤，綜合考量才對。

原文：其星分布一十二垣，數定乎三十六位，入廟為奇，失數為虛。

斗數星曜按照規律分布於人事十二宮之中，加上各宮的干支（註一），共計三十六個定位，如果星曜能在入廟的宮位，那是相當特別的，但如果在落陷宮位，發也虛花。

◎註一：斗數宮位以天干地支表示，每宮有一個天干，一個地支，2×12＝24，加上本命盤人事12宮，故24＋12＝36。

原文：大抵以身命為福德之本，加以根源其窮通之資。

原則上必須從命宮及身宮開始論斷，因這是一切的基礎所在，福根深厚的，命身皆美；福澤有損，自然命身宮星曜不會有太好的組合。因此必須要把論斷十二宮的順序弄清楚，才能夠明白清楚的判識出這張命盤的好壞。

原文：星有同纏，數有分定，須明其生剋之要，必詳乎得垣失度之分。

宮內有兩顆星以上稱之為同纏（亦稱為同度），所有星曜的組合有他的分別與區分；一定要知道各星宿與宮位之間的生剋制化的道理，才能夠區分出其廟旺利陷的分別。

原文：觀乎紫微星曜，司一天儀之象，卒率列而成垣，諸星荀居其垣，若可動移。

仰觀北天中央的紫微星（註二），就像天皇大帝坐鎮中央，周天所有星曜都是他朝廷的臣屬與子民。而由紫微星率領的星曜區分成三垣（註三），所有的星曜在各在所屬的星垣中，周而復始的運行移動。

◎註二：北天中央的星曜為「北極星」，古代中國以此星為皇帝的象徵，故又稱此星為「帝座」，「帝星」，「紫微星」。民間信仰的「玉皇大帝」，事實上，指的就是北極星。

◎註三：「垣」指的是「三垣」：紫微垣，太微垣及天市垣。其中紫微垣以紫微星為中心，周邊為護衛還有宮廷中的皇后，後宮，禁衛軍等；太微垣為群臣議政的處所，天市垣為一般民眾居住的處所與市集。

原文：武曲專司財庫，最怕空亡。

武曲為財帛宮主，是專責管理運用財富的星曜，最怕遇到地空，地劫及空亡等

雜曜。（註四）

◎註四：武曲雖是管理財富的星曜，但其本身並不主財，是故武曲之財必須由自己努力得來。因此如果遇到地空地劫這類型土匪強盜的星曜，不但辛苦獲得的財富會因此流失，導致入不敷出。而且會有管理不當，好高騖遠，盲目投資的狀況。

原文：帝居動則列宿奔馳。

紫微星帶領著天空中所有的星曜周天運行，生生不息。

原文：祿守空而財源不聚。

代表財富的祿星（祿存或化祿）如與地空，地劫，截空，旬空等空曜會合，任憑你的財富再多，到頭來也是財來財去空一場。

原文：各司其職，不可參差。

所以各星曜都有他的特性與職責，彼此分工，千萬不可以把各星曜特性混淆，以免貽笑大方。

原文：苟或不察其機，更忘其變，則數之造化遠矣。

最怕就是把星曜本質，特性混淆，錯把馮京當馬涼。又不去考量思索各星曜之間的組合變化及五行生剋制化的道理，那麼想學好紫微斗數簡直是天方夜譚，癡人說夢。

原文：例曰：祿逢沖破，吉處藏凶。

舉例來說，祿存或化祿這類型代表財富的星曜，不論是與煞星同度或在三方四正會照，都算是沖破。也就是金玉其外，敗絮其中，先吉後凶，先成後敗。

原文：馬遇空亡，終身奔走。

命盤中的天馬星如果不幸遇到地空，地劫，空亡等星曜，就注定了命主一生難逃勞碌奔波的宿命（註五）。

◎註五：馬遇空亡劫，表示一生勞碌奔波，如此組合出現在命／身宮，山人暱稱為「勞碌命」。

原文：生逢敗地，發也虛花。

如果本命盤命宮星曜組合不佳，煞忌齊臨又不見吉星搭救。那麼縱然行限遇到吉星，一夕致富，到最後還是會因為根基不穩，曇花一現，不過風雲際會罷了。

原文：絕處逢生，花而不敗。

如果本命盤星曜組合良好，縱然行限星曜組合不佳，被逼入絕境，那也只是一時的不如意而已，最終還是會有好的結果的。（註六）

◎註六：呂蒙正的破窯賦有云：人不得時，利運不通。相當適合的註解。

原文：星臨廟旺，再觀生剋之機。

紫微斗數各星曜都有他廟旺利陷的宮位區分，如果星曜在廟旺之地，必須要在詳細觀察與宮內其他星曜五行生剋的關係，方可為人論斷吉凶禍福。

原文：命生強宮，細察制化之理。

命宮如果星曜組合佳，有良好的格局出現，那麼更要仔細觀察三方四正有無煞忌影響破壞這個良好的星群組合。

原文：日月最嫌反背，祿馬最喜交馳。

太陽太陰最怕同時在落陷的宮位（註七），祿存與化祿最喜歡與天馬星在三方四正中交會。（註八）

◎註七：太陽在酉，戌，亥，子，丑宮為落陷宮位，太陰在卯，辰，巳，午，未宮為落陷宮位，日月反背指的是命盤中的太陽及太陰均在落陷宮位，如果只有單一太陽或太陰落陷，不可依此斷。

◎註八：祿存／化祿在斗數中是財富的象徵。古人經商多是以馬代步，四處奔走。所以馬四處奔波如果追得到錢財，那麼榮華富貴，是指日可待，祿存或化祿與天馬在三方四正中交會，是個適宜經商求財的好組合，稱之為「祿馬交馳」。

原文：倘居空亡，得失最為要緊。

如果命宮不幸遇到地空，地劫，空亡等星曜，最重要的是要觀察三方是否有祿存或化祿。因此兩曜象徵財貨，如與地空，地劫及空亡等同度或會照，表示一生中

財務狀況相當不穩定，得而復失，失而復得。（註九）

◎註九：地空、地劫與祿存在三方相會，稱之為「倒祿」或「祿倒」，因空劫二曜本質為強盜土匪，當財貨遇到賊人，自然得而復失，落得窮困潦倒的境界。

原文：若逢敗地，扶持大有其功。

如果命宮星曜組合不佳，倘有吉曜如紫微，天相，天同等星曜在三方扶持，縱然遇到困難，也能有絕處逢生的契機。

原文：紫微天府全依輔弼之功。

紫微為帝星，天府為南斗主星，這兩顆尊貴的星曜如能遇到左輔，右弼兩顆象徵助力的星曜，構成君臣慶會，輔弼拱主的大格局，才能發揮最大的功用。（註十）

◎註十：紫微不逢輔弼，平常而已，因為格局不夠高，所以最多是單位的小主管或是個人工作室類型的小公司老闆；如有左輔，右弼來扶助，則一生中能有相當崇高的地位與名聲，至少是一個中高階以上主管或中小型企業的老闆。當然，仍須視整體星曜組合而定，倘遇煞忌侵擾，成中有敗，勢必也得經歷一段波折艱辛的過程，才能有所成就。

原文：七殺破軍，專依羊鈴之虐。

七殺及破軍這兩顆孤剋性質相當重的星曜，最怕的就是碰到一樣孤剋相當強的煞星如擎羊、鈴星等四煞，表示相當容易遭到朋友、兄弟的背叛或出賣，或因過度強出頭導致眾叛親離，人離財散的結果。

原文：諸星吉，逢凶也吉。

命宮的星曜組合如果吉星居多且形成格局，那麼縱然在大小限及流年行進時遇到不好的星群組合，最後也還是能夠絕處逢生，逢凶化吉的。（註十一）

◎註十一：命宮是一切的基礎，就如同大樹的根基，根基穩固，縱然遇到強風暴雨，也不至於傾倒衰敗。所以命宮星曜組合佳的人，行限時遇到不好的組合，也不過是一時的落寞而已。別忘了，本命宮主一生吉凶禍福，富貴貧賤，而小限／流年僅有一年，大限也才十年，人的一生可是七十年以上呀。在學習紫微斗數的時後，這是必備的概念，唯有如此才不會落入「見樹不見林」的迷思之中。

原文：諸星凶，逢吉也凶。

命宮的星曜組合如果煞星居多，縱然遇到良好星群組合的大限或流年有驟發的狀況，最終還是難逃敗亡的命運。（註十二）

◎註十二：這段賦文是上段的對比，如果命宮星曜組合不佳，猶如樹的根基太淺，縱然僥倖獲得成功，最後還是難逃大起大落的命運。

原文：輔弼夾帝為上品。

左輔、右弼分居於紫微星前後宮位，稱之為輔弼夾帝（註十三），這種組合的力量，比三方會照輔弼的結構更尊貴，成就也更大。

◎註十三：吉煞星成雙成對出現本宮的前後兩宮稱之為夾宮。例如命宮前一宮為父母宮，後一宮為兄弟宮。如果文昌，文曲在這兩個宮位各一個，稱之為「昌曲夾命」，餘依此類推。

原文：桃花犯主為至淫。

紫微星如果與桃花本質星曜（註十四）在三方四正或同宮同度或會照，數量越多，其人越有可能為風流好色之徒。

◎註十四：桃花類型星曜有三種：
1. 正曜類（正桃花）：貪狼、廉貞。
2. 雜曜類（正桃花）：紅鸞、天喜。
3. 雜曜類（野桃花）：咸池、天姚、沐浴。

原文：君臣慶會，才善經邦。

紫微星如與左輔、右弼還有其餘正曜在三方四正中相會（註十五），稱之為君臣慶會。他的才能還有力量相當大，甚至天生就具備統治經營邦國的能力。

◎註十五：基本上，紫微星只要會到左輔、右弼任一顆就算入格。紫微星為帝星，如君上，其餘正曜為臣屬。因此紫微與重要臣屬（左輔，右弼）還有其他正曜會照，如同君主與臣下相會，故稱之「君臣慶會」，是紫微斗數中最尊貴，力量最大的星曜組合。

原文：魁鉞同行，位居台輔。

如果命宮有天魁、天鉞在三方四正中會照，當官一定能當到台輔以上的大官。或是博學多聞，聰明有智慧的人，且身分地位通常都較高。

原文：祿文拱命，貴而且賢。

祿存或化祿在三方四正中與文昌，文曲這兩顆星曜相會，不但身分地位較高，而且聰明有才能。

原文：日月夾財，不權則富。

太陽、太陰分居於財帛宮前後宮位來夾，如果不是很有權勢的人，就是一個相當富裕的人。

原文：擎羊鈴星鎮衛邊疆。

擎羊與鈴星相會稱之微「鈴羊格」（註十六），多以武職顯貴（註十七），就如同鎮衛邊境的大將軍一樣，威權出眾。

◎註十六：此段賦文原文為：馬頭帶箭，震衛邊疆，出於紫微斗數全書卷四：慶忌之命。但馬頭帶箭的限制太多，實際上他就是擎羊鈴星的組合，因此山人改成星曜組合，較利於閱讀且符合實際狀況。

◎註十七：武職顯貴，武職泛指：軍人，警察等。但在現代社會與古代封建社會差異甚大，因此武職可定義為專門職業技術人員（因專技人員與古代武職人員一樣，也是手持工具或尖銳物品創建個人事業）。

原文：刑囚夾印，刑杖唯司。

擎羊（刑）、天相（印）及廉貞（囚）在命宮的三方四正中相會，稱之為刑囚夾印。一生多有是非爭執，官司訴訟，牢獄訴訟之災等紛擾。

原文：善蔭朝綱，仁慈之長。

命宮有天機天梁同度（辰、戌二宮）或對拱（丑、未二宮）又與吉星會照，代表命主個性樂善好施，有同情心，是一個熱心，慈悲且樂於助人的一個大善人。

原文：貴人貴鄉，逢者富貴。

天魁，天鉞這一組貴人星（註十八），如分居於命宮，身宮各一顆，命盤如果出現這樣的結構，又不逢煞忌，那麼命主定然富而且貴。

◎註十八：天魁為男性貴人，天鉞為女性貴人。

原文：財居財位，遇者富奢。

武曲星為財星，亦為財帛宮主，是故若武曲居於財帛宮，又與祿星（祿存或化祿）相會且不逢煞忌（註十九），那麼命主一定是一個相當富裕豪奢的人。

◎註十九：武曲為財星，但不主財，武曲之財必須靠自己努力而得，因此武曲不會祿，無法發揮他最大的功效，尤其當武曲化權居於財宮或命宮，通常都是一毛不拔的鐵公雞。

原文：太陽居午，謂之日麗中天。有專權之貴，敵國之富。

太陽在午宮為廟旺，午宮又可視為午時，太陽在此時在天空中最為耀眼，故稱之為「日麗中天」。若命宮有太陽且居於午宮，煞忌不見，表示命主在群體裡能夠掌權，個性霸道不認輸，喜歡當老大，有雄心壯志。加會祿星，則有相當的富裕機會。（註二十）

◎註二十：太陽主名聲，不代表實際的錢財，倘不會祿，最多就是表面好看，但實際上並不富裕，例如擔任理事長，顧問，教授等，社會地位崇高，但不一定富裕。只有會到祿星，才能將名聲轉化為實際的利益。太陽化祿或會祿者，適合將名逐利。

原文：太陰居子，號曰水澄桂萼，得清要之職，忠諫之才。

太陰五行屬水，子宮亦屬水，故太陰居子為廟旺之地。水，清明透亮，猶如明朝太傅－桂萼一樣，會是一個清廉忠貞，為人正派誠懇，盡忠職守，不懼權勢，勇於提出諫言的賢人。（註二十一）

◎註二十一：仍須視三方四正是否逢煞忌而定，斗數重的是星群組合，不能單看一顆星曜就貿然論斷。

原文：紫微輔弼同宮，一呼百諾居上品。

紫微星與左輔，右弼在三方四正中相會，由如君上得到眾臣的擁戴，不管從事任何行業，都會是一個賢能的領導者，創建一番大事業的人。

原文：文耗居寅卯，謂之眾水朝東。

文曲屬水，破軍化氣為耗，因此文曲及破軍在五行為東方木的寅卯宮，且水可生木，是故稱之為：眾水朝東。代表一生不管多有成就，最後都會付諸流水，多為虛名虛利罷了。

原文：日月守不如照合。

日月同守命宮，不如在三方四正拱照來的更好（註二十二）。

◎註二十二：日月喜照不喜坐，因日月乃中天尊貴星曜，高懸天空，嘉惠孕育大地萬物，是故日月在三方拱照的星群組合比起日月正坐來得有威力。

原文：蔭福聚不怕凶危。

天梁為蔭星，天同為福星，此二星只在寅申宮同度，因此如果立命在寅申宮且有天梁天同正坐，一生中碰到困難或危險，大都能夠逢凶化吉，轉危為安。

原文：貪居亥子，名為泛水桃花。

貪狼在亥宮必與廉貞同度，此兩顆星均為斗數的大小桃花星；貪狼五行屬水，在五行屬水的子宮為廟旺。中國古代認為桃花亦為水，是故命坐亥子宮逢貪狼，不管男女，桃花都相當旺盛，異性緣都相當好。男生風流，喜好聲色場所，女性喜歡周旋在男人之間，容易被外界情色陷阱誘惑。如三方吉多，則能得異性朋友助力，成就一番事業。倘若與野桃花如天姚，咸池還有煞忌會合，則為「桃花劫」的星群組合，慎防因桃花而產生爭執紛擾，甚至受騙上當，人財兩失。

原文：忌遇貪狼，號曰風流綵杖。

陀羅為忌星，四化中的化忌亦同，貪狼為斗數第一桃花星。因此命坐貪狼，三方四正又遇到陀羅，化忌星侵擾，又加會煞星，表示其人男女關係較為複雜，較易為異性有爭風吃醋，惹出事非災禍或官司之擾。綵杖為古代的杖刑，引申為官非或牢獄之災。故本句的意思，就是容易因男女關係複雜而招來災禍刑罰的意思。（註二十三）

◎註二十三：此組合亦為容易招致桃花劫的一種星群組合。

原文：七殺廉貞同位，路上埋屍。

七殺與廉貞這兩顆孤剋性質重的星曜在遷移宮的三方四正對拱或同宮（註二十四），出門在外，較容易有發生意外事故的狀況，也可解釋為其人個性放蕩不羈，自我主觀意識強（註二十五）。

◎註二十四：七殺與廉貞在辰戌宮為對拱，在丑未同宮，都可稱之為同位。

◎註二十五：七殺與廉貞同位是星盤排列的必然組合，在斗數12基本盤占了4分之1，如果此句「路上埋屍」賦文真如坊間一般庸師所說，是車關，會意外身亡的話，以科學統計角度來看，豈非1／4的人都出交通事故意外身亡？這是荒謬與無稽之談。事實上，路上埋屍的評語出自於紫微斗數全書卷四，竹林七賢‧劉伶之命譜。劉伶遷移宮在未，剛好七殺廉貞同宮，路上埋屍出自於劉伶醉酒典故，話說劉伶很愛喝酒，車上隨時帶著一直鋤頭然後說：如果我醉死了，那就在路上隨便把我埋了吧。這就是「路上埋屍」的典故。並不是真的死於非命，路上埋屍，那只是引申形容罷了。千萬不可以直接以字面解釋，害人又害己。

原文：破軍文曲同入水鄉，水中做塚。

破軍屬水，文曲亦屬水，水鄉指的是亥子二宮（五行屬水），水入水鄉為廟旺，但過與不及均為災，因此如果破軍與文曲在五行屬性同屬於水的宮位同度或會照，就如同水入水鄉，其人個性更加獨斷獨行，缺少包容，思慮不周全，因此做任何事情最後都是自掘墳墓，自取滅亡的結果。就如同跳入水中自盡，跳河與否，是由自己決定的，因此「水中做塜」是引申敘述此格局的人，災禍多由自身而起的意思。(註二十六)

◎註二十六：此段賦文經常被囫圇吞棗的老師誤解為水關，水厄，好像流年碰到這組合就會溺斃，跳河自殺。這都是不徹底了解賦文內容的結果。骨髓賦云：破軍昌曲，一介貧士。與此段賦文是相同意思的。

原文：祿居奴僕縱有官也奔馳。

祿存或化祿星在奴僕宮，縱然是當了大官，也為了朋友部屬而奔波勞累。(註二十七)

◎註二十七：祿星代表財貨，當財貨在僕役宮，因此會有對朋友有重義不惜財的現象，也會為了朋友部屬奔波。

原文：帝遇凶徒雖獲吉而無道。

紫微星如與煞忌會照，又不逢輔弼，縱然有六吉星在三方扶持，也會是一個不講道義，不厚道且自私自利的人。

原文：帝坐金車，則曰金轝捧櫛。

紫微星在財帛宮與天馬，武曲會照或同度（紫微坐命，武曲天馬在財宮同度亦入格）（註二十八），能夠擁有珍貴的財物寶珠與較高的生活品質與品味。

◎註二十八：金車，要拆成金與車兩部分，金指的是武曲星，車指的是天馬星，因車有賴馬來拉動。而由於重享受，所以此組合必須在財宮方可成立。

原文：福安文曜謂之玉袖天香。

福德宮有文昌，文曲等文星在三方四正會照，表示很重視享受，吃穿用都很講究。

原文：太陽會昌曲於官祿，皇殿朝班，富貴全美。

太陽居官祿又與文昌或文曲還有祿存或化祿在三方會照(註二十九)，參加考試一定會高中進士，在皇帝的宮殿裏受群臣祝賀(註三十)，此為有富有貴，名利雙收的完美格局。

◎註二十九：文昌最宜，文曲次之。

◎註三十：古代科舉取士，凡考取進士都會登朝廷由皇帝欽點，稱之為「皇殿朝班」。是故擁有此格局的人，除了天資聰穎，官運也很好，多為政府局處首長，公司總經理或是公司企業倚重的元老重臣等，最適宜在公部門發展，大都能成為高階主管首長。

原文：太陰同文曲於妻宮，蟾宮折桂，文章令聞。

太陰與文昌、文曲在夫妻宮，又不逢煞忌侵擾，能娶到家庭環境很好的老婆，甚至得到女方家的財產，而自己本身也是才華洋溢，文譽昭彰。

原文：祿存守於田財，堆金積玉。

祿存在田宅宮或財帛宮，會是一個很節儉，不會亂花錢的人，因此通常都會相當富裕。(註三十一)

◎註三十一：因為祿存必遭羊陀夾制，這狀況，各位不妨如此想像：祿存代表財貨，羊陀為煞星。當你手上提著一袋現金，左右兩側都是強盜壞蛋，自然不敢把錢拿出來。說是堆金積玉，不如說是鐵公雞一隻，吝嗇成性，但只有這種人，才有堆金積玉的本錢阿。

原文：財印坐於遷移，巨商高賈。

武曲，天相還有祿存或化祿在遷移宮（註三十二），那麼這個人，大都是企業家或是富甲一方生意人

◎註三十二：原文為財蔭坐於遷移，許多人認為財指的是武曲，但武曲與天梁蔭星永遠不可能在三方四正中同會，所以這個財指的肯定不是武曲。如果是祿存呢，也不對，祿存與天梁，賦文記載：抱私財與人，加上天梁為蔭星，喜歡幫助他人，這種人，不太可能成為生意人，因無奸不成商，心地善良的人，是不可能成為一個大企業家的。所以山人認為，蔭與印是同音，極有可能是化氣為印的天相。因天相必然與天府星（庫房）在三方四正中相會，此時加會祿星，府祿相三合，有庫，有印，有財，「巨商高賈」才能成立，按照山人這20年實務經驗，大企業家星盤必備兩個要素：「府祿相三合」，「祿馬交馳」，所以「蔭」改成「印」，比較正確，也符合事實。

原文：耗居祿位，沿途乞食。

破軍在官祿宮（註三十三）又會煞忌，工作上起伏不定，經常在換工作，一年換12個老闆是稀鬆平常，所以收入也是有一餐沒一餐的，就如同乞丐一樣到處乞食求溫飽。

◎註三十三：耗指的是破軍，祿位指的是官「祿」的宮「位」。

原文：貪會旺宮，終身鼠竊。

貪狼如果在廟旺的宮位，不逢煞忌，則多有順手牽羊的壞習慣，如逢羊陀，則容易有有偷工減料，貪汙或是收取回扣等甚至當起小偷，強盜的狀況。會火星，鈴星，地空，地劫反倒不會發生類似情況。

原文：殺居墓地，天年夭似顏回。

大限遇到七殺在大限命宮又居於十二長生的墓地且流年太歲逢羊陀迭併，那麼有可能像孔子得意門生顏回一樣，英年早逝。（註三十四）

◎註三十四：山人經常說，斗數古賦文的論斷，多數是從紫微斗數全書卷四的命譜中統計出來，顏回三十二歲時大限命宮就是七殺正坐三方加會哭虛且居於十二長生的墓地。在壬辰年，流年命宮又逢流羊陀迭併衝命，故有此推論，事實上此為「羊陀迭併」的格局，所以千萬不可以單看到七殺在墓地就斷其英年早逝，那是過於武斷的推論。（詳本書第35章古今富貴貧賤夭壽命圖－顏亞聖命譜）

原文：貪坐生鄉，壽考永如彭祖。

貪狼居命且坐於長生之地，那麼壽元通常會比一般人還長。（註三十五）

◎註三十五：壽元長短，不能只以單顆星曜論斷。

原文：忌暗同居身命疾厄，沉困尪羸。

忌星（陀羅或化忌）與巨門暗曜在命宮，身宮或疾厄宮相會，身體狀況較差，較為虛弱，或有不易痊癒的疾病。

原文：凶星會於父母遷移，刑傷產室。

如果在父母宮，遷移宮見到六煞星成雙成對會照入宮，多為剖腹產或有難產的狀況且多與父母雙親有嚴重代溝，相處不合諧。

原文：刑煞同廉貞於官祿，架扭難逃。

擎羊或天刑與廉貞星在官祿宮相會，多有官司是非，牢獄之災的問題。

原文：官符加刑煞於遷移，離鄉遭配。

官符與擎羊（或陀羅）在遷移宮會照，那麼相當有可能因犯法而流放邊疆，若是流年遇見此組合，除牢獄之災外，一般上班族可能因鬥爭或犯錯被公司調離原工作地或是因此而被迫離職或資遣。

原文：善福於空位，天竺生涯。

天機與天同居命又會照天空，地空，地劫，那麼多為遠離家鄉討生活的「出外人」，甚或是出家人。

原文：輔弼單守命宮，離宗庶出。

左輔，右弼如果在命宮單見（註三十六），大多與父母無緣，多為過房庶出或是非婚生子女，甚或是試管寶寶。

◎註三十六：山人在二〇一八作品－紫微星詮還有 youtube 課程經常提到，吉星要發揮作用有他的成立條件，尤其吉星單見，通常不是好的星群結構。

原文：七殺臨於身命加惡煞，必定死亡。

命宮或身宮七殺正坐且加會擎羊陀羅，又行運至同為七殺正坐的大限或流年，且逢流年擎羊，陀羅來衝，則恐有生死交關的嚴重問題產生。（註三十七）

◎註三十七：跟顏回早夭原因同，均為「七殺迭併」的格局。

原文：鈴羊合於命宮遇白虎，需當刑戮。

鈴星與擎羊在命宮同度或會照，又遇上生年白虎的人，經常會惹上官司是非，行限逢之，更需注意提防。

原文：官符吉曜及流煞，怕逢破軍。

主官司訴訟糾紛的官符或是所有吉星與流年煞星，都怕碰到破軍正坐的宮位，因破軍正坐將導引出各星曜的凶性，凶則更凶，吉則轉凶。

原文：羊陀憑太歲而引行。

流年祿存帶著流年羊陀（註三十八）在各宮位中動移。

◎註三十八：原文為羊鈴，應改為羊陀，因祿存必遭羊陀夾制，因此流羊陀是跟著流祿而動移。為什麼要提醒這一點，因為流羊陀逢破軍，七殺的宮位，都會有意外狀況發生。

原文：病符官符皆作禍。

病符與官符在行限時遇到，都會帶來不小的災禍。

原文：奏書博士與流祿，盡作吉祥。

在大限流年行進時遇到奏書，博士與流祿，都會帶來吉祥如意。

原文：力士青龍，顯其權勢。

在大限流年行進時遇到力士，青龍，那麼該年會是相當風光且神氣的一年。

原文：童子限如水上泡漚，老人限似風中殘燭。

童子限如水上的泡泡，遇到凶曜，很容易就早夭（註三十九），老人限就如同風中搖曳的蠟燭，稍遇凶煞可能就駕鶴歸西了。

◎註三十九：童限有另外看法，不可以第一大限或流年論斷，一般看法如下：一歲命宮，二歲財宮，三歲疾厄，四歲夫妻，五歲福德，六歲官祿。一直到第一大限起始年紀為止，在七政四餘星命學稱之為「出童限」。例如土五局，就按照上列順序，一直到六歲才能開始用命盤的小限或流年來論斷。

原文：遇煞無制乃流年最忌。

流年遇到煞星，但三方看不到可以制化解厄，逢凶化吉的星曜，是最不好的狀況，表示流年可能多災多難。

原文：人生榮辱，限元必有休咎。

人的一生起起伏伏，榮華富貴也是如此，命宮星曜組成良好，但大限行進不好，也是枉然，命宮星曜組合不佳，但遇到好的大限星曜組合，也能驟發。所以人不會永遠好運順風，也不會永遠逆風壞運，這是必須要記住的重點。

原文：處世孤貧，命限逢乎駁雜，學至此誠玄微矣。

人的一生如果孤單貧窮，那是因為本命宮星曜組合不好，根基不穩，行限也起起伏伏，沒有遇到好的大限流年所導致，學到這裏，相信大家對紫微斗數的論斷，應該能有更深一層的體會與認知了。

2.

形性賦

2. 形性賦

原文：原夫紫微帝座，生為厚重之容。

紫微星坐命的人，生來相貌端莊，看起來讓人有種穩重可信賴的感覺。

原文：天府尊星，當主純和之體。金烏圓滿，玉兔清奇。

天府星是南斗最尊貴的主星，因此天府星坐命的人個性較為溫和沉穩，男生看起來沉穩持重，女生看起來長相清秀且相當有智慧。(註一)

註一：金烏指的是太陽，可引申為男性。玉兔指的是月亮，可引申為女性。

原文：天機為不長不短之姿，情懷好善。

天機星坐命的人不高不矮，中等身材，性情溫和，樂善好施。

原文：武曲乃至剛至毅之操，心性果決。

武曲星坐命的人，個性剛烈固執，難以溝通，個性多速戰速決，不拖泥帶水。

原文：天同肥滿，目秀清奇。

天同星坐命的人，因天同為福星，所以臉型多為圓潤，身材微胖，五官清秀端正，頗得人緣。

原文：廉貞眉寬口闊而面橫，為人性暴，好忿好爭。

廉貞星坐命的人，眉毛較濃密且寬，嘴巴比較大，看起來就相當霸道，他的個性比較殘暴，不講人情義理，也喜歡與人逞兇鬥狠，不爭個你死我活是絕不罷休的。

原文：貪狼為善惡之星，入廟必應長聳，出垣必定頑囂。

貪狼五行屬水木，善惡難分，如居廟旺宮位時，通常身材較高佻，穿著打扮比較時髦新潮，心術較為純正；如居落陷宮位，那麼他的個性比較頑劣自我又囂張跋扈。

原文：巨門乃是非之曜，在廟敦厚溫良。

巨門星坐命的人，愛道人是非，胡亂批評他人，常因此而惹禍上身，是出了名的長舌公或是八婆個性。囉嗦又多管閒事。但如果在廟旺宮位，那麼就是一個厚道溫且性情良善的人。

原文：天相精神，相貌持重。

天相星坐命的人，看起來相貌端莊沉穩。

原文：天梁穩重，玉潔冰清。

天梁化氣為蔭，因此看起來比較老成持重，個性修養比較好，且對事物不會太過偏袒，是個公平的人。也是一個很有自己原則的人。

原文：七殺如子路，暴虎馮河。

七殺星坐命就跟孔子的學生子路一樣，脾氣火爆，做起事情激進且急躁，喜怒無常，經常不顧危險，想要徒手打死老虎或是徒步過河一樣，做事情欠缺深思熟慮。

原文：火鈴似豫讓，吞炭裝啞。

火星鈴星坐命的人，就像春秋時期，吞炭裝啞的豫讓一樣，心思深沉陰險，為報復不惜犧牲自己，等待適當時機出手，一招斃命般的陰沉狠毒。

原文：暴虎馮河兮，目太兇；吞炭裝啞兮，暗狼聲沉。

因此七殺坐命，就如同暴虎馮河的子路，眼神一定是充滿殺氣與兇狠；火鈴坐命的人，就如同豫讓一樣，吞炭裝啞，所以聲音大都像暗夜嘶吼的狼一樣，低沉沙啞。

原文：俊雅文昌，眉清目秀；磊落文曲，口舌便佞，在廟必生異痣，失陷必有斑痕。

文昌星坐命，英俊文雅，多為個眉清目秀的帥哥；文曲個性直率，坦坦蕩蕩，其人善於辯論，口才相當的好，如果在廟旺的宮位，身上一定有長在奇怪地方的痣，如果落陷，那麼身上必定有胎記或是刺青及傷疤。

原文：左輔右弼溫良規模，端莊高士。

左輔右弼兩顆星為助星，坐命宮性情溫和善良，樂於助人且較為忠心誠懇，是一個品德高尚的謙謙君子。

原文：天魁天鉞具足威儀，會合三台，則十全模範。

天魁、天鉞這兩顆貴人星入命，看起來相貌端莊，有一種莫名的威嚴感，做事情負責任，不推諉，有擔當，聰明且有文采，博學多聞，有正義感，如與三台八座兩顆雜曜會合，那更是十全十美，堪稱模範。

原文：擎羊陀羅，形貌醜陋，有矯詐體態。

擎羊陀羅兩顆煞星坐命的人，外型長相不好看，五官不正（例如眉有高低，大小眼等），體型高矮不一，看起來就是一副相當奸險，不懷好意的相貌。

原文：破軍不仁，眉重背寬，行坐腰斜，奸詐奸行，驚險相貌。

破軍坐命的人，較不講道義也較無義氣，眉毛粗重，肩膀與背較寬，四肢與脖子較短而粗，看起來身體不太平衡，因此行走時搖搖晃晃，坐姿歪斜，陰險狡詐，多行不義，不論體態或樣貌看起來就不像是一個好人。

原文：如春和藹，乃是祿存。

祿存坐命的人，個性善良，和藹可親，待人接物都和善，講情重義，總是帶給人如沐春風的暖感，是一個品德高尚的謙謙君子。

原文：星論廟旺，最怕空亡。殺落空亡，竟無威力。

星曜落宮首重廟旺或落陷，方可進行論斷，且星落宮後，更怕三方四正碰到地空，地劫這類型空系星曜。例如七殺星與此類空系星曜會合，其孤剋的兇性也無法顯露出來。（註二）

◎註二：所以倘若孤剋性質較重的星曜入命，例如：七殺，破軍，火星，鈴星，加會空曜，反能收斂其災煞之氣，有導正的功效。所以空系星曜並非全然不好，吉星也並非一定帶來好處，最後仍然必須看整體星曜組合而定，這就是紫微斗數，易學難精的地方。

原文：祿權乃九竅之奇。

祿權這兩化星是相當奇特的存在，人有九竅，皆不能離開形體，因此四化星附屬於主星，如星曜能夠化權或化祿，那會帶來吉祥如意。

原文：耗劫散平生之福。

破軍，大耗及地空，地劫等星曜入命，財帛，田宅，福德等宮位，不管有再多的福報都會有散盡的一天。

原文：祿逢梁蔭，抱私財益於他人。

祿存或化祿星為財貨的表徵，如與蔭星天梁相會，則因天梁星心地善良，喜歡照顧弱小，有仁慈之心，因此將自己的財富分享造福其他人。

原文：耗遇貪狼，逞淫情於井底。

破軍與貪狼相會，又逢天姚，咸池等野桃花星曜，對感情生活較為開放，男性容易沉溺於女色無法自拔，女性則較為博愛，容易為情所困，如三方又見煞星，則為標準的桃花劫組合，容易因此而惹禍上身。

原文：貪狼入馬垣，易善易惡。

貪狼星為人類的慾望象徵，其五行屬水木，因此也有兩重特性，如在寅申巳亥四生地與天馬相會，則善惡不定，一下這樣，一下那樣，個性善變難捉摸。

原文：惡曜併同善曜，秉性不常。

如命宮星曜吉凶星互見，表示命主個性反覆無常，難以捉摸。

原文：財居空亡，巴三覽四。

若地空，地劫落財帛，福德，田宅宮位，會經常缺錢，跑三點半，整天想盡辦法賺錢，到處周轉度日，財來財去空一場，一生難有富裕的時刻。是故命盤有此種組合，只適宜上班族生活，絕對不適合創業。

原文：文曲旺宮，聞一知十。暗合廉貞，為貪濫之曹使。

文曲星在命身宮又在廟旺宮位，代表命主相當聰明，舉一反十，不管學什麼都相當快也相當得心應手，口才佳，能言善道。但如果在暗合位（註三）與廉貞相會，則容易成為收受賄絡，貪汙的官僚。

◎註三：暗合是八字干支藏干概念，在斗數運用上有人說應使用「通祿合」，如卯申暗合、巳酉暗合、亥午暗合、子巳暗合、寅午暗合。如上例：文曲在卯，廉貞在申，兩者暗合，餘依此類推。

（不過以山人個人實務經驗，其實以六合位子丑，寅亥，卯戌，辰酉，巳申，午未當暗合位，準確度較高，至於如何使用，就看個人了，不過山人寧願用六合位當暗合位。）

原文：身命失數，實奸盜之技兒，豬屠之流。

命身宮倘無正曜又有煞忌會照，縱然為惡，不過是小奸小盜之輩。亦如屠豬殺狗為生的販夫走卒之流罷了。

原文：善祿定是奇高之藝，細巧伶俐之人

天機與祿存或化祿同宮或於三方會照，一定是有高超技藝，心思細膩，手工靈活的人。

原文：男居生旺，最要得地。

男人的命宮星曜不管組合再好，都必須是在廟旺才能有最好的結果。

原文：女居死絕，專看福德。

女人命宮星曜組成不佳，一定要看福德宮，才能斷論。（註四）

◎註四：古代男尊女卑，男主外，女主內，女性命不好，但如果很有福報，嫁個好人家，則命宮星曜組成再差也無礙。不過現今工商社會，此賦文已與現在社會男女平權的現況不符，不宜採用。

原文：命最嫌立於敗位，財祿更怕逢空亡。

命宮最怕無主星又煞忌齊臨，武曲還有化祿及祿存，最怕地空，地劫及空系星曜。

原文：機刑殺蔭孤星見，論嗣續之官，加惡星忌耗，不為奇特。

天機，天刑，七殺，天梁等星曜單坐命宮，縱然當官也多是由世襲父母職位或透過父母人脈關係而來。如果在加上煞星還有陀羅或化忌會照，那更是可以肯定。

原文：陀耗囚之曜，守父母之位，決然破祖刑傷兼之。

陀羅，破軍還有廉貞這些孤剋性質相當重的星曜，如果在父母宮，一定是破敗祖業，刑剋父母且帶來傷害。

原文：童格宜相根基，紫微肥滿，天府精神，祿存入命，也應厚重。

論斷孩童童限的狀況，必須要細查命宮的星曜組合。如命宮坐紫微星，孩子圓圓胖胖的，很有福氣；如果是天府坐命，看起來神采飛揚，精力充沛，如果是祿存這種溫厚穩重的星曜，也應該是看起來老成持重的孩子。

原文：日月曲相，同梁機昌，皆為美俊之姿，乃是清奇之格，上長下短，目秀眉清。

如果命宮逢太陽，太陰，文曲，天相或是天同，天梁，天機，文昌，身材上半身長下半身短，都是看起來清秀俊俏又聰明的孩子。將來一定會是一個很有成就的奇才。

原文：貪狼同武曲，形小聲高而量大。

如果命宮是貪狼與武曲，體型會比較嬌小，聲音較高且聲量較大。

原文：天同加陀忌，肥滿而目渺。

如果是天同加上陀羅或化忌，身材較為圓潤肥滿，眼睛看起來比較小。

原文：擎羊身體遭傷，若遇火鈴巨暗，必生異痣，又值耗殺，定主型貌醜陋。

如果是擎羊，身體一定有傷疤，倘跟火星，鈴星，巨門暗曜會照，身上一定有特別的痣或胎記。如再遇到破軍及七殺，表示外型一定長的很醜陋。

原文：若居死絕之限，童子乳哺，徒勞其力，老者亦然壽終。

如果本命宮星曜組成不佳，行童限時又遇到煞忌齊臨的宮位，多有夭折短壽的現象，因此縱然在努力哺餵牠，也是浪費時間與體力（註五）。至於老年人如果也是如此，那麼離駕鶴歸西之日也不遠矣。

◎註五：古代醫療不進步，小孩子夭折率相當高。在古代也許可以這樣說，但現今醫療技術先進，因此這段賦文要改成這樣論解：孩子小時候容易生病，扶養起來比較辛苦勞累。

原文：此乃數中之綱領，乃為星緯之機關，玩味專精，以忝玄妙。

這篇賦文是紫微斗數中提綱擘要的說明，將斗數星曜對星盤的影響及狀況說明的相當清楚，學者必須要細細咀嚼，深入研究，才能更深入了解紫微斗數的玄妙之處。

原文：限有高低，星尋喜怒。

人生起起落落，猶如一個人的行限有高有低，所以對星曜入宮位是吉是凶的掌握要相當清楚。

原文：假如運限駁雜，終有浮沉；如逢煞忌，更要推詳。

假如本命宮與大限小限或流年好壞交錯的太雜亂，例如：一年好，一年不好；一個大限好，一個大限不好，那麼這個人的一生一定是浮浮沉沉，難有穩定的時候。如果在遇到煞忌侵擾，更要仔細推敲帶來的影響及改變之後，方可論斷。

原文：精研于此，不患不神。

如果能夠深入研究到這個境界，在利用紫微斗數推命的時候，就不會患得患失，怕自己論斷錯誤了。

3.

骨髓賦

3. 骨髓賦

原文：太極星曜，乃群宿眾星之主。天門運限，即扶身助命之源。在天則運用無常，在人則命有格局。先明格局，次看惡星。

紫微帝座（北極星），是周天二十八宿與星空的主宰。太陽與太陰日月輪轉，孕育萬物，生生不息，也是地球萬物生命的根源，而滿天星斗，影響著我們的富貴貧賤，吉凶禍福。而星辰在夜空中，變化無常，從來不是恆久不變，因此當日月星辰對應到人事十二宮，就出現了許多特殊的星群組合，稱之為「格局」。因此論斷命盤時，首先要把命宮格局區分清楚，好的格局帶來好的發展，壞的格局帶來不幸的一生，貧賤富貴，了然於心。再來就是看命宮三方四正是否有煞忌會照。

原文：如有同年同月同日同時而生，則有貧賤富貴壽夭之異；或在惡限積百萬之金銀；或在旺鄉遭連年之困苦；禍福不可一途而論；吉凶不可一例而斷。

命盤是以出生時辰為最基礎，但相同生辰的人，經常會有貧賤富貴的差異，或在不好的大小限，反而發財得意，也有的命宮星曜組合強勢。但卻一直不斷的遭遇困難與挫折。因此人一生的禍福，不可單純只以命盤來推論，尚須考慮其出身背景，所處環境的差異做適當的調整與機變反映，當然吉凶與否，更不可因為看到一個命例就武斷的當成通例來論斷，那麼保證你錯誤百出。

原文：要知一世之榮枯，定看五行之宮位。立命便知貴賤，安身即曉根基。

要知道人一生的富貴貧賤，一定要先從命宮的星曜組合來觀察，且各宮位都有不同的五行屬性，因此星曜落宮後也有廟旺利陷的區分。倘命宮立定後，發現吉星匯聚且有良好的格局組合且居於廟旺之地，則榮華富貴，指日可待。但倘命宮及三方星曜煞忌齊臨又居於落陷宮位，那麼不過販夫走卒，尋常之命罷了。

原文：第一先看福德，再三細考遷移，分對宮之體用，定三合之源流。命無正曜，夭折孤貧；吉有兇星，美玉玷瑕。

推斷命盤，首先要看命宮及福德宮，再來就是仔細觀察遷移宮等三方的星曜組合。對宮是180度的對沖相位，因此吉煞星如在對宮，則影響相當大，至於三方宮位，乃120度之調和相位，相較於對宮的沖煞，影響來的小的多，因此以本宮為體，三方為用，以三方四正三合法來做綜合的推論與判斷。例如命宮沒有正曜（註一），三方煞忌會照，那麼此人一生大都是孤單貧窮，任憑你如何努力，最終還是落得一場空的命運。又如果本命宮與三方吉煞星互見，成中有敗，縱富貴亦有缺憾，就如同一塊完美皎潔的美玉，內部含了一個小污點一樣，相當可惜。

註一：正曜指的是十四正曜，例如：太陽、太陰、紫微、七殺、武曲等南北斗星，倘宮中一堆雜曜，但不見十四正曜，依然以空宮論斷。

原文：既得根基堅固，須知合局相生，堅固則富貴延壽，相生則財官昭著。

命宮就是一切的基礎，如同樹木，如果根扎的穩，縱然強風暴雨，仍然能屹立不搖，但若本命宮星曜組合不佳，就如同淺根的樹木，一點風雨可能就歪斜凋敝了。因此一個好的命局，命宮星曜組合一定要穩固，除了命宮星曜組成強勢之外，還要清楚考察，本命與行運（限）之間是否有良好的搭配，命與限必須相生相合，搭配的天衣無縫，才可以保證萬年富貴。如果本命宮強勢，根基穩固，自然富貴又長壽。如在行運上又能完美搭配，那麼年少得志，貴顯無疑。例如本命宮好但行運不好，還是得經過一段時間的歷練，才能有所成就，但倘若成就後，那麼大都富貴綿延，福蔭子孫，這都是因為根基穩固的關係。又如本命宮星曜組成不佳，但行運至良好的大小限或流年，那麼縱然橫發也必橫破，富貴不長久，不過風雲際會罷了，那是因為根基不穩固，無法承受再來的風雨侵襲所致。

原文：命好身好限好到老榮昌，命衰身衰限衰終身乞丐。

如命宮與身宮均得吉星廟旺拱照，且大小二限或流年逢吉曜匯聚的宮位又無煞忌侵擾，則一世謀為無不順遂。假如命宮及身宮星曜組合不佳三方不見吉星搭救；又與羊陀火鈴空劫等諸般惡曜會照。而運限又無吉星接應，定主貧賤孤苦。

原文：夾貴夾祿少人知，夾權夾科世所宜。

假如丙丁壬癸生人在辰戌安命，魁鉞加夾。更遇紫微、天府、日月、權祿、左右、昌曲夾身夾命，是為夾貴向貴，其富貴必矣，但此夾宮的狀況，相當少有人會去仔細觀察，因此論斷命盤，本宮的夾宮狀況，影響相當大，許多人論斷錯誤，問題就在沒有注意到這一點。又如甲生人身命丑卯而寅祿居中，是生成之祿，尤為上格。其餘者若甲寅、乙卯、庚申、辛酉四位，俱同此格。如甲生人安命在巳，武曲化科居辰，破軍化權居午，是權科夾命，定主富貴。

原文：夾月夾日誰能遇，夾昌夾曲主貴兮。夾空夾劫主貧賤，夾羊夾陀為乞丐。

太陽太陰在命宮前後二宮夾命，不逢空劫羊鈴等煞星，其貴必矣。假如命宮主星為武曲或廉貞或破軍等孤剋性質較重之星曜，又遇地空地劫或在前後宮，稱之為空劫夾命，出生環境不佳，一生奔波勞碌，難有功成名就之時。又若祿存坐命，則擎羊、陀羅必在命宮前後夾宮，本命宮又逢化忌，且宮中主星為武曲或廉貞，破軍等孤剋性質星曜，一生較為孤單貧窮，倘三方有化祿，化權拱照，不可以此論。

原文：廉貞七殺反為積富之人，天梁太陰卻做飄蓬之客，廉貞主下賤之孤寒，太陰主一生之快樂。

廉貞屬火，七殺屬金；是火能制金為權。如廉貞居申，殺居午，不逢煞忌，且會照祿存或化祿，不管在命宮或身宮皆可，此乃「雄宿乾元」之奇格也，反為積富。然倘居逢化忌及煞星等會照，破局論之。太陰在與天梁在三方四正會照，多為外勤工作人員或離鄉背井出外打拼的人，且個性較自我，孤僻，難以與人相處。因為廉貞星性孤剋兼具桃花的雙重特性，倘無吉曜搭救，卻有煞忌會照，那麼必定增加人生的崎嶇坎坷，而太陰主財，在廟旺宮位又有祿星與吉星來合，則必然一生富足，快樂自在。

原文：先貧後富武貪同身命之宮，先富後貧只為運限逢劫煞。

如果早年貧窮而後富裕，那大都是因為命立丑未，逢武貪同宮，蓋武曲之金剋貪狼之木，則木逢制化為有用。故先貧而後方富貴。又或得三方有昌曲佐又等星拱照之貴限，再逢科祿權加會，則貴顯至矣。倘出現早年富裕，晚年貧困的狀況，大都是命宮星曜組合佳，行第二，三大限時得吉星，一帆風順，但在中年行運逢劫空耗煞等凶曜，則身命無力，故後貧也。

原文：出世榮華，權祿守財官之位，生來貧賤，劫空臨財福之鄉。

祿權守財帛、官祿且入廟逢吉星又無煞忌侵擾，定主榮華，身命值之亦然。如果人出生時環境不好，艱辛成長，成年後辛苦奔波亦無所獲，那是因為地劫與地空在財帛宮或福德宮，或地空，地劫在命宮，身宮各一亦同此斷。

原文：文昌文曲為人多學多能，左輔右弼，秉性克寬克厚。天府天相乃為衣祿之神，為仕為官定主亨通之兆。

命宮逢文昌，文曲吉星拱照，那麼此人一定聰明出眾，才華洋溢。但如三方逢煞，卻反倒因此惹出災殃。如左輔，右弼二星坐命或夾宮，不論吉星多少，天性寬容敦厚。天府天相星主一生食祿資糧多寡，如加會祿存或化祿，不管當官或是在一般企業工作，一定能有相當的成就（註一）。

註一：此處除指府相朝垣格局外，倘本命盤天府、天相與祿存三合入命宮，財帛宮，福德宮，官祿宮，田宅宮等亦同此斷。又府相朝垣格局，無祿來會亦為平常，不作富足斷。

原文：苗而不秀，科星限於凶鄉，發不主財祿主纏於弱地。七殺朝斗，爵祿昌榮。紫府同宮，終身福厚。

一生懷才不遇，那是因為文昌，文曲或化科星與地空，地劫，擎羊，陀羅同度，或居於落陷宮位。發不了財或橫發橫破，那是因為祿存或化祿與地空，地劫會照，稱之為「倒祿」，縱於居於廟旺亦然無用，為孤貧之命。假如寅，申，子，午四宮安身命，七殺於對宮且三方與化祿，祿存，加會吉曜者謂之（註二），一生富貴榮華，如三合有煞星沖犯，破局論之。

註二：紫微，天府稱之為斗，在寅申二宮逢紫微，天府同宮，對宮七殺來朝，稱之為七殺朝斗，在子午宮逢天府武曲同宮，對宮七殺星沖照，亦屬入格，稱之為七殺仰斗。但無祿星加會，僅為尋常且必然的星群組合。

原文：紫微居午無煞湊，位至公卿。天府臨戌有星扶，腰金衣紫。科權祿拱名譽昭彰。

紫微星在午宮會照左輔，右弼及祿存或化祿且無三方四正無煞忌侵擾，在官場或職場上會有相當崇高的地位。又太陽太陰在命宮前後二宮夾命，不逢空劫羊鈴等煞星，其貴必矣。如果安命戌宮逢天府，又與化祿，祿存在三方會照，依此斷。若又有天魁，天鉞、左輔，右弼、化權，化科加會主大富貴。如命宮逢化祿，化權，化科在三方拱照，稱之為「三奇佳會」，無論一生從事什麼行業，都能有相當的成就，且家庭背景通常都不錯。

原文：武曲廟垣威名赫奕。科明暗祿位列三台，日月同臨官居侯伯。巨機同宮公卿之位，貪鈴並守將相之名。

如武曲在廟旺之地，又見化祿，化權、左輔，右弼、文昌，文曲等吉星，那麼一生不管是在官場或職場上，大都是享有崇高名聲地位的人。如化科星守命宮，與祿存或化祿呈現暗合，稱之為科明暗祿，大都是政府高官或是企業的中高階主管。如命宮逢日月拱照，無煞忌侵擾，為貴格，在社會上大概都是有相當崇高地位的人，加會祿存或化祿，那麼富貴雙全，極美矣。若命居卯宮逢巨門天機二星守命，更遇文昌、文曲、左輔、右弼、則多為企業政府的高級管理者，但若在其餘宮位，不可依此斷。又若命宮貪狼，三方加會鈴星則為「火鈴格」，無煞忌破局，財常橫發，若為武職人員，例如：軍人，警察，專技人員，則多為高階管理人員。

原文：天魁天鉞蓋世文章，天祿天馬驚人甲第。左輔文昌會吉星，尊居八座。貪狼

火星居廟旺，名鎮諸邦。

如本命宮或身宮三方四正見天魁、天鉞，謂之坐貴向貴，為標準公門格局，不但一生多貴人，其天資聰慧，讀書考試一把罩，加會昌曲，錦上添花。祿存或化祿與天馬三合守照命宮，又逢文昌、文曲來會合，那麼除了適宜經商求財，參加考試也是常勝軍，倘又有煞忌來擾，破局論之。貪狼與火星在命宮三方四正守照命宮，三方無煞，稱之為「火貪格」與「火鈴格」同，財皆橫發，倘會煞忌，橫發亦橫破。

原文：巨日同宮官封三代，紫府朝垣食祿萬鍾。科權對拱，躍三汲於禹門。日月並明，佐九重於堯殿。

巨門為暗曜，如與太陽同宮守照，則太陽之光能驅巨門之暗，此格局中州派稱之為「天闕格」，表才華能為世所用，社會地位崇高，如逢煞星，破局論之。紫微天府只在寅申同宮，因此命宮坐寅申逢紫微天府正坐且會照化祿或祿存者謂之「府相朝垣」，那麼一生衣祿豐足，生活優渥。倘天府、天相同宮不會祿星，平常而已，如逢地空、地劫等煞曜沖照，破局論之。又化科、化權二星在遷移、財帛、官祿三方對拱稱之為「科權對拱」。參加考試多能金榜題名，在一般公司企業，也多能掌握權力，多為中高階主管。如命宮逢日月在三合拱照，稱之為日月並明，如無煞忌且有祿星會照，則多為富貴中人。

原文：府相同來會命宮，全家食祿。三合明珠生旺地，穩步蟾宮。七殺破軍宜出外，機月同梁做吏人。

天府、天相三合照臨命宮又逢祿星，更遇本宮吉曜多，身命無敗，是為府相朝垣之格，其富貴必矣。如在未宮安命，日在卯宮，月在亥宮來朝照，為明珠出海；主財官雙美。如辰宮日守命，戌宮月對照；戌宮月守命，辰宮日對照，必主極貴。七殺與破軍必在三方四正中相會，倘此二星會命宮或身宮且均於陷地，主諸般手藝能精，巧藝之人是故較適宜外勤工作人員，天機、天同、太陰、天梁四星必須命宮或身宮三合齊全方可以「機月同梁」論之，倘加煞化忌，下格。因此類型星曜想多做少，缺乏積極上進的精神，習於一成不變，單調乏味的生活，因此倘為政府官員，多為基層公務員或約聘僱人員，倘在一般企業，為普通職員，縱為主管，亦多為基層小主管。

原文：紫府日月居旺地，斷定公侯器。日月科祿丑宮中，定是方伯公。天梁天馬陷，飄盪無疑。

紫微居午宮，天府戌宮，日居卯宮，月臨亥宮皆為廟旺之地，又有化祿、化科、化權坐守身命者，家庭背景一定相當優渥，倘加煞忌空劫等煞星，謂之美玉沾瑕，破局論之。丑未宮安命，日月及化科、化祿坐守亦同，倘無吉曜扶持，平常而已，三合會煞忌，破局論。命宮或身宮居於寅申巳亥四宮，逢天馬及天梁會合拱照或天梁居於陷地又逢擎羊、陀羅等煞忌齊臨，均可稱為「梁馬飄盪格」，漂泊不定，工作換來換去，居無定所，一生難有穩定的時候，自然也富不起來。此局人適合業務，外務，快遞，宅配等外勤工作，因適性適所，反倒能有機會穩定下來。

原文：廉貞煞不加，聲名遠播。日照雷門，富貴榮華。月朗天門，進爵封侯。寅逢府相，位登一品之榮。

如命宮在卯宮、未宮及申宮逢廉貞正坐，又逢祿存或化祿會照，也能有相當成就，倘有煞忌加會，不算。卯宮為太陽東出之所，謂之雷門，因此卯宮安命，逢太陽坐守；更三方左輔、右弼、文昌、文曲、化祿等吉星守照，富貴榮華終身是可以預期的，縱有煞忌加會，為美玉沾瑕，亦主溫飽無虞。亥宮為太陰西出之所稱之為天門，故安命在亥，太陰坐守，三方諸吉拱照，富貴無疑，倘無吉有煞亦主溫飽。寅宮安命，天府居午宮，天相居戌宮來朝，抑或天府居丑宮，天相居巳宮來朝又有化祿或祿存在三方會照，更有吉曜拱照，則倘為政府官員多為高層級官員，一般民間企業亦多為中高階主管，倘加煞化忌，破局論之。

原文：墓逢左右，尊居八座之貴。梁居午位，官資清顯。曲遇梁星，位至台綱。科祿巡逢，周勃欣然入相。文星暗拱，賈誼允矣登科。

命宮、財帛宮、遷移宮、官祿宮立於辰戌丑未四墓地，又逢左輔、右弼三合會照拱照，稱之為「墓逢左右」，聲名顯達，享有崇高的社會地位或權力，逢地空，地劫或化忌侵擾，破局論之。若命宮在午，逢天梁坐守，三方無煞有吉者，多為清高忠諫之重臣，逢煞不算。又若安命午宮或寅宮逢天梁、文曲二星同宮坐守，抑或天梁在午，文曲在子會沖者，大都是政府或民間企業的中高階主管或官員。命宮有吉星，三方逢化科、化祿星沖拱，或福德宮逢遇化科、化祿、化權三奇佳會亦同，都為富貴之命格。如命宮有吉曜，三方又有文昌、文曲或化科星朝拱者，稱之為「文星暗拱」，聰明出眾，才華洋溢，多能透過考試求得官職，亦為標準公門格局，倘在一般企業，多為主管或老闆倚重之人才，倘加煞化忌，縱然金榜題名，業必歷寒窗十載方可功成名就。

原文：擎羊火星，威權出眾；同行貪武，威壓邊夷。李廣不封，擎羊會於力士。

如立命在辰戌丑未四墓地，遇擎羊火星三方拱會，稱之為「火羊格」，其人允文允武，由其利於武職，例如：軍，警，消，技術人員等，多能在社會上有良好的名聲與地位，又如果加會武曲，那麼若是武人，定有良好聲名，如為專技人員，則能在其所屬領域因突出技藝，受人讚揚。李廣才能出眾，但因為命宮有擎羊又與力士同宮，因此一生無法成為大將軍，亦即才能蓋世，卻成無用，倘命宮逢此二星，縱三方吉星拱照，亦作平常之論，倘煞忌加會，則多有凶難。

原文：顏回不發，文昌陷於天傷。仲由猛烈，廉貞入廟遇將軍。子羽才能，巨宿同梁沖且合。

顏回是孔子最得意的門生，但終身沒有功名，那是因為命盤中的文昌文曲星落陷又與天傷同度，文星在弱鄉受制所致。子路（字仲由）立命申宮，廉貞居之又與將軍會照，在軍事方面相當有才華，三合會煞忌或不會祿星，破局論之。子羽立命宮在申，子宮有天同，寅宮有巨門，辰宮有天梁，又得化科、化祿、化權及左輔、右弼拱沖，因此才華出眾，受人欽佩景仰，倘三合會煞忌，不是。

原文：寅申最喜同梁會，辰戌應嫌陷巨門。祿倒馬倒，忌太歲合劫空。運衰限衰，喜紫微解凶惡。

立命於寅宮、申宮逢天同、天梁正坐，倘加會吉星與祿星，那麼富貴無疑。辰戌宮為巨門星的落陷宮位，巨門星為暗曜，落陷暗上加暗，倘命宮巨門星正坐於辰宮或戌宮，則前途未免暗淡，暗地是非亦不斷。如天馬星與祿星會照卻逢地空，地劫等空曜，稱之為「半空馬」，倘太歲流年行限至此宮，縱然辛勤奔波，焚膏繼晷，最後大都是白忙一場，甚至是賺不夠賠，入不敷出的狀況。又若本命宮星群組合不佳，又遇到星曜組合不佳的大小限或流年，這時候，最希望能有紫微星或天魁，天鉞星在三方會照，可稍化解此限度的凶惡。

原文：孤貧多有壽，富貴即夭亡。吊客喪門，綠珠有墜樓之危。官符太歲，公治有縲絏之憂。

如命宮星曜組合不佳，宜減祿以延壽是也。倘大小限或流年命宮、財帛、遷移等宮，吉星匯聚，若命宮星曜組合不佳，因根基不穩，無法承受，因此富貴多不持久，發過即花，甚至人生會因此提早買單。因為富貴人人愛，但也需要本命能承受的住。這點看過山人實例分析系列書籍應該都知道，山人經常說：命弱身弱者，切莫大富大貴，已勉人生提早買單，其理便在此。綠珠女士由於大小二限遇有喪門吊客且太歲亦逢凶星，是故有墜樓的危險。又倘命宮或身宮有官符坐守大小限或流年又遇官符加煞忌，那麼究會跟公治先生一樣，有坐牢的危險。

原文：限至天羅地網，屈原溺水而亡。運遇地劫天空，阮籍有貧窮之苦。文昌文曲

會廉貞，喪命天年。

辰宮與戌宮稱為天羅地網，倘大小限或流年行至辰戌二宮，逢武曲貪狼，更有太歲、喪門、吊客、白虎及空劫四煞；亦或其一沖照，那麼恐怕會像屈原一樣溺水而亡或有生死交關的意外災難。倘大小二限或流年行運至地劫、地空二星拱照夾合的宮位，縱然三方吉曜扶持，亦主財來財去空一場，如見流年煞曜及凶星駁雜，定主該限度貧困。如安命在巳亥二宮逢廉貞貪狼正坐，三方又與文昌、文曲拱照，且逢煞忌，則身體通常不大好，但若與武曲、天相、化祿或祿存等主財之星會照，無煞破局，反主一生能因掌權而貴顯。

原文：命空限空無吉湊，功名蹭蹬。生逢天空，猶如半空折翅。命中遇劫，恰如浪裏行船。

如本命逢地空，地劫，大小限或流年亦逢空，其功名必不能就，抑或本命宮雖有文昌、文曲，唯逢空劫命限，亦主燈火辛勤，考運仍然不佳。命宮值地空坐守，作平常之論，倘加會地劫，則行運至中年多失意落寞。倘曾橫發，多有凶亡之虞。

命宮遇地劫坐守，作平常論，倘加會地空又同煞忌，則一生勞苦，猶如在大浪裏行船，顛簸難行。

原文：項羽英雄，限至天空而喪國。石崇豪富，限行劫空傷使之地而亡家。呂后專權，兩重天祿天馬。楊妃好色，三合文昌文曲。

大小二限及流年俱逢天空、地空，縱然英雄蓋世如西楚霸王項羽，也難逃敗亡傾國的命運。倘大小二限行至地劫、地空、天傷、天使交會夾宮之地，又流年太歲值煞忌齊臨加會空曜，縱然豪奢如石崇，其家產抑散盡，流落街頭。倘本命宮立於寅、申、巳、亥四馬地，逢祿存及化祿且天馬三合拱守命宮，此稱為「雙祿馬交馳」，為經商創業的好格局，多為大老闆或政府高層官員，就猶如西漢時期的呂后一樣專權霸氣。倘命宮及三方逢昌曲拱合守照，更會太陰天機，則其人不但外型秀氣且才華洋溢，與唐朝時期的楊貴妃一樣，因才華及出色容貌得皇帝垂青，權傾一時。

原文：天梁遇馬，女命賤而且淫。昌曲夾墀，男命貴而且顯。極居卯酉，多為脫俗僧人。貞居卯酉，定是公胥吏輩。

若安命於寅申巳亥四宮，遇天馬坐守，而三方遇天梁及天姚、咸池等桃花諸曜合照，不論男女，則感情觀念較為開放，相對也較容易為情所困。而太陽為丹墀，太陰為桂墀；如命宮在丑未二宮，逢太陽太陰正坐，而子寅宮或午申宮有昌曲來夾，稱之為「昌曲夾墀」，不論男女，其家庭出身背景一般都相當優渥，且社會地會崇高。極為北極，亦即紫微帝座之別稱，如紫微坐守命宮無左輔、右弼又三方煞忌匯聚，則紫微星就如同兒皇帝一般，任人宰割，一生辛勞且多波折，是故必須努力修行，改變自己，倘已是出家人，則對一切較能看開，是一個相當自在的出家人。卯酉宮安命，逢廉貞坐守加煞忌，不論是當官或在一般企業公司任職，多為基層公務員或普通職員，難有升遷的機會。

原文：紫府同宮，尊居萬乘。廉貞七殺，流盪天涯。鄧通餓死，運逢大耗之鄉。夫子絕糧，限到天傷之內。

倘命宮居於寅宮或申宮，逢紫微天府坐守，逢左輔、右弼拱照，由於紫微天府均為主星，故將有相當大的成就與社會地位。倘安命於巳亥二宮逢廉貞，七殺及天馬三合拱合守照，且加煞化忌，兼逢空劫，多為外勤工作人員，離鄉背井，四處奔波討生活。鄧通立命於子宮，大小二限行至空劫夾至之宮位，流年又逢大耗，更會惡曜，因此衣食不繼，大小限逢地空、地劫及天傷，縱然如孔夫子也絕糧受困，因地空，地劫，大耗等星曜主破耗難留，因此倘大小二限或流年逢之，則該段期間多有寅食卯糧，收支不平衡，入不敷出等狀況。

原文：鈴昌羅武，限至投河。巨火擎羊，終身縊死。命裏逢空，不漂流亦主貧苦。馬頭帶劍，非夭折即主刑傷。

武曲、文昌、陀羅與鈴星此四星倘交會於天羅地網的辰戌二宮，大小二限或流年行至該宮位，又逢化忌，則多因自身做了錯誤的抉擇而招致事業或工作上一敗塗地的慘狀（註四）。倘本命宮巨門星又與火星、擎羊在三方會照，則身體狀況大都不好，倘大小二限行至煞忌齊臨之宮位，則多有凶危狀況發生。如命宮不見正曜或有地空坐守，三合又有地劫與煞忌，且無吉曜搭救，則一生多東奔西跑，勞碌終生也一無所獲。擎羊在午宮守命，謂之馬頭帶劍，此為紫微斗數全書卷四慶忌之命宮星曜組合，此為特例，並非所有人都如此，且單憑擎羊在落陷宮位就這麼嚴重，未免擔憂過度了。

註四：因一個人投河自盡與否，決定權在自己，是故此為中國文學慣用之引申法。坊間許多庸師，不明究理，囫圇吞棗，將「鈴昌羅武」解釋為「水厄」，將另一個「殺拱廉貞」解釋為「車關」，這都是不正確的解讀。

原文：子午破軍，加官進祿。昌貪居命，粉骨碎屍。朝斗仰斗，爵祿昌榮。文桂文華，九重貴顯。

子午二宮逢廟旺破軍守命逢祿存或化祿加左輔、右弼、天魁、天鉞等吉星，不逢煞忌，一生富貴。倘命宮或官祿宮有貪狼且立於巳亥這兩個貪狼落陷之宮位，又逢文昌星坐守，三方加會煞忌，多主言過其實，愛說大話，紙上談兵，虛而不實，台語有句話，對昌貪的星曜組合形容相當貼切：「桃花舞春風」，因為過度浮誇，因此最後大都招致慘敗的命運，此處粉骨碎屍其實也是引申法，昌貪格雖惡，古曰：政事顛倒，到也不致於粉骨碎屍那麼嚴重。斗，指的是南北斗主星：紫微與天府星，倘七殺守命且居子、午、寅、申宮是也。如居子午為「七殺仰斗」；居寅申為「七殺朝斗」，倘命宮逢此星曜組合又逢祿存或化祿並有左輔、右弼等吉星會照者，不逢煞忌，大都因工作上的衝勁還有謀略而富貴終身，此局倘無祿星會守拱照，平常而已，且遷移、官祿二宮，不在此論。文昌為文桂，文曲為文華，故此為「昌曲拱命」格局，亦即命宮逢文昌、文曲星拱照且本宮三方無煞忌侵擾又與祿合者謂之，由於文星入命，其人聰明有智慧，天資聰穎，往往能夠在社會上或職場上取得良好成就，獲得眾人敬仰。

原文：丹墀桂墀，早遂青雲之志。合祿拱祿，定為巨擘之臣。陰陽會昌曲，出世榮華。輔弼遇財官，衣緋著紫。

倘命立於卯辰巳宮逢太陽正坐逢太陰拱照稱之為「丹墀」，命立於酉戌亥宮，太陰正坐命宮逢太陽拱照，稱之為「桂墀」(註五)，又有文昌、文曲、天魁、天鉞等吉星拱照，那麼命主定然年紀輕輕就相當有成就。祿存與化祿在財官二宮合命稱之為「合祿」，或命坐祿而遷移有祿拱，稱之為「拱祿」，亦可稱為「雙祿交流」，祿存及化祿均象徵財貨，因此雙財星入命，不富也難，倘父母宮值此，多主家境富裕，倘命宮值此，一生不缺錢用。但若三方加會地空、地劫等煞星，仍主衣食不足，以破局論。陰為太陰，陽為太陽，是故命宮逢太陽、太陰拱照又與文昌、文曲會合，則此人多出身於富貴人家，逢煞忌減損，但出身小富之家可也。如命宮、身宮或官祿宮，三方有輔弼拱照謂之，亦稱為「輔弼拱命」，一生不管從事什麼行業，都能得到眾人助力而功成名就。

註五：丹為太陽，墀為階梯，日居卯辰巳宮為升殿，又與太陰合照，使得地面皎潔明亮，稱之為「丹墀」；而桂為太陰，故桂墀指月亮光華皎潔明亮之意，月入酉戌亥亦為升殿，稱之為「桂墀」，其理亦同。

原文：巨梁夾命廉貞會，合祿鴛鴦一世榮。武曲閑宮多手藝，貪居陷地做屠人。天祿朝垣，身榮貴顯。魁星臨命，位列三台。

命立子午二宮逢廉貞正坐，左右有巨門及天梁來夾，又逢祿星及諸吉曜拱照，亦或祿存或化祿居夫妻宮，見祿來合，均主富貴顯達，落夫妻宮稱之為「祿合鴛鴦」格，最適合與異性友人或配偶一起創業賺錢，定能有相當成就。武曲命立巳亥武曲守命加煞者，宜以手工技藝或專業技術安身立命，貪狼巳亥為陷宮，倘命居此且逢貪狼守命，三方煞忌齊臨，大都為販夫走卒，平常之命。天祿指的是祿存，朝垣此處指的是命宮，因此倘命宮三方有祿存星，且無煞忌及空劫雙煞，亦為富貴之命。倘天魁天鉞拱照命宮，其人聰明出眾，才智過人，多機遇及貴人，因此通常能有不錯的成就。

原文：武曲居戌亥，最怕貪狼加煞忌。化祿還為好，休向墓中藏。

武曲在戌亥宮守命，三方見貪狼化忌加煞，因武曲貪狼年少不發，倘又化忌加煞星會照，年少不但不伐，甚至歷盡艱辛勞苦，因此武曲最怕遇到這類型星曜組合。但若有火星在三方沖照組成「火貪格」，則反為富貴格局。倘化祿守照命宮，三方四正無煞有吉，主富貴。但落辰戌丑未四墓宮，縱加吉曜，亦然無用。

原文：子午巨門，石中隱玉。明祿暗祿，錦上添花。紫微辰戌遇破軍，富而不貴有虛名。

子午二宮安身命，借巨門坐守；更得寅戌申辰等四宮有化科與化祿合照，不逢煞忌，則富貴必矣，因巨門為暗曜，故為石中隱玉。如命宮酉化祿或祿存坐守，暗合宮位亦有化祿或祿存來合者，為之「明祿暗祿」，如甲年生人祿在寅，命立寅宮，且亥宮得化祿坐守，寅與亥為暗合（六合），則寅宮祿存為明祿，亥宮化祿為暗祿，其餘依此類推。辰戌二宮安命遇紫微及破軍，實為陷地，且辰宮為天羅，戌宮為地網，是故必不貴也。縱然發財，亦無實受，多虛名虛利罷了。

原文：昌曲破軍逢，刑剋多勞碌。貪武墓中居，三十才發福。天同戌宮為反背，丁人化吉主大貴。

如命宮立於卯酉辰戌宮又逢破軍守命，雖得文昌文曲拱照，亦非全吉，蓋因該宮位為破軍落陷之宮位，倘又加會煞忌，亦主貧苦。又若命立於辰戌丑未四宮，值此武曲貪狼守命，定主少年不利，至少需過三十後才有機會，唯若三方會照火星，構成「火貪格」，又無地空、地劫等煞忌侵擾，反主富貴，不可以晚發論之。天同在戌宮本為陷地，又與陰機巨梁會照。命立於此，如遇丁生人，則太陰化祿，天同化權，天機化科，巨門化忌，祿權科忌四正齊臨定主大富貴，倘加煞則破局。

原文：巨門辰戌為陷地，辛人化吉祿崢嶸。機梁丑未化吉者，縱遇財官也不榮。

辰戌巨門坐命，本為陷地，如遇辛生人，辛年巨門化祿在辰，則酉祿暗合，必主富貴，倘加會地空、地劫等煞曜，破局論之。天機天梁居丑未宮為落陷，命立於此逢之，縱天梁能逢凶化吉亦無力扶持。

原文：日月最嫌反背，乃為失輝。身命定要精求，恐差分數。陰騭延年增百福，縱於陷地不遭傷。

日月反背係指日月均落陷（註五），由於失去光亮，故命宮逢之，多為虛名虛利罷了。欲安身命宮先辨定時辰，時真則命無不應，時不確則訛誤大矣。身命雖弱及行弱限，反得福德，此必因心好多積陰騭所致。（註六）

註五：日月反背多有富貴者，因此判識日月反背，不應單以太陽，太陰所居宮位論斷，山人這幾十年一直強調，必須按照時際出生日期斷太陰是否落陷，以實際出生時辰判定太陽是否落陷，如皆落陷，方可如此論斷。例如命主生於農曆初十日未時，初十日之月不能算無光，未時太陽雖光芒不盛，但仍不算無光，餘依此類推。

註六：在紫微斗數全書卷三有一篇「論陰騭延壽」，本書亦有收錄，希夷先生特別在此論中強調，倘人平日多行善事，多積陰德（騭）則縱然遇到凶惡大限，亦能平安度過，此與佛家重業輕受概念相同。

原文：命實運堅，槁田得雨，命衰限衰，嫩草遭霜。

本命宮及身宮均有正曜且三方星曜組成良好，縱行限不利，但遇到星曜組成良好大限之時，猶如久旱逢甘霖，必得豐收喜樂，富貴綿延。倘本命宮及身宮無正曜且三方煞忌齊臨，在行至星曜組合不佳之大限時，就像是嫩草遇到霜雪，很快就被壓垮了。因此山人常說：命與運需要搭配良好，倘命弱身弱者，切莫大富大貴，以免人生提早買單，其意便在此，是故命身皆弱者，倘減祿過活或多行善事可以延壽，因此「孤貧多有壽」，其意便在此。這是希夷先生在書中一直強調的概念，習命者需慎思牢記。

原文：論命必推星善惡，巨破擎羊性必剛。府相同梁性必好，火貪劫空性不常。昌曲祿機清巧秀，陰陽左右最慈祥。

論命的時候，一定牢記熟悉各星曜的星性，是良善或剛強，是孤剋或浮動，才能抓準命主個性及未來發展，並提出最適切的建議。例如：命宮逢巨門破軍加會擎羊這種孤剋性強的星曜，那麼個性必然剛強好勝；又如命宮見天府、天相、天同、天梁這種主善、福、蔭之星，又不會煞忌且居廟旺，那麼此人個性脾氣一定相當溫和良善；又如命宮坐火星，擎羊，陀羅等煞星，那麼命主除脾氣爆烈外，言行多反覆，性情喜怒無常；又如命宮見文昌，文曲，祿存，天機此類象徵聰明才智的星曜，無煞忌又居廟旺，那麼命主定然反應機靈，長相清秀，口才及智慧都相當高；又若命宮見太陽、太陰拱照合照，又有左輔、右弼等吉星，則因太陽太陰為尊貴之曜，左輔右弼本質誠懇善良，是故此星群組合主其人和藹可親，善良有同情心，願意濟助他人。

原文：武破廉貪沖合，局固全貴，羊陀七殺相雜，互見則傷。貪狼廉貞破軍惡，七殺擎羊陀羅凶。

命宮或身宮三合遇武曲、破軍、廉貞、貪狼更得吉曜扶持，煞忌不見，其富貴必矣。擎羊與陀羅為煞星，如與七殺加會於命宮，則過剛則折，一生多因自身過於衝動急躁而惹禍上身或招致敗亡之命運，縱若得吉曜紫微會照固能降七殺化權，使羊陀向善，但七殺羊陀終非吉曜，到老亦不得全美也。又若命宮或身宮三方有貪狼、廉貞、破軍、七殺、擎羊、陀羅等星合會守照，更加化忌又不見吉曜扶持，則定主一生勞碌辛苦，六親緣淺，汲汲營營終生也難有成就，更需擔心凶亡，縱然如此類星曜入廟化吉，亦與前理由同，到老亦不得全美也。

原文：火星鈴星專作禍，劫空傷使禍重重。巨門忌星皆不吉，運身命限忌相逢，更兼太歲官符至，官非口舌絕不空。

大小二限值火星，鈴星這兩顆煞星，則此限度必然多災多難；倘大小限或流年逢地劫、地空並行至天傷、天使之地，則此限度災禍不斷，衰運連連，甚至有性命之憂，尤其本命盤為命弱身弱者，特別需要注意提防。忌星乃多管之神，十二宮身命二限逢之，皆主不吉，況巨門為暗曜，其性陰沉，背後是非，此曜本非吉曜，若又居陷地更加化忌沖照，何吉之有？因此當然最不希望大小限或流年行至此星曜組合之宮位。又若太歲流年與本為興訟之神之官符會照，巨門又為是非之曜，又兼化忌臨之，其官非口舌必不能免。

原文：吊客喪門又相遇，管教災病而相攻。七殺守身終是夭，貪狼入命必為娼。

倘太歲流年逢主刑孝的吊客及喪門，又會地空、地劫、天虛等曜，那麼這個太歲流年不斷多災多難，而且多有重病發生的狀況，倘不逢七殺、擎羊、陀羅及化忌，其禍稍減，但災病則必有也，況忌星最能生疾。七殺居陷宮又守身命，逢擎羊、陀羅在三方會照，則倘大小二限或太歲流年行限至又逢流羊、流陀沖照，謂之「羊陀迭併」或「七殺重逢」，主該限度內，多有重大意外災害發生。又如貪狼守命，雖不加煞；或在三合照臨加會桃花諸曜，主其人異性緣佳，風流倜儻，能討異性歡心或吸引異性眼光，性觀念也較為開放。如加煞陷地，則多沉迷酒色，飄盪不定，且因此招惹災禍上身，此為標準的「桃花劫」組合。

原文：心好命微亦主壽，心毒命厚亦夭亡。今人命有千金貴，運去之時豈久長。數內包含多少理，學者當需仔細詳。

一個人若心地善良，勤於布施，累積陰德，縱命弱身弱又遇凶危之限度，則多有化險為夷，重業輕受而得延壽之機；但若命強身強，但多行不義不善之事，當福報享盡，災禍臨頭，也是會有早夭或意外身亡的惡果。每個人的命盤都有六吉星與六煞星，差別只在分布狀況不同，因此人事十二宮，必有強宮與弱宮之分，每個人的命盤都有它獨特之處，遇到強宮行好運，遇到弱宮行壞運，起起伏伏，這就是人生，沒有永遠順風，也不會永遠逆風，乞丐也有三天的好運，因此命運與行限，必須要仔細推敲，不可偏廢。紫微斗數中包含了多深奧的人生道理與哲學，有機緣學習此術的人，真的要好好推詳思考。

3 骨髓賦

4.

女命骨髓賦

4. 女命骨髓賦

原文：府相之星女命纏，必當子貴與夫賢。廉貞清白能相守，更有天同理亦然。

女人命宮若有天府與天相在三方四正中相會，加會化祿或祿存，則能嫁給賢能有才華的好丈夫及乖巧的孩子，例如甲年生人，廉貞化祿，如命立午宮天相星與廉貞星值守，天府星在相會，亦稱為「府相朝垣」格。如廉貞星在寅宮、申宮及未宮等廟旺宮位又逢化祿或化科星會照，或稱之為「廉貞清白格」，表示女人有主見、有想法，守貞潔，多會從一而終。當然如果命宮有福星天同星與祿存星同宮，三方無煞忌，那更是賢妻良母的典型。

原文：端正紫微太陽星，早遇賢夫性可憑。太陽寅到午，遇吉終是福。左輔天魁為福壽，右弼天相福相臨。

如女性命宮坐紫微或太陽且居於廟旺，因個性較為強勢且外向，主導性強，如果本命盤夫妻宮無煞忌拱照，那麼配偶大都性情較溫良和善。倘男命夫妻宮逢紫微或太陽、太陰則家有悍妻，河東獅吼。又若女人命宮有太陽，在寅宮到午宮這些廟旺宮位，又逢太陰及諸吉曜在三方拱照，大都家境富裕，出身良好。倘命宮有左輔、右弼、天魁、天鉞、天府、天相等星曜坐守或拱照，大都是屬於性情溫順乖巧的類型。

原文：祿存厚重多衣食，府相朝垣命必榮。紫府巳亥互為輔，左右扶持福必生。

祿存或化祿在三方會照命，那麼一生衣食富足無虞，倘命宮有「府相朝垣」格局，那麼身家背景，不富即貴。如命立申，府在子，相在辰；為朝垣之格，甲己生人上局；戊生人次之；倘立命於巳宮或亥宮，遇紫微、天府、左輔、右弼守照沖夾，又會化祿及祿存星，那更是福澤綿延，大富大貴之命。（註一）

註一：此即為「府相朝垣」及「君臣慶會」格局，因古代社會環境，以男星為尊，女人在家三從四德，無法參加科舉考試也無法從軍取得功勳，女子無才便是德，沒有社會地位可言，在那個大男人主義的時代背景下，因此本篇賦文充滿了古代中國社會對女性的歧視與偏見，以此賦文來說，男命有相同格局，不是當大官就是有偉大成就，但女性就是很有「福氣」？這不是歧視，那什麼叫作歧視。再來的篇幅，大家看到的更多，由於嚴重歧視女性，加上與目前工商社會現況全然不符，是故此篇山人本不打算譯解，但為完整呈現大部分紫微斗數全書篇幅，因此收錄。建議各位同好參閱即可，千萬不要照本宣科，那麼慘遭河東獅吼時，可別怪山人沒提醒你。

原文：巨門天機為破蕩，天梁月曜女命貧。擎羊火星為下賤，文昌文曲福不全。

倘命立卯酉宮安命，巨門、天機逢之加會吉曜，則女性聰明口才好，能言善道，也許外型並不那麼搶眼，但較容易吸引男性的注意與青睞。倘天梁與太陰入女命，由於多愁善感，心性善良對男女感情關係比較放不下，所以經常為情所困，而且通常比較不富有。又如果女人命宮有擎羊，三方加會火星或鈴星，此為「鈴羊格」或「火羊格」，那麼大都是女強人，能靠自己的能力在社會上取得一定的地位與權力（註二）。如果有文昌文曲入命，那麼外表清秀，聰明有智慧，往往能有相當不錯的成就（註三）。

註二：男命倘有「火羊格」，就威震邊疆，眾夷臣服，為何女命火羊格就是下賤？其實這也是古代中國社會環境所致，如前所述，古代中國是一個以父權至上，充滿大男人主義的社會，因火羊格通常個性較為剛強，不服輸，倘女人太過強勢，那麼自然是沒有男人敢娶了，故有此評語。

註三：因為古代女子無才便是德，但昌曲入命，不管男女，就是聰明有才華的事實，是不會改變的。而古代女人沒有讀書還有參加科舉考試的權力，因此縱然才華洋溢，在當時的社會氛圍，還是沒有出頭的機會，是故以「福不全」來形容。

原文：武曲之星為寡宿。破軍一曜性難明，貪狼內狠多淫佚，七殺沉吟福不榮。

武曲星本質剛硬孤剋，主導欲強，敢愛敢恨的特質，適合開創事業，但不適合持家，因此武曲坐女命相當不宜，如同前註解，倘女性個性過度剛強，那麼真的沒有男人敢娶，除非你打算一輩子當女強人，孤老終身，否則還是改改自己的個性，會比較好。而破軍星，由於化氣為耗，星性善變且多重，說話反覆經常讓人難以捉摸，女命逢之亦同。貪狼是斗數第一桃花星，倘又與桃花諸曜會照，則異性緣相當好而且對於男女關係也較為開放。又若女命宮坐七殺星，由於七殺與破軍必在三方四正相會，而此曜如同武曲，除非你要開創一番事業，否則女人倘擁有曜孤剋專制的個性，家庭是很難美滿幸福的，故過於剛剋星曜，一般不宜坐女命，那會讓自己在感情路上相當辛苦，大都孤單終老。

原文：十干化祿最榮昌，女命逢之大吉昌。更得祿存相湊合，旺夫益子受恩光。

女人命宮倘有生年化祿會照不逢地空、地劫等煞曜，那是最好的星曜組合，一定大吉大利，比較好命。如果又有祿存在三方會照，構成「雙祿交流」格局，那更是幫夫運超強，對整個家庭都有幫助。

原文：火鈴羊陀及巨門，天空地劫又相臨。貪狼七殺廉貞宿，武曲加臨剋害侵。三方四正嫌逢殺，更在夫宮禍患深。若值本宮無正曜，必主生離剋害真。

如果命宮逢火星、鈴星、擎羊、陀羅或巨門，三方四正又有地空、地劫等煞星，又或命坐貪狼、七殺、廉貞、武曲這些較星性較孤剋的星曜又逢煞忌，那麼如果臨命宮，則一生難有平順之時，倘落於夫妻宮，不容易有好姻緣出現，較會孤單終老，落於子女宮，則子女叛逆難管教，代溝較深，倘臨父母宮，跟父母大都個性差異極大，較不受寵或是在單親家庭長大，與父母緣分較淺等。又若本命宮無正曜，那麼這些推論就更準確了（註四）。因為本命宮為自己，倘本命宮無正曜，就如同家裡沒大人，三方是外在，外在煞忌多，那麼自然就會被環境帶著走，沒有自己的主見與想法。

註四：事實上，這道理運用在男命上亦同，不會單獨只有女性如此。

原文：以上論賦，俱係看命要訣。學者宜熟玩之，乃得原委也。

以上列舉的星群組合與評語評價，都是論斷命盤時相當重要的秘訣，只要照本宣科，大都準驗。有志於此術的後學者，一定要記熟，弄清楚，才能成為一個好的命理老師。

5.

增補太微賦

5. 增補太微賦

原文：諸星吉多，逢凶也吉；諸星惡多，逢吉也凶。星分曜度，數分定局。

紫微斗數是以觀察三方四正星曜落人事十二宮的狀況來推斷出人一生富貴貧賤及窮通禍福的一種祿命術。因此倘三方四正中會照的吉曜比較多，例如著名的「君臣慶會」格局，其威能降七殺，制火星及鈴星，因此遇到煞曜也能逢凶化吉。反過來說，倘本宮及三方星曜組成中，煞曜比較多，那麼縱然遇到吉星如紫微，也不一定能夠化險為夷。而星曜依據其所落的宮位五行生剋狀況，有廟旺利陷的區別；而星群匯聚的狀況，經常也會出現特殊的組合，稱之為「格局」。

原文：重在看星得垣受制，方可論人禍福窮通。大概以身命為禍福之柄，以根源為窮通之機。

因此斗數一定要看星曜的廟旺利陷狀況還有組合星曜之間彼此之前微妙的變

化，只有掌握這些要領，才能利用此術為人推斷吉凶禍福。

基本上，如要論斷命盤，要以本命宮與身宮為首要任務，因為本命盤論定的是人的一生富貴貧賤狀況，所以本命宮星曜組成的吉凶決定了人的終身，再來就是仔細觀察命宮三方四正星曜落宮及組成狀況，諸如星曜廟旺利陷或是格局等才能完整透徹這一張星盤的好壞。

原文：紫微在命，輔弼同垣，其貴必矣。財印夾命，日月夾財，其富何疑？

倘若紫微星居命宮，三方或本宮有左輔、右弼拱守會照，那麼一生才能有成就、名望及社會地位。又若財星武曲與天相星在左右夾會命宮、或是太陽、太陰這類尊貴的中天星曜夾會財帛宮而本宮又會照祿存或化祿，那麼不需要懷疑，此人一定是個相當富裕的人。

原文：蔭福臨不怕凶沖，日月會不如合照。貪狼居子，乃為泛水桃花；天刑遭貪，必主風流刑杖。

蔭星天梁與福星天同星拱合守照，不怕煞星來沖，反之，倘天同星不會煞曜，那才會有嚴重的災難。太陽、太陰在三方拱照，遠比同宮守照正坐來的有力，因本宮是我自己，外在三宮是外在的力量，因此太陽及太陰在三方拱照是外在能照顧你，幫忙你，提攜你；而坐守是你燃燒自己照亮別人，因此日月坐命的人，通常比較博愛，重義氣，也愛當老大，增添自己的勞碌，因此拱照當然比正坐還來的好。貪狼屬水木，為斗數第一桃花星，倘居於水旺的子宮，則因水過旺而溢滿，因此貪狼居子，異性緣通常比較好，桃花相當旺，因此稱之為「泛水桃花」。但若貪狼居子，卻逢天刑、擎羊、陀羅等星曜在三方會照，那麼多因為男女關係複雜開放，而惹來糾紛甚或是殺身之禍。

原文：紫微坐命庫，則曰金轝捧櫛輦；臨官安文曜，號為衣錦惹天香。太陰合文曲於妻宮，翰林清異。

紫微星坐福德宮或田宅宮，那麼命主大都比較懶散而且貪圖享受，不管是吃、住、行等都要用到最好的，比較而且愛面子，一般多走豪奢風格。福德宮（註一）有文昌星或文曲星會照或同宮，其人對穿著打扮有品味，不落流俗，說話有內含且幽默風趣，喜歡在欣賞美女或帥哥，風流而不下流，而且一生錢財不虞，雖無大富之有，但小富可也。而男性倘若太陰在廟旺之地與文曲星在夫妻宮會照，除了能有出身良好，聰明智慧的配偶之外，也較有機會得到妻家的助力或是妻家的財產，多為富裕人家的「乘龍快婿」。

註一：此賦文在太微賦中為「福安文曜」而非「臨宮安文曜」，此兩段句意同，指的是同一件事，故此段的「臨官」指的是「福安」，也就是「福」德宮「安」文曜之意。

原文：太陽會文昌於官祿，金殿傳臚。祿合守田財，為爛穀堆金；財蔭居遷移，為高商豪客。

太陽與文昌還有天梁、祿存在命宮或官祿宮，稱之為「陽梁昌祿」格局，是公門格局中，最有機會擔任大官的命格。此局人如參加國家考試，大都能夠金榜題名，位居要津。倘於一般企業任職，也多為高級主管或是總經理等階的要職。祿存或化祿如果在田宅宮、財帛宮或命宮，三方又有祿存或化祿在三方會照，稱之為「雙祿交流」，祿星象徵錢財，因此居於象徵財庫的田宅宮或財帛宮，當然是富裕的象徵，一般而言，倘「雙祿交流」格局落於命宮，家境比較富裕，對錢財運用比較有概念，尤其是祿存坐命的人，不太會亂花錢，因此富裕。而在財帛宮的人，適合作有流動性的投資事業(但仍要看流年財宮狀況而定)或做貿易買賣獲得利潤，而居於田宅宮，適合從事不動產投資。而武曲星為財星，倘與天梁蔭星在遷移宮，古曰：抱私財與人，因此對人會比較大方，有一擲千金的豪氣。

原文：耗居敗地，沿途丐求；貪會旺宮，終身鼠竊。殺居絕地，生辰三十二之顏回。

破軍星如果在四正(敗)位：子、午、卯、酉或在三方四正與文昌、文曲甚或煞忌星如擎羊、陀羅、火星、鈴星等星曜會照，那麼一輩子都比較缺錢，四處借支度日，也可視為穩定性不高，工作一直換來換去，很難有財務穩定的時刻，因此通常口袋通常都相當淺。貪狼星在廟旺宮位，如不逢煞，比較喜歡順手牽羊，作生意偷斤減兩，愛耍小聰明等不良習慣。七殺如居於命宮，三方會照擎羊、陀羅，流年大限又逢流羊陀迭併沖照，那麼就如同顏亞聖一樣，年紀輕輕三十二歲就魂歸西天了。(註二)

註二：羊陀迭併雖然凶險，但不至於到早夭凶亡的程度，顏回只是特例而已，這應該也是引申法，形容流年行進遇到凶惡格局，身體通常會出現較凶危的狀況，古籍經常是「語不驚人死不休」，畢竟古代相士命師行走江湖，倘不說的聳動點，怎會讓您乖乖掏錢留下買路財呢，所以不需要想太多，自己嚇自己。倒是有此格局者，建議多佈施，持咒念佛，生活簡單一點，少點享受確實可以延壽。

原文：日在旺宮，可學八百年之彭祖。巨暗同垣於身命疾厄，羸瘦其軀；凶星交會於身及遷移，傷刑其面。

太陽在廟旺宮位且無煞忌侵擾，通常壽元較長。倘巨門與陀羅或化忌星同居命宮、身宮或疾厄宮，那麼身形通常比較瘦長，身體比較差，多有暗疾隱疾纏身。煞星如：擎羊、陀羅、火星、鈴星等倘落於命宮、身宮、父母宮或遷移宮，臉上或四肢大都有傷疤或破相的狀況。

原文：大耗會廉貞於官祿，架杻囚徒；官符會刑殺於遷移，離鄉遠配。七殺臨於陷地，流年必見死亡；耗殺忌逢破軍，火鈴嫌逢太歲。

破軍與廉貞、天刑及擎羊、陀羅、火星、鈴星等煞忌會照，大都是素行不良的人。官符與擎羊、廉貞及天相等星曜在遷移宮或流年逢化忌引動，大都有官司是非的問題。七殺坐命又逢流年羊陀迭併，大都有生命上的凶危與災厄。破軍，七殺還有六煞星與忌星會拱照命的人，最不幸的就是大小限或流年行至破軍或七殺的大限，因多主重大的災難或糾紛。流年最怕遇到火星、鈴星等煞曜匯聚的宮位，因此流年將充滿凶危與災難。

原文：奏書博士與流祿，以斷乎吉祥；力士將軍與青龍，以顯其威福。

奏書主喜事或升遷、博士主聰明與智慧、流年祿存主當年的財富，倘在流年命宮、官祿宮或財帛宮會照坐守且無煞忌侵擾，表示這一年吉祥如意，在工作或錢財方面會有相當的進展。力士為權力的象徵、將軍掌權勢，青龍主勢力，故若流年命宮、官祿宮、財帛宮逢此雜曜，大都能在工作上得到相當的成就與權力。

原文：童子限弱，水上浮泡；老人限衰，風中燃燭。遇煞必驚，流年最緊，人生發達，限元最怕浮沉，一世迍邅，命限逢乎駁雜。論而至此，允矣玄微。

童子限如水上的泡泡，遇到凶曜，很容易就早夭，老人限就如同風中搖曳的蠟燭，稍遇凶煞可能就駕鶴歸西了。流年最擔心的，就是遇到煞忌齊聚的宮位。人生如果要順利顯達，就必須要看大限行進的狀況，倘大限行進時，一下遇到一個好的大限，發財得意，馬上又轉進另一個兵衰馬困的大限，又如同小限流年行進時，遇到一年好，一年不好，好運與壞運參雜不齊，一生充滿了浮浮沉沉，大起大落的狀況，那麼距離榮華富貴，衣錦還鄉是相當遙遠的事情。這就是命運與大限小限或流年無法搭配良好的結果。倘能深入研究各篇章賦文及論則，細細品味咀嚼，那麼您紫微斗數的功力一定突飛猛進。

6.

斗數彀率

6. 斗數轂率

原文：前後兩凶神，為兩鄰加侮，尚可撐持。

如果本宮前後宮都有凶煞星，例如祿存居命宮，前後一定是擎羊與陀羅，稱之為夾宮。就如同左右都有壞鄰居對你虎視眈眈，肯定是動彈不得的。但如果本命宮及三方星曜強勢，還是可以否極泰來的。

原文：同室與謀，最難提防。

如果本宮吉煞星參雜，就如同引狼入室，是最不容易預防的。

原文：鈴火焚天馬，陀羊逐祿存。（註一）

天馬遇到鈴星或火星，稱之為「戰馬」，勞碌奔波，亦難有所獲；而天賜之財祿存星，在本命盤必定遭羊陀夾，在流年盤亦同，因此擎羊與陀羅必定跟隨著祿存而落宮。

註一：原文為：片火焚天馬，重羊逐祿存，句意語焉不詳，應是排版或填漏錯誤，此類型錯誤，在古籍俯拾皆是，因此山人在二〇一二年重新校訂完成，將類似錯誤處，加以修正。以句意來看，天馬及祿存，談的應該是適宜經商致富的「祿馬交馳」格局。因此應該為：鈴火焚天馬，陀羊逐祿存，主要是要告訴我們，不要只看祿存與天馬就做出武斷的推論，還是要考慮會照星曜及夾宮狀況，事實上，紫微斗數全書或全集，一直提醒這件事情。

原文：劫空傷使無常，權祿行藏靡定。

劫空傷使帶來的禍害，就如同佛家所言的人生無常，得亦復失，來來去去空一場，沒來沒去沒歹誌。化祿及化權等帶來吉祥如意的化星，隨著天干而變化而定，很難確實掌握他的軌跡。

原文：君子哉魁鉞，小人哉羊鈴。

天魁，天鉞這兩顆貴人星，猶如堂堂正正，翩翩丰采的君子；至於擎羊及陀羅，就像個機關算盡，滿肚子壞水的小人。

原文：凶不純凶，吉無純吉。

因此，利用紫微斗數論命之時，必須考慮到星曜的特性，凶星遇到吉星，也善三分。吉星也不一定全然帶來吉祥如意，必須要就宮位與星曜廟旺，三方四正組合等細節仔細觀察推詳。

原文：主強賓弱，可保無虞。主弱賓強，凶危立見，主賓得失兩相宜。

命宮如主人，三方會照的星曜如賓客，主人如果強勢，賓客自然就比較溫順；反過來說，主人若是過度柔弱，則自然賓客無禮，難以控制。因此最好的狀況是主人不要太強勢，賓客也不要太弱勢，持中庸之道是最和諧的狀況。

原文：運限命身當互見，身命最嫌羊陀七殺，遇之未免為凶。

在大運行限之時，必須考慮到本命宮及身宮星曜組合做綜合的推理。例如本命宮及身宮，最怕遇到擎羊，陀羅還有七殺。因在大限行進時，流羊陀永遠隨著流祿，七殺倘再來湊熱鬧，那麼這個大小限或流年，就恐怕有凶危緊要的狀況發生。（註二）

註二：例如羊陀迭併，七殺重逢等斗數惡局，衝命宮及身宮最凶，倘命身宮有羊陀或七殺，大運行限重疊，則恐有生命交關之憂。

原文：二限甚忌貪破巨貞，逢之定然作禍。

大小二限（或流年），最怕遇到貪狼，破軍，巨門，廉貞坐守且三方會照煞曜的宮位，如果行限到這些宮位，一定會有災禍發生。

原文：命遇魁昌當得貴，限逢紫府定財多。

命宮如果有天魁，天鉞這組貴人星或是文昌，文曲這類科名星，一定是貴不可言，大小限及流年行進如果遇到紫微逢輔弼或是天府會祿存的宮位，則定然財庫滿盈，一帆風順。

原文：觀女子之命，先觀夫子二宮。若值煞星，定三嫁而心不定；或逢羊刃，雖啼哭而淚不乾。

如果要看女人的命盤，首先要看夫妻與子女二個宮位（註三），如果夫妻宮有煞星，那麼這個女人婚姻路上一定走的很辛苦，例如：婚變，家暴或被始亂終棄，很難有能夠白首偕老的好姻緣；如果擎羊，陀羅等煞星坐子女宮，那麼不是子女早夭難扶養就是雙方意見紛歧，子難奉老，徒讓父母傷心苦惱，淚流不止。

註三：古代男尊女卑，女子在家三從四德，足不出戶，以丈夫，孩子為天，當然只看夫子二宮。但現今工商社會，男女平權，都有均等的工作機會，以往社會的男主外，女主內，早已不符合時代潮流，因此女命與男命一樣，都是看命身宮及福德宮，官祿宮等，古籍許多不符現況之處，不應再繼續沿用。

原文：若觀男命，始以財福為主，再審遷移何如？二限相因，吉凶同斷。

如果看男人的命，才能以財帛宮及福德宮為主，並仔細詳查遷移宮，官祿宮等重要宮位的星曜分布狀況與組合。在仔細推敲大小限或流年的行運狀況，來斷定吉凶禍福。

原文：限逢吉曜，平生動用和諧。

大限行進如果遇到吉星匯聚的宮位，則在此運限不論做什麼都會相當順利。

原文：命坐凶鄉，一世求謀齟齬。

命宮如果煞星匯聚又無正曜，那麼一生不管求官謀職，抑或是有什麼雄心壯志，都是白費心機，徒勞無功罷了。

原文：廉祿臨身，女得純陰貞潔之德。

廉貞與祿存或化祿加臨於身命宮，又不逢煞忌，女人性情純真，堅貞守節，是屬於秀外慧中的賢妻良母。

原文：同梁守命，男得純陽中正之心。

天同天梁守命宮，且不逢煞忌，男人個性純樸善良，正派耿直，剛正不阿。

原文：君子命中，亦有羊陀火鈴；小人命內，豈無科權祿星，要看得垣失垣，專論入廟失廟。

一個正直善良的君子，命宮也可能有煞星出現；一個偽善奸詐的小人，怎可能沒有科祿權這類型吉祥如意的星曜呢。重點要看煞星，吉星彼此相互牽引軌跡是好是壞，而且看星曜的入廟或落陷而定。

原文：若論小兒，詳推童限。小兒命坐凶鄉，三五歲必然夭折。更有限逢惡煞，

五七歲必主災亡。

如果要推論小孩子的命盤，必須要看童限。如果孩子本命宮坐七殺等孤剋性質較重的星曜，三方又見羊陀火鈴空劫等六煞或化忌星，那麼壽命不過三至五歲。又或是僥倖躲過夭折，但在大限行進遇到煞忌齊臨的宮位，那麼壽命最多也是五到七歲罷了。(註四)

註四：古代中國醫療不發達，夭折率相當高。但現今醫學進步，不可以貿然延用。只能說，孩子會比較難養，體弱多病。畢竟社會環境大不相同，古代的部分論斷內容應該跟隨時代進展作修正才是。

原文：文昌文曲天魁秀，不讀詩書也可人。

文昌，文曲，天魁，天鉞這類型吉星入命宮，通常長相秀氣，英俊聰明且有才華與智慧，縱然沒有讀過書，也是不會有太大影響。

原文：多學少成，只為擎羊逢劫煞。

一個人如果十藝九不精，東作西成，沒有什麼成就，那是因為命宮有擎羊又在三方宮位中會照地空，地劫等煞星所致。

原文：為人好訟，蓋因太歲遇官符。

如果一個人動不動就喜歡告人，提法律訴訟，那是因為流年命宮遇到官符這顆訴訟官非星（註五）。

註五：此段賦文亦可引申為如果經常遇到訴訟官非，那是因為本命有官符，且流年亦逢之。總之命有官符，流年又遇，代表官司訴訟紛擾不斷，不管是你告人，還是人告你，因官符這顆星本身就主官司訴訟。

原文：命之理微，熟察星辰之變化，數之理遠，細詳格局之興衰。

論斷紫微命盤除了要對星曜的特質掌握的相當清楚且細微，也要注意星與星之間相互影響還有入廟或落陷等變化。如果要掌握大方向，那就要更仔細詳查三方四正星曜組合是否有形成格局。如形成斗數格局，也要注意是否有逢煞忌破局或是天府不會祿，紫微不逢輔弼的狀況，因這些都會改變原格局的好壞吉凶。

原文：北極加凶殺，為道為僧。羊陀遇惡星，為奴為僕。

本命宮坐紫微帝座本是好事，但如果會照到太多煞忌星且無輔弼相助，一生謀求不遂，事多不成，多為僧道之命。如果本命宮坐擎羊或陀羅，三方四正又遇到相同孤剋性質較重的星曜，如七殺，破軍，貪狼，武曲等，大都難逃一生受人宰制的命運。

原文：如武破廉貞，固深謀而貴顯。加羊陀空劫，反小志以孤寒。

例如命宮有武曲破軍及廉貞，大都因深思熟慮，行事謹慎而有相當的成就，但如果三方會照擎羊，陀羅，地空，地劫等六煞及化忌，反而會因這些煞曜影響，無法有什麼成就，甚至孤寂貧寒。

原文：限輔星旺，限雖弱而不弱；命臨吉地，命雖凶而不凶。

行運至煞忌匯聚的宮位但三方有左輔，右弼，天魁，天鉞等助星來扶持，雖然大限凶惡，也能化險為夷。行運至星曜組成不佳的大限，又無助星扶持，但若本命宮星曜強勢，亦能夠在重重危機中渡過。

原文：斷橋截路，大小難行。

如果在大小限或流年遇到地空，地劫或截路，旬空等雜曜，猶如眼前的橋斷掉了，那麼生路也被截斷了，寸步難行，引申為縱然有在多的雄心壯志，也會因此類型空系星曜的破壞而受阻，困難重重。

原文：卯酉二宮遇吉曜，聰明發福。

大限行運到卯酉二宮，又遇到吉星會照，那會是個順利福氣的限度。

原文：命限遇紫府，堆積金銀。

本命宮或在大運行進時，遇到紫微天府加左輔，右弼或祿存，化祿的星群組合，那麼必然是堆金積銀，事業有成之時。（註六）

註六：此即為山人經常說的，命好，運也要好，當遇到好的大限，如本段賦文的星群組合，就是交大運的時候啊，一切榮華富貴，由此限而起。但如果本命宮弱勢，僥倖遇到好的大限得到成就，那也只是曇花一現，風雲際會，發過即花，過了這個大限或流年就會打回原型。

原文：二限逢劫空，衣食不足。

大小二限如果遇到地空，地劫這類型空系星曜，要求溫飽都很困難。

原文：命限逢擎羊，東作西成。

如果本命宮或在大限行進時見擎羊煞星，又無吉星搭救，那麼肯定是什麼做什麼都不成，衰運連連。台語有句俗諺，很貼切的形容這種命限遇擎羊的狀況：人若衰，種匏仔生菜瓜。

原文：命身逢府相科權祿拱，定為扳桂之高人。

命身宮如果有天府，天相或化科，化權，化祿來拱照，那麼一定是位高權重的知名人士。

原文：空劫羊鈴，作九流術士。

如命宮見地空，地劫，擎羊，鈴星。地劫，地空等煞星，又不逢吉星搭救，一生若有成就不過就是九流術士，販夫走卒罷了。

原文：情懷舒暢，昌曲命身。

如果命身宮有昌曲，不管是會照或是命身各一，那麼大都是不拘小節，開朗樂觀的人。

原文：詭詐虛浮，羊陀陷地。

如果一個人詭計多端，又言過飾非，說的天花亂墜，喜好吹牛且虛偽輕浮的人，那麼他的命盤擎羊陀羅一定是在陷地。

原文：天機天梁擎羊會，早有刑而晚見孤。

天機，天梁與擎羊在三方四正相會，不管是在命，身宮或福德宮，小時候六親可能不全，晚年孤單，子難奉老。如在夫妻宮，則宜晚婚，否則易與配偶有生離死別的狀況。

原文：貪狼武曲廉貞逢，少受貧而後享福。

貪狼武曲還有廉貞如果在命宮或福德宮三方相會，年少時貧窮辛苦奔波，要到晚年才能開始享享清福。正所謂：武貪不發少年郎。

原文：此皆斗數奧妙，學者宜熟思之。

這些都是斗數深奧微妙的地方，後學者必須要深入思考並記熟才能作最好的運用。

6 斗數彀率

7.

斗數準繩

7. 斗數準繩

原文：命居生旺定富貴，各有所宜。

命宮星曜組合如果五行相生且構成特殊格局，那麼定然榮華富貴，天生註定。

原文：身坐空亡論榮枯，專求其要。

再來看一生的好壞，就觀察身宮是否有遇到地空，地劫等空系星曜，這是很重要的地方。

原文：紫微帝座在南極，不能施功。

紫微星貴為帝星，是皇帝的象徵，如果落在不正確的宮位或落陷，尊星落賤位，例如僕役宮等又缺少輔弼這類型助曜，也沒有辦法發揮最大功效，因此觀察星曜組成結構與落宮狀況，是特別需要注意之處。

原文：天府令星在南地，必能為福。

又如果南斗主星天府星落宮在廟旺之地，且會祿星（祿存或化祿），一定能帶來相對應的福澤與好運。

原文：天機七殺同宮，也善三分。

天機星為善星，如果與本質決絕的武曲星同宮，那麼這顆武曲星的煞氣也會受到天機善星的影響，至少不會那麼孤剋。

原文：太陰火鈴同位，反成十惡。

太陰主財富，是相當好的星曜，但如果落陷又與火鈴兩顆煞星相會，那麼反而是不好的星群組合。

原文：貪狼為善宿，入廟不凶。巨門為惡曜，得垣猶美。

貪狼星可善可惡，有雙重特性，如果在入廟宮位，且逢吉星拱照，其善的本性會被導引出來，惡的本性自然就被壓抑下去了。巨門雖然主是非口舌，但如果廟旺或與吉曜會合（例如巨門會太陽，為巨闕格，為仕為官必能有相當的成就），也是不錯的結果。

原文：諸凶在緊要之鄉，最宜受制。

如果在命宮，身宮這兩個重要的宮位看到煞星，一定要看到有相對應制化的星曜，才能轉危為安。

原文：諸吉在身命之位，卻怕孤單。

如果身命之位見吉星，必須成雙成對，如果吉星單見，那麼不但發揮不了吉化的作用，反而帶來不好的結果。例如右弼在夫妻宮單見，那麼一生的感情世界，大多有第三者的困擾。

原文：若見煞星，倒限最凶，福蔭臨之，庶幾可解。

如果在大小限行運至煞忌齊臨的宮位，那是最凶惡的狀況，但如果三方四正會照到天同福星或天梁蔭星，那麼逢凶化吉是可以期待的。

原文：大抵在人之機變，更加作意之推詳。

所以斗數論命，主要在能否察覺各星曜之間彼此影響牽引造成的細微變化，再來詳查各星曜特性作出推理論斷。

原文：辨生剋制化以定窮通，看好惡正偏以言禍福。

辨別宮與星五行生剋制化還有星曜組成中細微轉變，來確定星曜落宮是好是壞，才能正確論斷吉凶禍福。

原文：官星居於福地，近貴榮財。

太陽，天魁，天鉞，文昌，文曲這類文采出眾，封官拜相的吉星，如能在福德宮或官祿宮，且不逢煞忌侵擾，那麼一生多能受到貴人提攜照顧，地位身分還有榮華富貴那是指日可待的。

原文：福星居於官宮，卻成無用。

倘若天同福星在官祿宮，因為福澤太厚，所以沒什麼雄心壯志，貪求享受，因此一生也很難有什麼大的成就。

原文：身命得星為要，限度遇吉為榮。

身宮與命宮，一定要有十四正曜正坐且三方必須有吉星會照，才能有好的成就與未來。大限，小限或流年在行進之時，一定要遇到吉星匯聚的宮位，才能擁有榮華富貴。

原文：若言子息之有無，專在擎羊耗殺，逢之則害，妻妾亦然。

如果要看有沒有小孩或是孩子將來有沒有出息，一定要看是否有羊陀等六煞，破軍，七殺等星曜落子女宮，如果有，那麼不是無後，就是與子女關係不佳，子女難以奉老等。這標準，套用在夫妻宮也是相同的。

原文：身宮逢凶，必帶破相。

身宮如果有煞星正坐，那麼不是五官或四肢有傷痕或傷疤，就是父母離異。

原文：疾厄逢忌，定有尪羸。

疾厄宮如果看到陀羅或化忌星，身體必然有暗疾或是慢性疾病。

原文：需言定數以求玄，更在星曜之相合，總為綱領，用作準繩。

人一出生，命就已經有定數了，想要知道利用紫微斗數窺探這一切玄機奧妙，一定要注意星曜的組成。這篇文章，是提綱挈領的告訴大家論斷訣竅及方法，諸位可以此作為紫微論命的基礎準則。

8. 定富貴貧賤及雜局

8. 定富貴貧賤及雜局

了然按：

本篇主要介紹富貴貧賤及雜局的命宮星曜組合，格局的定義是：宮位三方四正星曜構成「特殊」星群組合。倘為星盤的必然組合，例如天府與天相永遠在三方四正交會，或是大家常聽到的「殺破狼」，都不能算格局，因七殺與破軍必在三方四正中相會，所以是星盤的必然組合，不能算「特殊」。概念要先清楚，才能了解什麼是「格局」。

而此篇主要為定命局之富貴貧賤，因此以命宮為主，但格局倘落於適當宮位，亦為富貴論。例如財帛宮有富局的星群組合，亦為富足論，官祿宮有貴局的星曜組合，亦以貴顯論之。

提到格局有兩個重點，一定要記住：

1. 除了中天星系格局如紫微，太陽，太陰，逢煞亦主溫飽或小富，其餘格局逢六煞星或化忌，都可以破局論之。

2. 除了中天星系格局之外，凡格局要成立，一定要會照化祿或祿存方可成立，不然那只是星盤的必然組合，例如：七殺朝斗，七殺在寅申宮，對宮必然是紫微與天府星，這不夠資格稱為格局，因此倘無祿星在三方四正會照，必然不能稱之為「格局」。

原文：定富局

財印夾命

武曲及天相守照命宮，又會化祿及祿存，不會煞忌是也，田宅宮亦然。

日月夾財

武曲守命會照祿存或化祿，日月來夾是也，財帛宮亦同。

財祿夾馬

天馬守命，武曲、祿存或化祿同宮夾是也。

祿合田財

祿存及化祿於田宅宮及財帛宮交流，又不逢空劫煞忌是也。

日月照壁

太陽、太陰於三方四正拱照田宅宮是也。

金燦光輝

太陽單守午宮，又不逢空劫煞忌沖照是也。又名：日麗中天。

原文：定貴局

日月夾命：

太陽及太陰夾命，又本命宮亦有正曜或吉星是也。如加會祿存或化祿，富貴雙全。

日出扶桑

太陽在卯守命，無空劫煞忌等凶曜會照是也，倘守官祿宮亦同。如加會祿存或化祿，富貴雙全。

月落亥宮

太陰在亥守命且無空劫煞忌等凶曜會照是也是也，又名月朗天門。

月生滄海

太陰在子宮守命宮或田宅宮，且不逢羊陀火鈴等凶曜是也。

輔弼拱主

紫微守命宮，逢左輔、右弼二星在三方四正中拱照是也，倘於紫微所在宮位之前後宮夾之亦可。

君臣慶會

紫微星坐命宮，又逢左輔、右弼三方拱照，更會天相、武曲、七殺、天魁、天鉞等吉曜者謂之。若紫微逢輔弼任一顆，入格論。

財印夾祿

祿存或化祿守命，逢武曲天相三方四正守照，不會煞忌是也。入財帛宮亦同。

祿馬配印

天馬星與祿及天相同宮是也。

坐貴向貴

謂天魁、天鉞兩顆貴人星坐拱命宮是也。

七殺朝斗

七殺在寅申宮，對宮為紫微、天府，又逢化祿及祿存者謂之，逢空劫煞忌或無祿星，平常而已。

日月並明

日月均在廟旺之地且拱照命宮是也。例如命宮在亥逢太陰正坐，太陽在卯宮朝照，餘依此類推。

明珠出海

如在未宮安命，日在卯宮，月在亥宮來朝照，為明珠出海，亦即日月拱命之意。

日月同臨

太陽與太陰在命宮同度坐守或是在三方四正中會照者謂之。

科權祿拱

化科、化權、化祿三顆化星拱照命宮，又稱為「三奇加會」。

貪火相逢

貪狼與火星在命宮三方四正中會合拱照謂之，又稱為「火貪格」。

武曲守垣

命宮有武曲且居於廟旺之地，加會祿存或化祿且不會煞忌是也。

府相朝垣

垣，是宮的別稱，本命宮定終身，故此篇以星曜入命宮為主。因天府、天相永遠在三方四正中相會，因此天府坐命或天相坐命，三方必構成府相朝垣，此為星盤組合之必然，因此必須要加會祿星，方可成為格局，因此此結構為：天府或天相坐命，且三方會照祿存或化祿，三方無地空、地劫等煞忌謂之，逢煞破局。

紫府朝垣

命宮三方四正有紫微星或天府星，且有左輔、右弼會照者謂之，如能在有祿存或化祿在三方會照，富貴雙全。

文星暗拱

文昌星與文曲星在命宮三方四正拱照，又無破軍及諸煞忌會照者謂之，亦可稱之為「文星拱命」或「昌曲拱命」。

祿權巡逢

謂化祿與化權在命宮三方四正會照，且不逢煞忌者謂之。

擎羊入廟

擎羊星在四墓地（辰宮、戌宮、丑宮、未宮）為入廟，三方加會火星、鈴星，且無巨門、火星、鈴星等煞忌會照者謂之。擎羊為煞星，入廟不凶，但其凶性仍然存在，因此富貴多不長久。

巨機居卯

巨門及天機在卯宮，三方加會祿存或化祿又無煞忌會照者，入格。如得太陽拱照，正格。

明祿暗祿

祿存或化祿坐命宮，六合位又有化祿或祿存暗拱（註一）者謂之。

註一：八字學的暗拱指的是在藏干的暗合，但依據實務經驗，斗數所謂的暗合，指的是六合位，建議學者自行驗證，便知山人所言不虛。六合為：子丑合、寅亥合、卯戌合、辰酉合、巳申合、午未合。

科明暗祿

化科星居命宮，化祿或祿存在六合位暗拱者謂之。

金轝捧櫛

紫微星在財帛宮與天馬，武曲會照或同度（紫微坐命，武曲天馬在財宮同度亦入格），能夠擁有珍貴的財物寶珠與較高的生活品質與品味。

原文：定貧賤局

生不逢時

命宮有廉貞正坐，又逢地空、地劫等煞忌星曜是也。

祿逢兩煞

祿存或化祿坐命，三方逢地空、地劫者謂之。

馬落空亡

命盤中倘天馬星與地空、地劫等煞曜會照者謂之，又稱為「半空馬」。

日月藏輝

即巨門坐命且命盤中之日月均落陷是也。

財與囚仇

武曲星與廉貞星會照入命，三方又逢煞忌等凶曜者謂之。

一生孤貧

命宮有破軍且居落陷宮位，三方會照文昌、文曲及煞忌凶曜者謂之。

君子在野

命宮三方四正有擎羊、陀羅、火星、鈴星四煞齊臨且均落陷者謂之。抑或紫微星坐命，三方四正逢四煞齊臨，亦入格。

兩重華蓋

命宮有祿存或化祿，三方會地空、地劫者謂之，又稱為「倒祿」或「浪裡行舟」。

原文：定雜局

風雲際會

命宮與身宮星曜組合不佳，但大小限或流年逢強旺星曜組合宮位，則驟發無疑，但限度一過即回復原貌，榮華富貴不過南柯一夢，過眼雲煙。蓋因本命宮及身宮過於弱勢，根基不穩，難以承受富貴也。此局人宜減祿或廣為佈施，以免發過即花則矣，生命提前買單那可得不償失。故云：貧窮多有壽，富貴即夭亡。

錦上添花

倘大限凶曜齊聚但小限或流年行至強旺之宮位者謂之。

祿衰馬困

大限命宮逢七殺又本命盤天馬與地空、地劫、火星、鈴星、擎羊、陀羅等六煞星會照者謂之。

衣錦還鄉

年少行限不佳，中年後行至良好宮位驟發者是也。例如本命宮逢武曲貪狼居四墓地，縱本命星群組合結構在佳，年少必歷盡艱辛，三十至四十後才得遂志，衣錦還鄉。

步數無依

係指連續兩個以上大限或小限流年命宮均逢惡曜及煞忌組成之凶惡宮位，大限主十年之運，因此連行兩個星曜組成凶惡的大限，即為二十年的波折崎嶇。

吉凶相伴

本命宮吉煞星互見，行限時遇吉曜組成之限度則吉，遇凶曜組成之限度則凶，吉凶互見，人生起伏波折不斷，是故為平常之命。

枯木逢春

與風雲際會格局相同，命弱身弱（註一）但逢好的大限或小限流年，就如同乞丐剛好去碰到那三天的好運。

註一：命身強弱的判識邏輯與方法詳山人「紫微星詮」p166頁。

9.

三方加會格局

9. 三方加會格局

原文：凡人有合照之星，有正照之星，有拱照之星，然正不如拱，拱不如夾，正照偏照之為禍福難，合照夾照為禍福易。

紫微斗數的人事十二宮，除本宮之外，尚有從三方宮位合照的星曜，也有對宮正照的星曜，也有在對宮與本命成雙成對拱照的星曜。然而，正坐不如拱照，拱照不如夾宮。從對宮正照或從三方偏照的星曜，需要考量整體星群組合，吉凶禍福尚難逆料。但如果是夾宮，那麼判斷禍福就相當容易了，因為好壞的影響相當大。

原文：何謂正：對宮是也；何謂合？三合是也；何謂拱，四正是也；何謂夾？前後是也。

那麼什麼是正照呢？就是指對宮的星曜。什麼叫作合照？就是指三方宮位的會照。什麼叫作拱照，就是三方宮位與本宮有六吉曜成雙成對會照，也就是四正宮位中相會。什麼叫做夾宮？就是指本宮的前後宮。

原文：然夾宮雖惡，而本宮見吉星正坐，亦可以福言。夾宮雖善，而本宮見惡曜巨暗，則亦可以凶論。

然而如果是煞星夾宮，但本宮有吉星正坐，三方加會吉曜，則惡煞夾宮影響不大。又若夾宮星曜為吉曜，但本宮星曜卻有巨門暗曜或煞忌星，那麼縱有吉星夾宮，亦然無用。

10.

看命捷法

10. 看命捷法

原文：看命不過明生剋制化，時勢為緊。最喜坐長生帝旺之鄉，所宜者紫微天府。貴人祿馬之位，怕落空亡，且帝星不宜獨立，方為有佐之君。煞曜不可群居，乃是凶徒作黨。

論斷命盤需要明白星與宮還有星與星之間的五行生剋制化道理，如能在廟旺之地為吉，落陷之地為凶。喜歡宮內有長生、帝旺此些雜曜（註一）。坐命宮最好的星，就是紫微星與天府星。再來祿存、化祿、天馬星這類象徵財富或創業發財的星曜。最忌諱與地空、地劫同宮或於三方會照。而紫微星或天府星坐命，由於此兩顆星曜至尊至貴，一定要有助星如：左輔、右弼來輔佐帝皇，才能發展出一番事業，倘紫微及天府坐命，無助星來朝，那也不過是孤君一人，不會有什麼太大的成就。而煞忌星最好不要在三方四正中匯聚，因煞星為凶徒成群結隊，朋黨為奸，所造成的危害更大。

註一：此為紫微斗數全集之文章，此書內容與八字混用相當嚴重，基本上，縱然給你坐在帝旺之鄉又何如，三方一顆擎羊，長生帝旺亦無用，星命學，重的是星曜分佈還有星曜會照狀況還有相位吉凶。並非這些十二長生就能論斷的。不過為尊重原書，還是不做修改。

原文：紫府、日月、左右夾命，定為貴斷。廉貞耗囚入命，定作破論。眾善同居，其福必集；諸凶反背，其過非輕。

紫微、天府或太陽、太陰以及左輔、右弼等吉星雙雙對對落命宮前後宮稱之為夾宮，是眾星曜組成中最好的結構（註二）。廉貞、破軍、七殺這種孤剋性強的星曜，倘入命宮，更無吉曜同度或三方會照，那麼可以勞碌奔波，難有成就來論之。如果所有的善曜都在命宮三方四正匯聚，那麼帶來的福澤力量相當的大；倘所有煞曜在命宮周邊匯聚，又落陷反背，那麼對命主造成的傷害與災禍，那就不可小視了。

註二：因本宮是我自己，夾命是別人來拱我，例如命宮前一宮是父母宮，後一宮是兄弟宮，那麼父母兄弟都能提供我幫助，當然比我自己努力來的好，對於夾宮，必須如此理解。

原文：大限主十年之禍福，小限主一年之榮枯；大限既衰，小限何補？大限未倒，小限何慮？故流年諸煞（註三）見之雖或為災，若限數堅牢，其災稍免，術者

詳之。

大限反映的是十年的窮通禍福，小限或流年也只有一年的興衰。倘大限星曜組成不佳，縱然小限流年逢吉匯聚，那也不過只有一年，作用不大。但若大限星曜組成強勢，那麼小限縱然遇到凶煞，又何需多慮？雖然流年見到流煞會帶來災難，但如果本命及大限命宮強勢，流年逢之，災禍影響也會比較小，這一點，學習紫微斗數的人都要認真的思考推詳。

註三：原文列舉諸如：白虎、喪門、吊客這些流煞，為節省篇幅，故省略之。

11.

起例歌訣

11. 起例歌訣

原文：希夷仰觀天上星，做為斗數推人命。不依五星要過節，只論年月日時生。

希夷先生抬頭仰望觀察天上的日、月、行星還有恆星的運轉，發現各星曜之間生滅強弱的頻率與軌跡都影響了我們人一生的窮通禍福，因此利用小熊座的紫微星（北極星）為軸心，以大熊座的北斗七星為指向，納以南斗六星、各級大小型星曜還有神煞、星煞等研發出全世界獨一無二以月亮為主體的占星學-紫微斗數。而因為紫微斗數係以月亮的盈虧做為基準，故雖然此術與古星命學七政四餘（又稱五星學）一樣都是運用星曜落宮狀況來推論命運的祿命法，但差別在七政四餘五星學是以太陽為立命基礎，所以必須考慮二十四節氣。而紫微斗數是以太陰為立命基礎，因此只要輸入陰曆的出生年月日時，即可運用此套祿命術來準確推斷人一生的富貴貧賤。

原文：先安身命次定局，紫微天府佈諸星。劫空傷使天魁鉞，天馬天祿帶煞神。

紫微斗數星盤的排盤是先確立命宮與身宮的位置，命宮確認後，依序佈設兄弟宮、夫妻宮、子女宮、財帛宮等人事十二宮，再來查定五行局，依序佈設諸如紫微星、天府星還有南北斗諸星曜，再來佈設六吉星如：文昌、文曲、天魁、天鉞、左輔、右弼等六吉星。天馬星、祿存星、地空、地劫等星曜。最後佈設諸神煞、星煞等如天傷、天使、博士、力士等，以各星曜落人事十二宮的狀況，來推測命主一生的窮通禍福。

原文：前羊後陀併四化，紅鸞天喜火鈴刑。二主大限並小限，流年後方安斗君。

而擎羊與陀羅跟著祿存星落宮而定，祿存的前一宮是擎羊，後一宮是陀羅，因此祿存佈設完成後，自然就可以確立擎羊、陀羅兩大煞星所在的宮位。再來按照生年天干佈設四化星：化祿、化權、化科、化忌。繼續佈設其他星曜如：紅鸞、天喜、火星、鈴星等。星曜佈設完成後，查找以定出命主與身主還有大限與小限的順逆行，最後要確認流年宮位之後再來安斗君。（註一）

註一：安斗君爭議相當大，且斗君功用語焉不詳，到底是月建還是月將，至今莫衷一是，不過既然紫微斗數是運用北斗七星，因此運用的應該是月建機率較高。因為月建的「建」就是北斗七星斗柄的指向，因此一般較通常的認知，斗君指的是該年的正月位置。

原文：十二宮分詳廟陷，流年禍福此中分。祿權科忌為四化，唯有忌星最可憎，大小二限若逢忌，未免其人有災迍。

當各星曜佈設入人事十二宮完成後，就要仔細辨識各星曜落宮後的廟旺利陷狀況，大小限及流年的窮通禍福，就由此開始。四化星包含了：化祿、化權、化科與化忌，化祿帶來財富與好運，化權帶來權力，化科帶來科名，其中只有化忌是多管之神，帶來破壞及干擾，諸事不順，東做西成的惡曜。倘大小二限或流年命宮逢值年化忌入命，那麼這個大小限或流年，一定會有災難與困頓。

原文：科名科甲看魁鉞，文昌文曲主功名。紫府日月諸星聚，富貴皆從天上生。

想要參加考試取得功名利祿，一定要看天魁、天鉞這兩顆星曜是否會照入命，如果想謀個一官半職，那就要看文昌、文曲是否入命宮及其廟旺利陷狀況，方可論定。倘有紫微、天府、太陽、太陰這類尊貴的星曜入命，三方加會左輔、右弼、天魁、天鉞還有化祿或祿存，那麼都是天生的富貴命。（註二）

註二：倘紫微、天府、太陽、太陰逢左輔、右弼等吉星，只主貴，有名聲與社會地位，一定要再加會祿星 - 祿存或化祿，才能以富貴論之。

原文：羊陀火鈴為四煞，沖命沖限不為榮。殺破廉貪俱作惡，廟而不陷掌三軍。魁鉞昌曲無吉應，若還命限陷尤嗔。

擎羊、陀羅、火星、鈴星等四顆為斗數的大煞星，只要一顆入宮，就帶來極大的破壞，因此倘命宮、大小二限或流年逢此四煞正坐或於三方會照，那麼這段期間一定是相當艱辛困苦的一個限度。七殺、破軍、廉貞、貪狼星性都不佳，如遇到煞忌會照，帶出其頑劣本性，那麼人生註定庸庸碌碌，一事無成。但若星性不佳的星曜居於廟旺宮位，又與祿存或化祿在三方會照，因祿星主財，因此可以收斂這些正曜的凶惡本性，反而成為職掌權勢，擁有崇高地位的大人物，一樣是可以享受富貴榮華的。又天魁、天鉞、文昌、文曲這類吉星，倘不與吉曜會照，例如輔弼入命無紫微，也不過是一個稟性良善，溫良敦厚的人，也很難有什麼樣的大成就，文昌、文曲入命雖主功名，但倘居落陷之地或與破軍及煞曜在三方會照或相逢，那恐怕就是懷才不遇，林泉冷淡了。因此吉星最忌諱就是雖然如願落在命宮及大小限或流年，但倘在落陷之地，兼會照煞忌，那麼吉星無吉應，那是多麼讓人難過無奈的事情。吉無純吉，凶無純凶，這就是紫微斗數易學難精之處。

原文：尚有流羊陀等宿，此與太歲從流行，更加喪吊白虎湊，傷使可以斷生死。

此外還有跟隨著流年太歲行進，每年都在不同宮位的流羊、流陀等流年煞曜，如果再與七殺或地空、地劫、喪門、吊客、白虎等煞曜會照或坐守，又逢天傷、天使等星曜，那麼恐有生死交關的事件發生。

原文：若有同年同月日生，禍福何有不准乎？不准俱用三時斷，時有差池不可憑。

又如果有同年同月同日生，但一生的命運卻大不相同，為什麼會有這問題呢？那大概就是時間方面有了誤差，中國領土幅員遼闊，橫跨了三個時區，因此正確的出生時間是相當重要的，斷準與斷不準的差距就在這裡。因此倘因此時間無法確定無法斷準之時，就排出該時辰前後的星盤，例如午時出生，就排出巳時還有未時共三個星盤，利用星盤反映出的特性與人生中的特殊事件發生時間，例如：命宮反映出的個性與本人相符與否？幾時結婚？或幾歲時曾經受傷開刀等。這方法相當符合科學與邏輯，事實上，西洋占星學面對時間無法確定，大都也是採用此法，畢竟論斷要是錯了，那是誤人一輩子，造業不淺。

原文：此是希夷真口訣，學者當需仔細精，後俱星圖并論斷，其中訣論最分明，若能依此推人命，何用琴堂講五星。

這是希夷公口傳親授的真正口訣，所有紫微斗數的後學者，都要仔細深入研究，務求精通。本書有收錄星圖與論斷命盤的實例，書中的所有口訣與論則，說的更加清楚明白。倘若用紫微斗數這祿命術一樣可以準確的推斷人一生的窮通禍福，那麼何需用琴堂派那種講究精準度的七政四餘五星學來論斷人一生的命運呢？（註三）

註三：琴堂指的是七政四餘中的一個派別。七政四餘自唐朝隨著佛經－宿曜經傳入中原，其流派眾多，較知名的就是三派：琴堂派、果老派、耶律天官派，其中最古老的是琴堂派，故此處用琴堂來比喻七政四餘五星學，是相當適宜的。

山人另有開設「七政四餘」課程，倘對果老星宗七政四餘術有興趣，歡迎報名參加，保證三天速成，準到一日的吉凶。並提供全額退費承諾，與教學目標不符，學費全額無息退還，讓你安心放心。

11 起例歌訣

12.

百字千金訣

12 百字千金訣

原文：樞庫坐命遇吉，富貴始終亨通。機月同梁福壽，日月左右長生。

紫微星或天府星坐命宮，三方加會左輔、右弼、祿存或化祿，那麼一生榮華富貴無庸置疑。太陰、天機、天同、天梁這種星群組合坐命的人，因為這些星曜孤剋性不那麼強，尤其天同是福星，因此一生較有福氣還有健康。倘太陽及太陰拱守命宮，逢左輔、右弼來拱照，一般壽命都比較長。

原文：煞遇終需進退，武破吉化崢嶸。貪貞主垣性劣，昌曲入廟科名。

不管是再棒的星群組合，只要三方加會煞忌，都算是破局，美玉沾瑕，成中有敗。武曲破軍星性雖然孤剋自我，但如果遇到吉曜如紫微、祿存或化祿，反而能夠嶄露頭角，出人頭地。命宮有貪狼與廉貞，表示這個人秉性不常，喜怒不定，表裡不一，個性相當頑劣。倘命宮逢文昌、文曲拱照，那麼功名利祿，指日可待。

原文：祿存到處皆靈，最怕空劫火鈴。化吉宿拱富貴，同凶也不昌榮。

祿存星或化祿主財貨，也有逢凶化吉的功能，不管落任何一宮都是好事，但最怕與地空、地劫、火星、鈴星等煞曜會照，財貨到手成空，徒然夢一場。四化星中的化祿、化權、化科都是富貴的象徵，只有化忌是多管之神，最好不要碰到。但縱然有化祿、化權、化科等三顆象徵財貨、權利、科名的星曜會照或坐守命宮，倘與煞曜同度或會照，例如：地空、地劫、擎羊、陀羅等煞忌，那就難以保證榮華富貴了。

原文：魁鉞扶拱發達，一生近貴功名。局中最嫌空劫，諸星不可同宮。

天魁及天鉞拱照命宮象徵著飛黃騰達且擁有良好的機遇，一生能在貴人的提攜下，獲得功名及崇高的社會地位。紫微斗數人事十二宮之中，最怕遇到地空、地劫兩顆星曜，因除增添人生的奔波勞碌，更象徵一事無成，倘與祿星會照，財富到手亦然成空，因此這兩顆星曜，是斗數所有星曜最怕會照或同宮的煞曜。

原文：千金斷訣，莫渡愚人。

這篇文章不過短短百餘字，卻是千金難買的論斷口訣，但愚昧的人是無法理解的，千萬不能說給他們聽。

12 百字千金訣

13.

定小兒生時訣

13 定小兒生時訣

原文：子午卯酉單頂門，或偏左邊二三分。寅申巳亥亦單頂，偏居右去始為真。辰戌丑未是雙頂，胞胎受定正時辰。

倘子時、午時、卯時、酉時出生的孩子，髮旋只有一個，大都往左邊偏一點。如為寅時、申時、巳時、亥時，也是單一個髮旋，大都往右偏一點。倘是辰時、戌時、丑時、未時出生，大都是兩個髮旋。如果要確認孩子的出生時間，那就必須以全身皆離母體的時間為準。

原文：又曰：子午卯酉面向天，寅申巳亥側身眠。辰戌丑未臉伏地，臨盆當試用心堅。

除此之外，倘子時、午時、卯時、酉時出生的孩子，大都面朝上離胎出世；而寅時、申時、巳時、亥時大都側身離胎，至於辰時、戌時、丑時、未時大都面朝下離胎。這些都是經驗談，當孩子出生時可以在做覆核確認。

14.

諸星問答論

14. 諸星問答論

原文：問：紫微所主若何？

請問紫微星在紫微斗數中的角色，五行及特質是什麼？

原文：答曰：紫微屬土，乃中天星之尊星，為帝座，主掌造化樞機，人生主宰，仗五行育萬物。

紫微星的五行屬中央土，是北天正中央的星曜（又稱為北極星），也是滿天星曜中最尊貴的一顆星，如同人間的皇帝一般，掌管整個天空中所有的星曜，也掌管著我們的命運，依靠五行輪轉來孕育萬物。

原文：人命為立定數而安星曜，各根所司。處斗數內，職掌爵祿，諸宮降福，能消百惡。

紫微斗數就是以紫微星為基準，按照規律佈設南北斗星及神煞、星煞等星曜，以星落宮來推斷人一生的窮通禍福，每個星曜，都有他職掌的事項與意含。在斗數之中，紫微星主管官爵司祿。不論在人事十二宮的哪一宮，都能帶來福氣，是一顆能夠消災解厄的星曜。

原文：須看三台，蓋紫微守命是中台，前一位是上台，後一位是下台。俱看在廟旺之鄉否？有何吉凶守照，如廟旺化吉甚妙，陷又化凶甚凶。吉限不為美，凶限則凶也。

論斷紫微星，就如同紫微垣右側的三台星一般。紫微星如果守命，視為中台（命宮居中），前一位是上台（父母宮），後一位是下台（兄弟宮），也就是紫微落宮後，必須要先看夾宮狀況。夾宮星曜是否都在廟旺之地，有什麼吉凶星在宮內。如果廟旺又逢吉曜，吉星夾紫微，例如左輔，右弼左右夾宮，那是最棒的星群組合，堪稱為上品命格。如果前後兩宮星曜都落陷且與煞曜參雜，那就是凶上加凶，如果遇到好的大限，紫微星也很難發揮他的功能，如果不好的大限，那就更不利了。

原文：人之身命，若值紫微同宮，日月三合守照，貴不可言。如無輔弼，則為孤君，雖美亦不足。更與諸煞同宮或諸吉合照，則君子在野，小人在位。主人奸詐假善，平生積惡。與囚同居，無左右相佐，定為胥吏。

人的身宮及命宮，如果有紫微星正坐，太陽、太陰在三方拱照，那身分地位或家庭背景一定相當棒，貴不可言。但如果缺少了左輔、右弼這類型助星，也不過是校長兼撞鐘，就像皇帝缺少了輔佐的臣屬，劉備少了關羽、張飛，那也是孤單一人，縱然星曜組合在好，也是孤君一人，難有太大的成就。又如果紫微坐命，不見輔弼，但三方及本宮吉煞星互見，這種星群組合，就好像君子在野，小人當家，表示這個人為人陰險狡詐，虛偽不真誠，是一個滿肚子壞水的人。又如果與破軍星同度或會照，沒有左輔、右弼來幫忙，那麼縱然當官充其量只是一個位階不高的小官（公務員），在公司行號內也是一個小職員罷了。

原文：如落疾厄，兄弟，奴僕，身宮又落陷，主人勞碌，雖得助亦不為福。

又若紫微星落入疾厄宮，兄弟宮，奴僕宮這種服務性質的宮位，不逢輔弼且身宮又有煞星匯聚，表示這個人一生勞碌奔波，難有成就，雖然有其他吉星來搭救，也不會有太大的改變。

原文：更宜詳何宮度，應究星纏之論。若居身命祿三宮，最要左右守衛。

因此利用紫微斗數推算人命的時候，除了觀察星曜落宮及廟旺與三方會照星曜之間的細微變化。更應該仔細詳查星曜落宮是否適宜。例如紫微星這類尊貴星曜落入兄弟、僕役、卻反主勞碌，學者需仔細思量。

又如果在命宮，身宮及官祿宮這種尊貴的宮位，那就要特別注意，是否有左輔、右弼在三方相會，才能以貴顯論斷之。

原文：天相祿馬交馳，不落空亡，更坐生鄉，可為貴論。

天相星與天府星永遠在三方四正中相會，因此如果命盤中紫微星與天相星及適宜經商的格局「祿馬交馳」，也就是祿存或化祿與天馬星會照，則為府祿相三合會天馬，又不逢地空、地劫等六煞侵擾，那麼這種星群結構的人，一定是非富即貴。

原文：如魁鉞三合，又會吉星，則為三台八座也。

如果命宮有魁鉞在命宮三方拱照，又有其他吉星，不逢煞忌，那麼此人定然與位列三台八座（太子，太保，太傅）般是個功名權貴之人。

原文：帝逢昌曲拱照，又得美限扶，必文官之選。

命中紫微星如逢文昌文曲拱照，又行到化科、化權等吉星匯聚的大小限或流年，那麼當年參加考試必然科舉及第。如為一般上班族，則會有升遷的機會。

原文：帝降七殺為權，有吉同位，則帝相有氣，諸吉咸集，做武官之職。

紫微帝座與七殺同度，則七殺受命於皇帝，為掌權及增加威權之象徵，又三方與諸吉星會照且逢輔弼，則皇帝身邊文武百官齊聚，最適宜從事武職顯貴。（武職：軍，警或專業技術人員）

原文：財帛田宅有左右守衛，又與武曲同度，不見惡星，定為財賦之官，更與祿存同宮，身命中尤為奇特。

財帛宮及田宅宮逢紫微，三方又見左輔、右弼拱照，並與武曲星同會，三方煞忌不見，大都是掌管財賦的官員（例如：銀行主管，企業的財會主管，會計師等與錢財管理有關的職務）。如又在命身宮加會祿存，那麼不但是掌財賦的大官，也會是個相當富裕的人（例如：銀行家等）。

希夷先生曰：紫微為帝座，在諸宮能降福消災，解諸星之惡，能制火鈴為善，能降七殺為權。若得府相左右昌曲吉集，無有不貴，不然亦主巨富，縱有四煞衝破，亦作中局。

希夷先生說：紫微星是紫微斗數中皇帝的象徵，在人事十二宮中不管是正坐或是會照，都能帶福澤，消除災厄，並化解各星曜不善的本質，例如紫微星如果構成「君臣慶會」的格局，那麼縱然遇到火星、鈴星，則此兩煞曜不惡反善；七殺是孤剋性極重的星曜，遇到紫微帝座，因主帥直接受命於皇帝，反而是掌握權勢的象徵。如果能夠得到天府、天相、左輔、右弼、文昌、文曲等吉星在三方四正中會照，稱之為「君臣慶會」，如果擁有這種星群組合（或稱為格局）的人，沒有不大富大貴的。

如逢祿存或化祿，更是富甲一方的有錢人。縱然三方四正中參雜六煞星沖照合會，雖無大富大貴可言，但至少也會是中等富裕或是中產階級等社會中流砥柱。

原文：若遇破軍在辰戌丑未，為臣不忠，為子不孝之論。

如果紫微星與破軍星在辰戌宮對拱或在丑未宮同度，且與羊陀火鈴空劫忌等煞星會照，那麼這個人，一定是個不忠心且見異思遷的部屬或員工，而且經常頂撞父母，對父母不盡孝道的人。如果是女生，也容易與公婆不睦。

原文：女命逢之，做貴婦斷，加煞沖破，亦為平常，不為下賤。

女命中如有紫微星且擁有良好的星群結構，可以斷他是有錢人家的太太或是很會賺錢的女中豪傑。如果逢煞忌侵擾，也是平常，不能用下賤來論斷。（註一）

註一：中國古代，男尊女卑，因此女人最多也只是嫁個好人家做貴婦。在那個社會環境下，女子無才便是德。女子如果太強勢或能力太強，通常會被評為「下賤」，這是大男人沙文豬思想。延續到今日，台灣仍有許多男性有這種大男人思維，就如同唐朝中國唯一一個女皇帝－武則天，明明在位時，國富民強，是一個好的領導者，好的皇帝。但卻沒有被歷史公平的對待。原因無他，因為中國是個大男人主義的社會，這種「妻奪夫權」，「女人奪男人權力」的行為，難以被接受，所以在當時被評為「下賤」是有原因的。但社會在進步，講究男女平權，女人比男人還厲害，還堅強，那是不爭的事實。

原文：玉蟾先生曰：紫微乃中天星主，為眾星之樞紐，為造化主。大抵為人命之主宰，掌五行育萬物，各有所司。

白玉蟾先生說：紫微星是北中天區的主宰，位於星空的正中央。是創造一切天地萬物的星曜。在紫微斗數中，所有星曜都有他的職掌，紫微星就是執掌人命貧賤富貴的一顆星曜。因此詳查紫微星的星群組合，是相當重要的工作。

原文：以左輔右弼為相，以天相昌曲為從，以魁鉞為傳令，以日月為分司，以祿馬為掌爵之司。以天府為帑藏之主。身命逢之，不勝其吉。如遇四煞劫空衝破，定是僧道。此星在命，為人厚重，面紫色，專做吉斷。

紫微星以左輔右弼兩顆星為卿相，以天相、文昌及文曲星為隨從，以天魁、天鉞為傳令兵，以日月職掌陰陽的輪轉。以天府星為國庫的代表，至尊至貴。如果身命宮遇到紫微星又有輔弼來會，那會帶來相當大的吉祥如意。如果遇到羊陀火鈴還有空劫等煞忌星會照，那大都是出家人或是道長。紫微星在命宮，如不逢煞忌，代表這個人個性沉穩踏實，面看起來有點紫色，如逢輔弼會照，一定是以吉祥如意，成就非凡來論斷。

＊以下紫微星歌訣較為淺白，因此不做解義，留給讀者自行細細品味咀嚼，必有所獲。

歌曰：

紫微原屬土，官祿宮主星；有佐為有用，無佐為孤君。
諸宮皆降福，逢凶福自申；文昌發科甲，文曲受皇恩。
僧道有師號，快樂度春秋。眾星皆拱照，為吏協公平。
女人會帝座，遇吉事貴人。若與桃花會，飄蕩落風塵。
擎羊火鈴聚，鼠竊狗偷群。三方有吉拱，方作貴人評。
若還無輔弼，諸惡共飲淩，帝為無道主，考究要知因。

二限若遇帝，喜氣自然新。

原文：問：天機所主若何？

請問天機星在紫微斗數中的角色，五行及特質是什麼？

原文：答曰：天機屬木，南斗第三益算之星也。後化氣曰善，得帝令之行事，解諸星之順逆，定數於人命，逢諸吉咸集，則萬事皆善。勤於禮佛，敬乎六親，利於林泉，宜於僧道。無惡虐不仁之心，有靈機應變之智，淵魚察見，做事有方。

天機星五行屬木，是斗宿六星第三顆富謀略的星曜，化氣為善曜。職責是是秉皇帝命令，消解諸星的不如意與凶性。如果天機星在命宮正坐，又三方四正會照六吉星，那麼不管做什麼事，都能成功。而且對宗教相當虔誠，對父母兄弟子女盡孝盡忠。因此也適合淡泊名利，成為一個出家人。因為天機星沒有陰險狡詐的本質，倒有機敏反應，善於謀略變通的智慧，能把事情分析的相當透徹細微，因此不管做起什麼事，都讓人感到面面俱到，且不慌不亂，四平八穩。

原文：女命遇之謂之福，逢吉為吉，遇凶為凶。或守於身，更逢天梁，必有高藝隨身，習者宜詳玩之。

如果女人的命宮逢天機星，那是相當有福報的。但仍需考量三方會照星曜，如三方吉曜多則吉祥如意；如果三方煞曜多，那麼也是陰沉善於算計的女人。如果坐守身宮，又逢天梁星會照，那麼一定有高超的技藝，希望能把紫微斗數學好的人，一定要詳細觀察這顆星曜與三方諸星會照產生的變化，才能準確論斷。

原文：希夷先生曰：天機乃益壽之星，若守身命，主人異能。

希夷先生說：天機星是延壽的星曜，如果在身命坐守，表示命主聰明機敏，智慧出眾。

原文：與天梁左右昌曲交會，文為清顯，武為忠良，四煞沖破，是為下局。

如果天機星與天梁星、左輔、右弼、文昌、文曲等吉星相會，如果是文官或是一般職員，大都是清廉聰明著稱；如果是武官或是專業技術人員，大都以誠信，忠義善良著稱的一個人。但如果遇到煞忌星在三方會照，那麼這善良反應靈敏的特性會轉化成為陰險充滿算計，城府極深，忘恩負義之人。因此如果出現天機會煞忌過多的這種星群組合，那是最糟糕的狀況。

原文：若見七殺天梁，當為僧道之清閒。凡人二限逢之，興家創業亦變更。

如果天機星與七殺天梁會照，相當適合於清閒脫俗的出家人。如果一般人在大小限遇到這種星群組合，則縱然有任何大計劃如創業等，也會多所阻礙甚至因此改變想法。如果是上班族，會有轉職創業或變換環境的想法。

原文：女人吉星拱照，主旺夫益子。有權祿則為貴婦。若逢羊陀火忌沖破，主下賤殘疾孤剋。

女命如有天機星正坐，三方又有吉星拱照，表示這是一個能夠旺夫益子的女人，如果加會化權，化祿則多為貴婦。如果三方不見吉星又有擎羊、陀羅、火星、鈴星或化忌來攪局，那麼不是身分卑微或殘障有惡疾或隱疾，就是六親無依之命。

原文：玉蟾先生曰：天機南斗善星，故化氣為善，佐帝令以行事，解諸凶之逆節。定數於人命之中，若逢吉聚，則為富貴。若逢煞沖，亦必好善。孝義六親，勤於禮佛。無不仁不義之為，有靈通變達之智。女命逢之，多主福壽，奇在廟旺有力，陷地無力。

此段記載與前段天機星的描述雷同，故不做釋義。

＊以下天機星歌訣較為淺白，因此不做解義，留給讀者自行細細品味咀嚼，必有所獲。

歌曰：

天機兄弟主，南斗正曜星，作事有操畧，稟性最高明，所為最高尚。亦可作群英，會吉主享福。入格居翰林。巨門同一位，武職壓邊庭；亦要權逢殺，方可立功名。天梁星同位，定作道與僧。女人若逢此，性巧必淫奔。天同與昌曲，聚拱主華榮。辰戌子午地，入廟有功名。若在寅卯辰，七殺併破軍，血光災不測。若與諸煞會，羊陀及火鈴，災患有虛驚。武暗廉破會，兩目少光明。二限臨此宿，事必有變更。

原文：問太陽所主若何？

請問太陽在紫微斗數中的角色，五行及特質是什麼？

原文：答：太陽星屬火，日之精也。乃造化之表儀，在數主人有貴氣，能為文為武，諸吉集則降禎祥，處黑夜則勞心費力。

太陽星五行屬火，就是每日照曜大地的太陽，大地萬物皆秉太陽之光芒與能量而生。太陽坐命宮且不逢煞忌，表示此人身分地位相當高，可以是文人也可以是武將，如果再照會六吉星，吉上加吉。但若太陽在落陷宮位，表示縱然在勞累辛勤用盡力氣也不容亦有什麼成就。

原文：若隨身命之中，居於廟樂之地，為數中之至曜，乃官祿之樞機，可化貴化祿，最宜在官祿宮。男作父星，女為夫主。

如果在身命之中遇到太陽，且在廟旺之地，那可是紫微斗數中最尊貴的星曜組合。太陽星主管官祿，可以提升知名度與身分地位，將名逐利，因此太陽星最適宜在官祿宮。男人可以將太陽視為父親來論斷，女人可以當丈夫來論斷。如男命太陽居陷地，表示父親可能較早亡故或父子緣分較淺等。

原文：命逢諸吉拱照，更得太陰同照，富貴全美。

命宮坐廟旺太陽且三方吉星匯聚，又與象徵財富的太陰星對照，那一定終身富貴。

原文：若身居之逢吉聚，則可在貴人門下客，否則公卿走卒。

若是身宮有太陽正坐，居廟旺且三方四正吉星匯聚，至少是社會顯達名人或大型企業的重要幹部或高級顧問。但如太陽落陷且煞星匯聚，也只是一般販夫走卒之命罷了。

原文：夫妻宮亦為弱宮，男逢諸吉聚，可因妻得貴，陷地加煞，傷妻不吉。

太陽在夫妻宮為弱宮，但男性夫妻宮若見太陽居廟旺，又與吉星相會，無煞忌侵擾，那麼可以娶到家境優渥，社會地位高的嬌妻，並因此得到富貴。但如太陽落陷又逢煞忌，那麼不但感情不順利且難以白頭偕老，女命容易遇人不淑，基本上晚婚為宜。

原文：子女宮得八座加吉星，在廟旺地，主生貴子，權柄不小。

若太陽居子女宮又得三台，八座這類尊貴的星曜會照且居廟旺，表示子孫賢達顯貴，能成為掌握權柄的大官。

原文：若居財帛宮於旺地，會吉相助，不怕巨門纏，其富貴綿遠矣。若旺相無空劫，一生主富。

如果太陽在財帛宮又居廟旺之地，又有吉星在三方拱照，不受暗曜巨門影響，反而太陽光芒能驅走巨門之暗，構成斗數格局「巨闕格」，能展露才華，受上級重用賞識，富貴終身，近貴龍顏。又如果會祿星（祿存或化祿）且不逢空劫雙煞侵擾，那麼一生將不用為錢煩惱。

原文：居田宅，得祖父蔭澤，若左右諸吉星皆至，大小二限俱到，必有驟興之喜。若限不扶，不可以三合論議，恐應小差。女命逢之，限旺亦可共享。

如果太陽在田宅宮且廟旺且不逢煞忌空劫侵擾，可受祖上庇蔭獲得田產或財富。倘大小二限都行至廟旺太陽之地，無煞忌又逢吉星拱照，那麼必然有突發的大喜事，如東山再起或是業積噴發等意外的好事發生，這也稱之為「交大運」或「出運」之時。但如果只有本命宮如此，在大小限行進時沒有俱到，那就不能這樣論斷。必須稍為保守一點。女命如果也是如此佳構，也可以這樣論斷。（註一）

註一：這又是中國古代男尊女卑，大男人沙文豬的想法，男人可得富貴，女人只能共享？因此許多不合時宜的概念，必須捨棄，畢竟時代一直在進步，社會環境改變，不可因循苟且，必須要有改革創新的精神。

原文：與鈴刑忌集，限目下有憂，或生剋父母。

如太陽落陷又與火星、鈴星、天刑或化忌匯聚在命身宮或疾厄宮，多有眼疾問題，例如：近視、散光、青光眼及白內障等。或是與父母無緣，無法對父母克盡孝道等。

原文：刑煞聚限，有傷官之憂，常人有官非之撓。與羊陀聚，則有疾病，與火鈴合，其苦楚不少，推而至此，禍福瞭然。

如果在大小限及流年遇到太陽在落陷宮位，且有擎羊、陀羅等煞忌星在三方會照，在政府當官或是在企業擔任主管或職員的人將會遭貶謫，流放邊疆或降級等，如果是一般人，則可能有官司訴訟，是非纏身的困擾。如果太陽與羊陀會照，容易有疾病，如傷殘四肢面貌等。與火鈴合照，一生恐將受盡辛苦勞累。說到這理，各位對太陽居於命身宮及其他宮位帶來的吉凶禍福，應了然於心了。

原文：遷移宮其福與身命不同，難招祖業，移根換業，出祖為家，限步逢之，決要動移。

如太陽居於遷移宮且逢煞忌又落陷，論斷與太陽在福德宮、身宮、命宮不同。居於遷移且落陷逢煞忌，表示無法守住父母遺留的產業，或是離宗背祖，自立成家。如果在大小限或流年遇到，不是轉換跑道就是居住環境變動等重要的改變轉捩點。

原文：女命逢之不吉，若福德宮有相佐，招賢明之夫。

女命如逢太陽正坐，不管落陷廟旺都不好，但如果福德宮有左輔，右弼在三方會合，表示能嫁給賢能聰明的好老公。

原文：父母宮男子單做父星，有輝則吉，無輝剋父。

如果太陽在父母宮，男人可以把太陽星當成父親來看，如果太陽在廟旺宮位，則父親社會名望地位都相當高，如果在落陷宮位，表示與父親無緣或早逝。

原文：希夷先生曰：太陽星周天曆度，輪轉無窮。喜輔弼而佐君象，以祿存而助福，所忌者巨暗遭逢；所樂者，太陰相旺。

希夷先生說：太陽繞行地球一圈為一年（註一），人們據此立定曆法，周而復始，提拱地球無窮無盡的能量。最喜歡有左輔、右弼來相助，又有祿存或化祿來增加福澤。太陽最忌諱的就是在落陷宮位，又會照巨門暗曜，一生勞碌無成。最棒的結構，就是跟居廟旺的太陰星，一起照護生命，提供能量。

註一：中國及西洋古代都是「地心論」，也就是地球是宇宙的中心，因此中國古代概念是太陽繞著地球運行。

原文：諸宮會吉則吉，黑夜遇之則勞。守人身命，主人忠鯁，不較是非。若居廟旺，化祿化權，允為貴論。

太陽落人事十二宮內，遇吉曜則為吉象，但如在落陷宮位，那麼表示一生多勞碌奔波。如果太陽守命宮或身宮，表示這個人個性開朗光明，個性外向，不拘小節，為人豪邁大方。如果廟旺又與化祿吉化權會照（註二），那麼命主一定貴不可言。

註二：在斗數裏，太陽主名聲、主貴，但不主財，因此必須會到太陰或祿星才能富貴雙全。如僅會化權，允以貴命，無法以富論。

原文：若得左右昌曲魁鉞三合拱照財官二宮，富貴極品，加四煞亦主飽暖。僧道有師號。

如果太陽坐命宮、財帛宮及官祿宮，又有左輔、右弼、文昌、文曲、天魁、天鉞及化祿或祿存等諸吉星在三方四正會照，那真是富貴的保證。如果不幸同時會到煞星，至少飽暖無虞，縱然是出家人，也會是一個名譽昭彰，受皇帝封號，受眾人尊崇的僧人或道長。

原文：女人廟旺，主旺夫益子，加權祿封贈，加煞主平常。

女人命中如有太陽星且居於廟亡旺，表示對丈夫有助力，有幫夫運，而且照顧小孩，是一個秀外慧中的賢內助。如果加會祿權，那會有機會嫁入豪門成為貴婦，就如同皇帝敕封的「封贈夫人」一樣(註二)，享有尊貴崇高的社經地位。

註二：古代女子無才便是德，不能參加科舉考試，因此女人最多就是因烈行，忠貞或得皇帝封贈名號(例如：貞節牌坊等)。現代社會已不同以往，所以觀念要改變了。

原文：玉蟾先生曰：太陽司權貴為文，遇天刑為武，在寅卯為初昇，在辰巳為昇殿，在午為日麗中天，主大富貴。在未申為偏垣，做事先勤後惰。在酉為西沒，貴而不顯，華而不實。在戌亥子為失輝，更逢巨暗破軍，一生勞碌窮忙，更主眼目有傷，與人寡合招非。

白玉蟾先生說：太陽主權勢，允文允武，如果文星相會，則文人逢之貴顯；如與武星如：武曲，七殺等會照，則是宜武職。太陽在寅、卯宮，可視為寅、卯時，太陽逐漸東昇，稱之為「初昇」；在辰、巳宮(時)，逐漸升起，照耀大地，此時稱之為「昇殿」；太陽在午宮(時)，是最豔烈的時候，此時太陽光輝最盛，大地萬物都受滋潤，因此稱之為「日麗中天」，如果命宮有太陽且在午宮又會祿星，且無煞忌侵擾，那是大富大貴的命。在未、申宮（時），由於太陽逐漸西下，因此稱為「偏垣」，人命逢此，做是先勤後懶，虎頭蛇尾。在酉宮（時）太陽西沉，已接近暗淡無光，人命逢此，多外強中乾，虛名虛利。在戌、亥子宮（時）為已經沒有光輝，稱之為「落陷」，如果人命逢此，又有巨門暗曜及破軍耗星相會，主一生勞碌奔波，也無所獲。也因太陽照度不足又與暗曜相會，所以命宮在此，多有眼部疾病，如：近視，散光，青光眼等，與人相處不甚合群，自我中心、自私自利，因此經常會惹來是非之擾。

原文：女命逢之，夫星不美。遇秏則非禮成婚。若與祿存同宮，雖主財帛，亦辛苦不閑。若與帝星左右同宮，則為貴論。又嫌火鈴刑忌，未免先剋其父。此星男得之為父星，女得之為夫星。

女命如果逢太陽在陷宮，則表示配偶平庸，沒有什麼大成就。因太陽在男命為父親的象徵，女命則為丈夫的象徵。如果太陽落陷與祿星同宮，雖然祿星主財父，但也是相當辛苦勞碌，一刻不得閒。女命有廟旺太陽，又與紫微帝星、左輔、右弼會照或同宮，那麼會是一個貴婦。但如果與火星、鈴星、擎羊、化忌等星會照，那麼大都與父親緣淺甚至有生離死別的狀況。

＊以下太陽星歌訣較為淺白，因此不做解義，留給讀者自行細細品味咀嚼，必有所獲。

太陽原屬火，正主官祿星，若居身命位，稟性最聰明。慈愛量寬大，福壽享遐齡。若與太陰會，驟發貴無倫。有輝照身命，平步入金門。巨門不相犯，升殿承君恩。偏垣逢暗度，貧賤不可言。男人必剋父，女命夫不全。火鈴逢不定，羊陀眼目昏，二限若值此，必定賣田園。

原文：問：武曲所主若何？

請問武曲在紫微斗數中的角色，五行及特質是什麼？

原文：答曰：武曲北斗第六星屬金，乃財帛宮主財，與天府同宮有壽。

武曲星，是北斗七星中的第六顆星，其五行屬金。是斗數十二宮中，財帛宮的主星，主管財富。如與天府同宮，且不會煞忌，一般而言，壽元較長。

原文：其施權於十二宮，分其臨地，有廟旺陷宮。

武曲星在人事十二宮中，也有廟旺利陷之分。

原文：主於人性剛果決，有喜有怒，可福可災。若耗囚會於震宮，必為破祖淹流之輩。

如果武曲在人的命宮，表示其人性情剛強，脾氣不好，有決斷能力，做事情不拖泥帶水，故此星坐命倘三方會吉星與祿星，則一生富貴榮華，倘三方無祿星又逢煞忌齊臨，則個性古怪，暴躁，自我中心，經常會因此而招致災禍。如果武曲坐命且居於卯宮與寅宮，且與破軍或廉貞會照，又逢煞忌，那麼多為紈绔子弟。或不務正業，遊手好閒的啃老族。

原文：與祿馬交馳，發財於遠郡。若與貪狼同度，慳吝之人。破軍同財鄉，財到手而成空。諸凶聚而作禍，吉集以呈祥。

如果武曲三方會照天馬及祿存或化祿，那麼財星得財，大都能遠離家鄉而發財。如果與貪狼同宮，那麼多為小氣的人。如果跟破軍星在財宮，無煞忌會照，則多為銀行員，財稅人員，會計師等，一生經手許多錢財，但註定留不住。如果會煞忌與空劫，那麼一生財富更是到手成空，財來財去，留也留不住。也因為武曲之財必須靠自己爭取，因此本性孤剋決絕，為達目的，不擇手段，因此如三方會照煞曜，則將引動其孤剋本質，因此多因財而招災禍，正所謂：人為財死，大概就是這個意思。如果與祿存，化祿或吉星會照，則財星得財，自然收斂其孤剋本性，發揮其善於運用錢財的天賦，通常都是小富翁，小富婆一個。

原文：希夷先生曰：武曲屬金，在天司壽，在數司財。怕受制入陷。喜祿存而同政，天府為佐貳之星，財帛田宅為專司之所。

希夷先生說：武曲五行屬金，在天主管壽元，在斗數主管財帛，最怕三方不會祿，財星無財可管理，就像能力受限，無法發揮或在落陷宮位亦同。因此最愛與象徵財貨的祿存或化祿在三方四正中相會。又與天府庫房還有天相星會照（註二），府祿相三合武曲，這是求財最佳的星群組合，倘能落在其主管的財帛宮及田宅宮，力量更大。

原文：惡煞耗因會於震宮，必見木壓雷震。破軍貪狼會於坎宮，必主投河溺水。會祿馬則發財遠郡。貪狼會則少年不利。

如果武曲與廉貞，破軍還有煞星在寅宮與卯宮，因武曲五行屬金，金剋木，因此如果命宮在此的人，多為不務正業，遊手好閒的紈绔子弟。祖業破耗難留。

原文：所謂武曲守命福非輕，貪狼不發少年人是也。廟樂桃花同度，利己損人。七殺火星同宮，因財被劫。遇羊陀則孤剋。遇破軍難貴顯，單居二限可也。

正所謂武曲星守命宮相當難得，但與貪狼同度，年輕時較困苦，中老年後才會開始發達。如在廟旺之地又與桃花諸曜如：貪狼，廉貞，天姚等，大都自私自利，專做些利己損人的事情。如與七殺火星同宮，容易因錢財遭覬覦而招致禍害。如果武曲會照擎羊、陀羅主孤剋，一生孤單貧窮，且多招是非。（如有破相或四肢有傷，反可延壽）。如與破軍同度或會照，又逢煞忌，則一生很難有出人頭地的機會。但如果單獨在大小二限或流年中見武曲單坐，不逢煞星，縱然無吉星會照，是不會有太大影響的。

原文：若與破軍同位，更臨二限之中，定主是非之撓。蓋武曲守命，主人剛強果斷。

如果武曲與破軍在大小二限或流年中同度或會照，且會羊陀火鈴等煞星，那麼一定因財而起糾紛或多有是非的困擾。因為武曲守命的人，個性剛強堅毅，果決獨斷，與破軍及煞星會合，將使這孤剋的本性更加突顯，造成自己一生的是非與挫折。

原文：甲己生人福厚，出將入相，更得貪火沖照，定為貴格。

甲年生人武曲化科，己年生人武曲化祿，因此甲年或己年出生且武曲坐命的人，大都能有相當的成就（己年最佳，甲年需會化祿或祿存，否則平常而已）。又能與貪狼，火星會照，形成火貪會武曲，一定貴不可言。

原文：喜西北生人，東南生人平常。四煞沖破，不守祖業，孤貧不一，破相延年。

女人吉多為貴婦，加煞沖破孤剋。

武曲星五行屬金，喜居於西方金與北方水的宮位，為廟旺之地。如果在東方木與南方火的宮位為平常或落陷宮位，難有太大的成就。如三方逢羊陀火鈴四煞沖合，則多為遊手好閒，不事生產的紈绔子弟，破敗祖業，但如果破相反倒可以延壽。如果此星在女命，三方吉星會照則多為名門貴婦或商場女強人。如會煞忌，又無吉星，則多因個性過於剛強好勝，難以與家人或配偶相處，孤單終老。

原文：問：天同所主若何？

請問天同在紫微斗數中的角色，五行及特質是什麼？

原文：答曰：天同星屬水，乃南方第四星也。為福德宮之主宰，故云化福。

天同星屬水，是南斗六星的第四星，在紫微斗數內主管福德宮，所以化氣為福。

原文：最喜吉曜助福添祥，為人廉潔，貌稟清奇，有機謀無凶激，不怕七殺相侵，不怕諸煞同纏。

天同星最喜歡三方有六吉星來增添福澤帶來吉祥。如果人命見天同星正坐，會是一個清廉高節的人，愛面子，脾氣像小孩子，相貌清秀圓潤，有想法有志向但沒有任何的凶氣，脾氣來去如風，過了就沒事。也因為此星在諸宮皆降福，因次縱然孤剋如七殺會照，也不用擔心。更不怕所有煞星會照。

原文：限若逢之，一生得地，十二宮中皆曰福，無破定為祥。

大小限或流年行進遇到這顆星，在那段時間大都能逢凶化吉。此星在人事十二宮皆能帶來福氣，如果會煞星或吉星不要太多（註一），大都能吉祥如意。

註一：天同星化氣為福，不怕煞曜，遇化忌為沖破，但影響不大。事實上，天同最怕與吉星相會，因其本身為福星，再與過多吉曜相會，福氣過大反為災，因此天同化祿又會祿，且會照六吉者，多帶有殘疾或暗疾過一生。

原文：希夷先生曰：天同南斗益算保生之星，化氣為福，逢吉為祥。

希夷先生說：天同是南斗延年益壽之星，因此為福星，為各宮帶來福澤，如能在三方四正會到吉星則帶來禎祥。

原文：身命值之，主為人謙遜，稟性溫和，心慈鯁直，文墨精通。有奇志無凶激，不忌七殺相侵，不畏諸凶同度，十二宮中皆為福論。

命身宮如果有天同正坐，表示命主為人謙和，個性溫和、心地善良且坦白直率、聰明有才華。有遠大志向與想法但沒有任何暴戾之氣，不忌諱與七殺或所有煞曜會照。在十二宮中見到，都能以帶來福氣的角度來看待他。

原文：左右昌梁貴顯，喜六丙生人，不宜六庚生人，居酉地終身不守，會四煞居巳亥為陷，殘疾孤剋。

天同星如與左輔、右弼、文昌、天梁及化祿或祿存，為陽梁昌祿奇格，為官乃國之棟樑，在一般企業為中高階主管，身分地位都相當高。如在丙年生的最適合，因天同在丙年化祿，能帶來福澤與財富。最不適合庚年生人，因庚年天同化忌，帶來困難與阻礙。

原文：女人逢煞沖破，刑夫剋子；梁月沖破，宜作偏房，僧道宜之，主享福。

女人如逢天同坐命，三方會照煞星，則感情還有家庭生活上較不美滿，姻緣來的較晚，適宜晚婚。如與太陰，天梁會合，只適合當偏房側室，最適宜出家人，表示能夠在青燈木魚中得到寄託與滿足。（註二）

註二：這又是標準的歧視女性，中國大男人沙文主義的遺毒。在此書中處處可見。但那是時代背景所致，並非希夷先生歧視女性。山人一直強調，社會環境改變，古籍內容也應跟著修正才是。

原文：問：廉貞所主若何？

請問廉貞星在紫微斗數中的角色，五行及特質是什麼？

原文：答曰：廉貞屬火，北斗第五星也，在斗司品秩，在數司權令。

廉貞星五行屬火，是北斗七星中第五星，在天庭中職掌官吏升遷調動等有關吏治之權。在紫微斗數中，為主掌權力的司令。

原文：縱臨廟旺，仍犯官符，故曰化囚，觸之不可解其禍，逢之不可測其祥。

也因為廉貞星主管吏治，所以縱然在廟旺之地，仍視為官府衙門，多有官非之擾，因此化氣為囚星。如果本命宮三方四正會照此曜，則無法帶來消災解禍的功能，反倒因此而招惹官司訴訟。大小限或流年行進遇到廉貞所在的宮位，更需要詳細觀察三方會照星曜才能論斷吉凶禍福，因此星古怪難測，無法掌握帶來的是好運或是厄運。

原文：主人心狠性狂，不習禮義；逢帝座執威權；遇祿存則主富貴；遇文昌好禮樂；遇殺曜顯武職；在官祿有威權，在身命為次桃花。若居旺宮則賭博迷花而致訟。與官符交會於陷地，則是非起於其宮。

廉貞坐命的人較為陰險狠毒，個性狂放不羈，其人多無情義及道德觀、不服輸、善變、反應快且口才佳。如果與紫微相會又有輔弼來合，表示能職掌大權，擁有地位與名聲；如果與祿存或化祿會照，不逢地空、地刼等煞忌星，為富貴之命；與文昌星會照，其人多才多藝，尤其在音樂上特別有天分。與七殺會照三方又逢吉曜，多以武職顯貴（註一）。如果廉貞在官祿宮又逢吉星，表示在職場上掌有權力。如在身命宮，則為斗數第二桃花星（註二），又臨廟旺加會天姚，咸池等野桃花又逢煞忌，大都因好賭好色而招來是非之擾或官司訴訟，也多因酒色而誤事。倘不會煞忌，亦大多喜歡流連聲色場所。如與官符會照，又落於陷宮，表示是非多由該宮起。例如本命宮廉貞正坐，官祿宮有官符，則是非多由官祿宮而生。

註一：武職泛指軍警類職務，現今社會，亦可視為專業技術人員，例如建築師。機械工程師，土木工程師，電子工程師等。

註二：斗數正曜類第一桃花星為貪狼星

原文：逢財星耗合，祖產必破。遇刑忌膿血難免，遇白虎則刑杖難逃，會武曲於受制之鄉，恐木壓蛇傷。同火曜於陷空之地，主投河自縊。限逢至此，災不可禳。

廉貞與武曲相會又與破軍等星曜在三方會合，則難以守成。與七殺，擎羊，化忌等星曜會照，多主意外之災或開刀等橫禍。如與白虎會照，多有官司是非之擾，若與武曲會合又居於落陷宮位，因廉貞火剋武曲金，如無相對應五行制化之星曜來調合，例如貪狼水等，因五行相剋只怕更加挫折不如意。如與火星、鈴星、地空、地劫等星曜會照又居於落陷宮位，那麼災禍大都由自身而起，甚至會有想不開的狀況（註三）。大小二限或流年逢廉貞星，三方煞忌互見，那將會人生是多災多厄的一段時期。

註三：投河自縊未免太嚴重，投河與否，是自己決定的，因此古人「投河自縊」的形容，應為引申法，表示災禍是非多由自己而起，例如為女人爭風吃醋因而吃官司或打架受傷等。千萬不要亂解為水厄或是溺水，那都是曲解原意。

原文：只宜官祿身命位，遇吉福映，逢凶則不慈，若在他宮，禍福宜詳。

所以廉貞星只適宜在官祿宮或命身宮，如三方遇吉星拱照，則富貴綿延。如果遇凶曜，則多因酒色而招致禍害是非，也不會是個善良的人。也因為廉貞可為囚為殺，亦為斗數第二桃花星，在判識此曜，需更加注意（註四）。

註四：廉貞星雙重個性，加上星曜組合最為複雜，初學者往往難以論斷，其實只要看三方會照星曜，如果跟貪狼，天姚，咸池，鑾喜等桃花星會照，則往情慾方面推演，如遇擎羊，祿星，則往物欲方面推演。廉貞星介紹，詳山人紫微星詮一書有更詳細說明，或上山人

youtube 教學課程視頻，深入了解此顆斗數中難以捉摸的星曜。

網址：http：//www.youtube.com/arena6975

歌曰：廉貪巳亥宮，遇吉福盈豐，應過三旬後，須防不善終。

原文：問：天府所主若何？

請問天府星在紫微斗數中的角色，五行及特質是什麼？

原文：答曰：天府屬土，南斗主令第一星也。為財帛宮之主宰，在斗司福權之宿，會吉為富貴之基，為官定做文官論。

天府星的五行屬土，為南斗六星的主星，也是第一顆星。在紫微斗數中是財帛宮的主宰，主管財庫。在天庭中主管福澤與權力的一顆星。如與吉曜，尤其是祿存或化祿在三方會照，那麼註定此人不富則貴，倘在朝當官大都是文官，如在一般公司企業，大都是屬於內勤，行政，企劃等類型工作的人。

原文：希夷先生曰：天府乃南斗延壽解厄之星，又曰司命，入相鎮國之星。在斗司權，在數則職掌財帛田宅衣祿之神，為帝之佐貳。能制羊陀為從，能化火鈴為福。

希夷先生說：天府是南斗主星，也是第一顆星，可延壽或是消災解厄，又稱之為司命之星，在天庭中的如同協助帝星紫微的左右手，在一般企業多為副手，例如：副總經理，副局長等。掌握權力，綜理朝綱，安邦定國。所以有能力把擎羊陀羅兩大煞星，化為從屬；降低火星與鈴星的凶性，而且能發揮天府星的特性。在紫微斗數中是主管財帛宮、田宅宮還有福德宮的星曜。

原文：主人相貌清奇，稟性溫良端雅。逢祿存武曲，必有巨萬之富。

天府星入命，其人相貌清秀有型，個性溫文善良、端莊高雅。如與財星武曲及化祿或祿存在三方會照，稱之為「府祿相三合」，一定會是一個相當善於管理還有儲蓄金錢的人。

原文：秘曰：天府為祿庫，命逢終是福。若逢四煞沖破，雖無官貴，益主田財富足。以田宅財帛為廟樂，以奴僕父母為陷弱；以兄弟為平常。

秘藏書籍有提到：天府主掌人的財庫，如果命宮有天府正坐，又會祿星大都能富有且有福氣。如果三方不幸會照擎羊、陀羅、火星、鈴星四煞星，雖然無法當官貴顯，至少表示一生衣食無虞。天府星主掌祿庫。因此倘居於田宅宮還有財帛宮是最適合的，如在僕役宮或父母宮，表示庫房被管轄，對於金錢的控制不佳，因此相當不適宜。倘落於兄弟宮，不好也不壞。

原文：命逢之又得相佐，主夫妻子女不缺。若值空亡，是為孤立。不可一例而推斷，大抵此星多主吉。

命宮倘若有天府，又得左輔、右弼還有祿星輔佐會照，表示一生資糧充分富足，亦可白手興家，故其妻子兒女大都衣食不缺。如與地空、地劫會照，則難有富裕之時。但論斷此星不可以過於肯定。因此星基本上大都帶來吉祥如意。

原文：又曰：此星不論諸宮皆吉，女命得之，清正機巧，旺夫益子，縱有沖破，亦以善論。僧道宜之，有師號。

又說：天府星不論落在什麼宮大都是吉祥如意居多。如果女子命宮逢天府正坐，則是一個清秀端正，心思細膩的女人，是一個能幫夫且持家的賢內助。縱然有煞星在三方沖照，心地還是良善。僧道修行之人，如命逢天府，更加適宜，能得到眾人景仰或是君主冊封名號。

歌曰：

天府為祿庫，入命終是富。萬頃置田莊，家資無論數。

女命坐香閨，男人食天祿，此是福吉星，四處無不足。

原文：問：太陰所主若何？

請問太陰星在紫微斗數中的角色，五行及特質是什麼？

原文：答曰：太陰乃水之精，為田宅主化富，與日為配，為天儀表。有上弦下弦之用，黃到黑之分，有盈虧之別。

太陰五行屬水，是田宅宮主，化氣為富。與太陽搭配，象徵天地日月陰陽輪轉，孕育萬物。由太陰運行軌跡可區分為上弦月及下弦月，其光芒有皎潔明亮，也有黯淡無光之時，也有月圓及月缺的區分。

原文：若居廟樂，其人聰明俊秀，其稟性端雅純祥。上弦為要之機，下弦減威之論。

太陰星入命，大都聰明出眾，男多為帥哥，女多為氣質美女。個性端正高雅，單純而平和。上弦月之時出生較好，下弦月時就稍為弱一點。（註一）

註一：農曆初五到初九出生為上弦月，農曆二十一到月底為下弦月。判識命盤日月是否落陷還有上下弦月，必須按照命主真實出生日期之日月狀況，例如生辰為農曆十二日，申時，十二日之太陰接近滿月，不屬落陷；申時日猶有光芒，是故此生辰並無日月反背問題。又農曆十二日為上弦月。至於一般的廟旺利陷，仍以星盤為準。

原文：若相生配於太陽，又日在卯月在酉，俱為旺地，為富貴之基。命坐銀輝之宮，諸吉咸集，為享福之論。

若命宮在酉，逢太陰正坐又逢太陽在卯對照，日月皆為尊貴之曜，而卯為日出之時，酉時月明之時，都在旺地，因此多富貴人家出生。這狀況，日月旺地對照，就像命宮逢太陰太陽合照般皎潔光輝，此時三方如有吉星加會，無煞星來攪局，那麼一輩子榮華富貴，是不需要懷疑的。

原文：若居陷地，則落弱之名，若上弦下弦仍可。

如果太陰居陷地，則光度不足，多虛名虛利，但如出生時值上弦月或下弦月，仍不至於太糟糕。

原文：身若居之又逢忌煞，則有隨娘繼拜或離祖過房，身命若見惡煞交沖，必坐傷

殘之論。除非僧道，反獲禎祥。

身宮如有太陰但三方逢煞忌會照，大都為庶出或過房，稱之為離祖，可引申為父母離異，一生受母親照顧較大。身命宮有太陰又會煞忌，身體多有傷疤或殘疾。這種星群組合，只有出家人才適宜。

原文：為禍最為緊要，不可參差。又或與文曲同居身命，定是九流術士，男為妻宿，又做母星。

因此太陰不管坐身命宮，最怕遇到煞忌星在三方侵擾，這一定要記住。又如果太陰與文曲同居身命宮，大都是販夫走卒，九流術士。此星在男命代表配偶，因此夫妻宮有太陰，則多為「妻管嚴」。太陽主命之源主父親，太陰為身之源，主母親，因此太陰星又可以視為母親。（註二）

註二：太陽為命，太陰為身的概念，走遍中西星學均相同。因此中國皇家秘術－七政四餘及西洋占星，印度占星等，都以太陽為立命宮的基礎。

原文：希夷先生曰：太陰化祿，與日為配，以卯辰巳午為陷，酉戌亥子丑為得垣。

酉為西山之門，卯為東潛之所。嫌煞曜以來纏，怕羊陀以同度。

希夷先生說：太陰是財富的象徵，必須考慮與太陽的搭配狀況，如日月均廟旺且餘命宮對照無煞忌，則一生富貴無疑。太陰以卯辰巳午宮為落陷論之，因此時太陽廟旺；以酉戌亥子丑宮為廟旺之地，因此時太陰銀輝正盛。太陰在酉，為初升之時；在卯宮為落下之時。如果命坐太陰又在這兩個宮位，最怕與擎羊、陀羅等煞忌星會照，因此時光輝不足，危害較大。

原文：此星屬水，為田宅宮主。有輝為福，失陷必凶。男女得之，皆為母星，又做妻宿。

太陰五行屬水，是田宅宮主，廟旺之地能帶來福澤，居於落陷宮位，則多有凶險。不管男人女人，只要命宮坐太陰，都視為母親的象徵，男人則視為配偶的象徵。

原文：若在身命廟樂又逢吉集，主富貴。在疾厄遇陀羅，為目疾。遇火鈴為災。在父母，陷地失輝。遇流年白虎太歲，主母有災。若逢白虎喪門吊客，妻亦慎

之，此雖純和之星，但失輝受制則不吉。

如果太陰居命宮或身宮，三方有吉曜會照，表示其人非富即貴。太陰坐疾厄宮與陀羅同宮或會照，表示眼睛有疾病，例如：近視、遠視、青光眼等。如在父母宮且落陷，表示失雙親照護，與雙親緣淺，尤其是母親。如在流年遇到白虎星，多主母親有生病或意外。如果再會喪門與吊客，配偶也要多加注意。太陰星雖然本質良善，但如果在落陷宮位又逢煞星，則將帶來相當的凶惡。

原文：問：貪狼所主若何？

請問貪狼星在紫微斗數中的角色，五行及特質是什麼？

原文：答曰：貪狼北斗解厄之神，屬水木，化氣為桃花，為標準乃禍福之神，亦善亦惡，奸詐瞞人。

貪狼星是北斗第一星，是解除厄運的神明。五行屬水木，因此有雙重性格。化氣為桃花星，此為斗數中第一桃花星，主管人間禍福。可善可惡，本性奸詐不老實。

原文：受學神仙之術，又好高吟淫蕩，作巧成拙。入廟樂之宮，可為祥亦可為禍。

此星神受命學習神仙之術，但本性貪花戀酒，喜歡耍小聰明，但最後都把事情搞砸。如在廟旺之位，需看三方會照星曜，倘吉多為吉，凶多為凶。

原文：會破軍戀酒迷花而喪命，同祿存可吉。遇耗囚則虛花，遇廉貞則不潔，見七殺遭配或遭刑，遇羊陀主痔疾，逢刑忌有斑痕。

貪狼會破軍或分坐於命身宮又與咸池，天姚等野桃花匯聚，又逢煞忌，多因酒色財氣而招致災禍。如與祿存同宮會照，則吉祥如意。遇大耗，破軍等多虛情假意。遇廉貞較不守倫理貞潔，男易有小三，女易有小王，感情世界較複雜，觀念比較開放。如果與七殺會照又逢煞星，多因酒色財氣，爭風吃醋而招致官非訴訟。與擎羊陀羅會照，易有痔瘡或隱疾甚或是花柳病。與天刑，化忌等星曜會照，則身上多有斑痕、如刺青、黑斑、或疤痕。

原文：二限為禍非輕，與七殺同守身命，男有穿窬之體，女有偷香之態。諸吉壓不能為福，眾凶集愈藏其奸。

大小二限或流年遇到貪狼且煞星匯聚之宮位，那麼將帶來挫折與不如意。與七殺在命身宮同度或命身各一，又與天姚、咸池等桃花星會照男生多有小三或男女關係複雜，女生多有小王在外。縱然三方遇到吉星，也很難避免這狀況，如果煞星匯聚，表示他的心機城府極深，精於算計與奸謀。

原文：以事藏機，虛花無實，與人交則厚薄不定。故云：七殺守身終是夭，貪狼入廟必為娼。

貪狼星本性不誠實，喜歡說謊騙人，說話多虛少實，與人交往則喜怒不定。所以說：七殺星坐守身命宮，因過於感情用事，最後總是帶來災禍，貪狼如果在廟旺之宮，又遇桃花星，感情世界比較複雜，劈腿、腳踏多條船是常態，如再遇煞星甚至有淪落風塵的可能。

原文：若身命與破軍同會，更居天馬三合之鄉，生旺之地，男好飲而賭博遊蕩，女無媒而自嫁，淫奔私竊。輕則隨客奔馳，重則遊於歌妓。喜見空亡，反主端正。

如果貪狼與破軍同居命宮或命身宮各一，又在寅申巳亥這四個生旺之地(註一)，又與桃花系星曜會照，男人大都貪杯好女色，喜歡賭博，或是在家時間比較少，例如司機、領隊等外勤職業。女人大都感情生活複雜。不論男女，如果有以上星群組合，不會煞，多喜酒色，不至於帶來太大的危害，如果加會煞忌，則多因酒色財氣而招致災禍。此時反而喜歡會照地空，地劫或空亡等空系星曜，可以轉化這種不良習性，成為一個願意為他人付出奉獻，熱心公益的好人。

原文：若與武曲同度，為人諂佞奸邪，每存肥己之心，並無濟人之意；與貞同官符，必定遭刑。七殺同處，定為屠宰；羊陀交併，必作風流之鬼；昌曲同度，必多虛而少實；與七殺桃宿同纏，男女邪淫虛花；若犯帝座，無制便為無益之人。倘得輔弼昌曲夾制，則無此論。

如果貪狼與武曲同宮或命身宮各一，又逢煞忌會照，表示這個人言語諂媚虛華，個性奸詐邪惡。對於錢財的觀念自私自利，老是想著自肥，而不願公平的與人分享或幫助他人。與廉貞會照又遇官符，大都因此而帶來災難。與七殺合，大多為用刀械器具之人，例如菜市場屠宰牛羊雞豬的屠夫或是專業技術人員；如與羊陀會照又在流年逢流羊陀，加會桃花諸曜，尤其是咸池，天姚這類野桃花，大都會因色而惹上災禍，為桃花劫的標準組合。如果與文昌、文曲這類型的文曜會照，稱之為「桃花舞春風」，喜歡說的天花亂墜，好像自己很厲害，但實際上，好高騖遠，說的永遠比做的多，心口不一，是個性格卑劣愛吹牛的小人。如果與七殺或桃花星曜在三方交會，不管男女，都難以抵擋情色的誘惑，破財失身，如在與煞星會照，最終因此身敗名裂，一生烏有。如果與紫微合，如果貪狼不遇空系星曜，如地空，地劫等星曜壓制或與左輔右弼會合，那麼一生販夫走卒，縱然與紫微帝座會照，依然不會有太大的成就。但如果能得到左輔、右弼、文昌、文曲在左右兩宮相夾，就不能這樣論斷。

原文：陷地逢吉，增生祥瑞。離家顛沛，也發一時之財。唯會火鈴能富貴，美在財帛。

如果貪狼居命宮且落陷，但三方有吉星會照，能增加吉祥如意的狀況，縱然離家出遠門打拼，也能夠有一段發財的機會，只是無法守成。貪狼只有在三方四正與火星，鈴星對照或同度，形成斗數奇局：「鈴貪格」，「火貪格」，才能有富貴的機會，賦曰，貪鈴並守，將相之名。且此星群組合結構最好落於財帛宮，主橫發之財。

原文：與武曲同，則為淫佚。兄弟子息俱為陷地，在田宅則破蕩祖業，先富後貧。奴僕居於廟旺，必因奴僕所破。居夫妻則男女俱不得美。疾厄與羊陀七殺交併，酒色之病。

貪狼與武曲同宮或命身各一，其人自私且貪杯戀酒。此曜在兄弟宮及子女宮都不宜。在田宅宮會煞則多為敗家子，破敗祖業，從富有變清貧。如在僕役宮又貪狼居於廟旺，表示經常誤交損友，與不義之人狼狽為奸，如在逢煞忌會照，多行不義之事，最後被朋友拖累，惹上官司是非或是遭部屬，朋友出賣。如果在夫妻宮又會天姚，咸池，婚後多有小王或小三，如再遇煞星，則因此而身敗名裂。在六合位暗會祿星，則多在感情上有偷來暗去的狀況，婚姻生活不美滿。如在疾厄宮又在流年與流羊陀及七殺交併，多因此染上花柳病或急性肝炎，肝硬化等。

原文：遷移若坐火鄉，破軍會煞併流年太歲疊併，則主遭兵火賊盜相侵。總而言之，男女非得地之星，不見尤妙。

如貪狼坐遷移宮且在巳午宮火旺之地，又在流年逢破軍及流羊陀迭併，則多在外多有災禍，甚至家裡遭逢火災，小偷等狀況。總而言之，此星如果不會火星，鈴星或空系星曜，皆不吉，在大小限或流年行進時最好不要見到。

原文：希夷先生曰：貪狼為北斗解厄之神，其氣屬木，體屬水，故化氣為桃花。乃主禍福之神，在數則樂為放蕩之事，遇吉而主富貴，遇凶則主虛浮。

貪狼星是北斗七星中能解厄之星，他的五行可屬木，亦可屬水，因此為斗數第一桃花星，是主掌人間禍福的神祇。在紫微斗數中為喜歡遊樂放蕩不羈的象徵，如果遇吉星，則能富貴，如遇到凶星，表示多虛華不實。

原文：主人矮小，性剛威猛，機深謀遠，隨波逐浪，愛憎難定。

貪狼坐命的人，普遍比較矮小，性情剛烈威猛，城府很深，精於算計而且有長遠的謀畫能力。但在外在表現上，卻像是一個沒有主見的人，善於偽裝，扮豬吃老虎，表裡不一，讓人無法分辨是非真假。

原文：居廟旺遇火星，武職權貴。戊己生人合局。會廉武巧藝。得祿存，僧道宜之。破軍七殺相沖，女人刑剋不潔。

如貪狼居廟旺又遇火星，適合以武職顯貴，例如：軍，警或專業技術人員，戊年貪狼化祿，己年貪狼化權，所以更有機會構成這個特殊格局組合。如果與廉貞，武曲相會或同度，主其人有高超技藝或為專門技術人員。如果與祿存會照，因貪狼得財，可收斂其貪欲，其人較為知足，相當適合出家人。如果與破軍，七殺相會沖合，女人對感情態度過於開放，敢愛敢恨，容易成為小三或繼室。如再遇煞星，則可能墮落風塵，隨客逐流。

原文：問：巨門所主若何？

請問巨門星在紫微斗數中的角色，五行及特質是什麼？

原文：答曰：巨門屬土水，北斗第二星也。為陰精之星，化氣為暗，在身命一生招口舌是非。

巨門五行屬土亦屬水，是北斗七星的第二顆星，相當明亮，但也因為過度明亮遮蔽別人光芒，引申在人的行為上就是多言禍是背後是非，遮蔽住別人，因此化氣為暗，是一顆相當陰險不老實的星曜。因此如巨門居命宮或身宮，雖然舌燦蓮花，但一輩子多有口舌是非，容易與人發生爭執，爭辯。因此巨門坐命的人，大都適合以口為業的工作，如：講師、老師、政治家、業務員、演藝人員等。

原文：在兄弟則骨肉無義，在夫妻主口角或生離死別，縱得偕老，不免汙名失節。在子息損後，難有而後無；在財帛有爭競之事；疾厄遇刑忌，眼目之災，煞臨主殘疾。

如果巨門在兄弟宮，表示與兄弟緣淺，比較沒有助力，如遇煞忌星則兄弟之間多有爭執打鬧的狀況；在夫妻宮表示與配偶經常有口角，感情不融洽或是聚少離多等狀況，縱然僥倖得以白頭到老，年輕時仍然多有爭執，感情冷淡，雙方相敬如冰，如會照煞忌，夫妻終將因口角爭執而離異甚至鬧上社會新聞版面。如在子女宮，表示子息數量較少甚至沒有；在財帛宮，則必須面對強大的競爭，經常虧本賣出，賺錢相當辛苦。而此曜坐財帛且無吉星會照，容易有假公濟私，侵吞公款的狀況。在疾厄宮遇到擎羊或陀羅，眼睛多有問題，例如：近視、遠視、散光、白內障等，如果再有火鈴空劫等煞曜來湊熱鬧，那麼身上多有傷殘，傷疤或暗疾。

原文：在遷移則招是非；在奴僕多怨逆；在官祿主遭刑杖；在田宅則破蕩祖業；在福德，其禍稍輕，在父母則遭棄擲。

在遷移宮表示容易因口不擇言而招是非之擾，如再與煞曜同度或會照，那更是準驗，諸如遭陷害，背叛，挑撥離間等。在官祿宮，容易與上司部屬發生爭執不合諧，甚至因此遭到降職或外調。在田宅宮，表示祖產難留。在福德宮，災害比較輕微。在父母宮，如在會煞忌，則多為庶出或是與父母緣分較淺，聚少離多，或是從小到大都與父母多有爭執，意見不同，雙方難以溝通。

原文：希夷先生曰：巨門在天司品萬物，在數則掌執是非。主於暗昧多疑，欺瞞天地，進退兩難。其性則面是背非，六親寡合，交人初善終惡。

巨門在天庭職掌天地萬物，五行為土水，在紫微斗數中主掌是非。其性質陰暗且多猜忌懷疑，說話不老實，但紙終究包不住火，等到謊言被搓破的時候，反倒讓自己陷入進退維谷的狀況。這顆星的性質是表面順從，但實際上並非如此，是一個相當陰險的星曜。與六親不合，與人交往，一開始都會被他的謊言欺騙，但最後都是不好的結局。

原文：十二宮若非廟樂之地，到處為災，奔波勞碌。至亥子丑寅申巳，雖富貴亦不耐久。

巨門星落宮如果不在廟旺之地又會照煞忌，那麼將到處帶來災難，命主奔波勞碌，一生庸庸碌碌。縱然在亥子丑寅申巳等廟旺宮位，縱然僥倖得到富貴榮華，早晚也是會敗亡的。

原文：會太陽則吉凶相半，逢煞忌，則主殺傷；遇祿存則解其厄，值羊陀男盜女娼，遇火鈴白虎，無吉星及祿存逢之，決配千里。三合煞湊，必遭火厄。

如巨門星與太陽會照，遇煞則凶，無煞則吉，因太陽能驅巨門之暗，因此巨門太陽會照無煞，反到是相當適宜從政的組合，賦曰：巨日同宮，官封三代。如巨門與煞忌會照或同度，表示因口惹禍上身。如果遇到祿存或化祿星，則可以平衡巨門凶性。如果巨門與羊陀會照，不管男女，都喜歡走旁門左道，遊走法律邊緣，但夜路走多總是會碰到鬼的，早晚會出事。如果在小限或流年遇到巨門又與火星，鈴星，白虎會照，如果沒有吉星或祿星（祿存或化祿）會照解救，那麼大都因犯罪而鋃鐺入獄。如果巨門坐命，三方煞忌互見，那麼多有災厄。

原文：此乃孤獨之星，刻薄之神，除為僧道九流，方勉勞神偃蹇，限逢凶曜，災難不輕。

這是一顆相當陰暗孤獨的星曜，在斗數中也是刻薄無情的象徵。除非是僧道或是一般販夫走卒才適合。如果在大小限或流年行進遇到巨門，三方又煞忌齊臨，那將帶來不小的災難。

原文：問：天相所主若何？

請問天相星在紫微斗數中的角色，五行及特質是什麼？

原文：答曰：天相屬水，南斗第五星也，為司爵之宿，為福善，化氣曰印，是為官祿文星，佐帝之位。

天相星屬水，是南斗六星的第五顆星，職掌官祿爵位的星曜，是斗數理的福星與善星，也因職掌印信，故化氣為印，可是為印星。是官祿宮主星的文官，主要輔佐南斗主星：天府星，因此天府與天相星，永遠在三方四正中相會。

原文：若人命逢之，言語誠實，事不虛偽。見人難具惻隱之心，見人有惡抱不平之氣。

如果命宮逢天相星正坐，其人說話誠實不虛偽，是一個正直的人。看到他人有難或弱小能生起同理心，喜歡幫助他人或喜歡做和事佬（如逢煞忌，反倒成為表裡不一，扮豬吃老虎的人）。看到不好的事會相當憤怒，也很喜歡打抱不平，很有正義感。

原文：官祿得之則顯榮，帝座合之則爭權。能佐日月之光，兼化廉貞之惡。身命得之而榮耀，子息得之而嗣續昌盛。

如果天相在官祿宮且無煞忌會照，表示能在工作上發揮才華，得到成就。如果與紫微星會照能得到上級長官重用與重視，但也喜好爭權，如逢煞忌，則因爭權失利而遭冰封冷凍。天相星會照太陽與太陰又無煞忌，那是錦上添花，其人相當有成就，但多為副手，如在政府單位為副座，私人企業多為副總，協理，副理等。由於天相化氣為善，因此與雙重性格的廉貞星相會或同度，能減少制化廉貞星的孤剋自私，導引出廉貞星善的本質。命宮或身宮如果有天相星且無煞忌又有吉星拱照，一生大都相當有成就，如果子女宮有天相星且無煞忌，表示後代子孫有出息且能代代繁衍茂盛。

原文：十二宮皆為祥福，不隨惡而變志，不因煞而改移。限步逢之，富不可量。

天相星落人事十二宮，帶來的都是吉祥如意，由於化氣為善，縱然遇到惡星，依然保持其良善本質，也不會因為遇到煞忌而改變。因此命坐天相會煞忌的人，脾氣像一陣風，來的快去的快，如果檢討自己有錯，甚至會主動道歉低頭。如果再大小限或流年遇到天相星坐守宮位逢吉星拱照加會祿存，化祿且無煞忌侵擾，那麼一定有發財致富的機會。

原文：此星若臨生旺之鄉，雖不逢帝座，若得左右，則職掌其威權，或居閒弱之地，也做吉利，二限逢之主富貴。

天相星坐命宮如果三方會左輔右弼與祿星，又無煞忌來湊合，表示在職場工作上，能有相當崇高的地位與權力。倘為一般正曜，在無煞曜的狀況下，至少能依藉專業技術獲得小成就，因此也是吉祥如意的象徵。大小二限遇到天相且星群結構組合佳，表示這個限度內，會有相當的財富收獲。

原文：希夷先生曰：天相南斗司爵之星，化氣為印，主人衣食豐足。昌曲左右相會，位至公卿。

天相是南斗六星中主掌爵祿官職的星曜，主掌印信，故化氣為印。入命宮無煞忌，表示其人一生衣食無缺。如與文昌、文曲、左輔、右弼會照又無煞忌，那麼當官一定能成為一位大官，如果在一般民間企業，大都是副總經理，協理或副理這種階級的主管。

原文：陷地廉貪武破羊陀煞湊，巧藝安身。火鈴沖破殘疾。

如果天相坐命且落陷，又與孤剋性質較重的正曜或煞星會照，例如：廉貞、貪狼、武曲、破軍、擎羊、陀羅等煞曜會照，那麼相當適合成為專門職業技術人員，例如工程師，工匠，研究學者等。如逢火鈴會照，則身上多有傷疤或殘缺暗疾。

原文：女人主聰明端莊，志過丈夫。三方吉拱封贈論。若昌曲沖破為侍妾，在僧道主清高。

女人命宮逢天相且無煞忌，其人聰明賢慧、品行端莊、有遠大志向。如又三方吉星匯聚，成就不會輸給男人（註一）。如果與文昌文曲會照，第一次婚姻大都失敗收場，多為小三或是小老婆，最好是晚婚才比較有白首偕老的機會。

歌曰：天相原屬水，化印主官祿。身命二宮逢，定主多財福。形體又肥滿，言語不輕瀆。出仕主飛騰，居家主財穀。二限若逢之，百事看充足。

原文：問：天梁所主若何？

請問天梁星在紫微斗數中的角色，五行及特質是什麼？

原文：答曰：天梁屬土，南斗第二星也。司壽化氣為蔭為福壽，乃父母宮主，佐帝之權，於人命則性情磊落，於相貌則厚重溫謙，循直無私，臨事果絕。

天梁星屬土，是南斗六星第二星是也。主掌壽元，化氣為蔭星，也就是庇蔭的意思，因此也為福壽的象徵。他是父母宮的主宰，輔佐紫微尊帝，掌握風紀之權，是天庭的風紀官也是皇帝身邊的諫臣，監察官。因此天梁星坐命的人，性情光明磊落，大公無私，做任何事都相當的果決，不拖泥帶水。其相貌看起來誠實溫和且謙遜，就像一位慈祥的老人。

原文：蔭於身，福及子孫。遇昌曲於財宮，逢太陽於福德三合，乃萬全聲名，顯於王室，職位臨於風憲。

如果天梁星在身宮，那麼這福壽能庇蔭子孫後代，也願意照顧弱小，對人有同情心願意幫助他人，因此天梁在父母宮，表示能受父母庇蔭，在兄弟宮，能得兄弟幫忙。如與文昌文曲在財帛宮會合，又本命福德宮有太陽三合拱照，那麼在社會或職場上會是相當有名望的人。不論當官或是在企業任職，大都是主掌風紀的官員或稽核這類型的人。

原文：若逢耗曜，更逢天機及煞臨，宜僧道，唯仍受王家制誥。

如果天梁坐命與破軍同度或會照，又加上與天機及煞忌齊臨，則幼年多與雙親無緣，晚年孤苦無依，所以如果是這種星群組合，只適宜出家人，但因本性好打抱不平，有正義感，是故縱然為僧道，仍然很難放下俗世的牽絆而影響修行，例如台灣許多有名的「政治和尚」，身在佛門，卻仍對世間事，念念不忘，六根不淨。

原文：逢羊陀同度，則亂禮亂家。居奴僕，疾厄難做豐餘之論。見刑忌必無災厄之餘。若遇火鈴刑暗，亦無征戰之擾。

如命宮天梁與擎羊或陀羅同宮，則較不重視世俗眼光，自我中心，率性而為，作為常常讓其他人瞠目結舌。如果天梁星在奴僕還有疾厄宮，則其蔭星效果相當有限。而由於為庇蔭之星，是故如與擎羊或化忌會照，最多也是精神上的困擾，影響不大，如果與火星、鈴星、巨門等煞星或星性不佳的星曜會照或同度，亦同。

原文：太歲沖而為福，白虎臨而無殃。命或對宮有天梁，主有壽，乃極吉之星。

流年太歲如逢天梁星，多可逢凶化吉，縱然碰到白虎這種災煞氣重的雜曜，仍然有因禍得福的機會。如果命宮的對宮有天梁星，表示能受天梁星庇蔭，壽元較長，是一顆相當吉祥如意的星曜。

原文：希夷先生曰：天梁南斗司壽之星，化氣為蔭為壽。佐上帝權威，為父母宮主。

天梁是南斗六星中職長壽元的星曜，因此化氣為蔭星亦為壽星，輔佐紫微帝座之權威，職掌斗數人事十二宮的父母宮。

原文：生人清秀溫和，形神穩重，性情磊落，善識兵法。得左右昌曲加會，位至台輔。

天梁坐命的人，長相清秀、和藹慈祥，給人相當穩重的感覺。個性光明磊落、做事大公無私。如與天機相會，則足智多謀，能成為很好的軍師。如果與左輔、右弼、文昌、文曲三方會照，那麼當官能做到台輔這種中央級的官員。

原文：在父母宮，則厚重威嚴。會太陽於福德，極品之貴，乙壬己生人合局。若四煞沖破，則苗而不秀。

天梁坐父母宮，家教較嚴，能得父母庇蔭寵愛。如果與太陽會照在福德宮或命宮加會文昌及祿星(化祿或祿存均可)，則為陽梁昌祿格，不管當官或在企業任職，大都是部長或總經理以上的高級主管，是斗數理相當貴顯的格局。乙年天梁化權，壬年天梁化祿，己年天梁化科，都有機會構成這種奇局。但如果與擎羊，陀羅，火星，鈴星等四煞在三方沖照，則縱然有在好的資質，也很難有所成就。

原文：逢天機煞曜，僧道清閒。與羊陀同度，則敗俗亂倫。在奴僕疾厄，亦非豐餘之論。

如與天機還有擎羊相會，較有幼時失庇蔭，老年孤苦無依的狀況，所以適合僧道（註一）。與擎羊或陀羅同宮，表示不在意世俗眼光，待人處世都很自我也很自戀，背離一般世俗的認知，不管男女，如天梁與巨門命身宮各一，主性生活較開放，容易在感情上受騙上當。如果再奴僕或是疾厄宮，難以發揮庇蔭的功能。但若大小限或流年命宮有天梁，且無煞忌會照，則生病較能得良醫，如在與天壽會照，則能轉危為安。

註一：古籍對於較為辛勞孤苦的星群組合，多鼓勵人出家當和尚，這是古代的勸善法。現代在運用上必須要修正。以山人為例，如果命盤出現宜僧道的星群組合，會勸命主學習禪修，開始信仰宗教，從自己開始改變，勸人向善，也是很正向的力量。千萬不要照著古書念，直接叫命主出家阿，那可就不好啦。

原文：刑忌見之，必無受敵之虞。火鈴刑暗遇之，亦無征戰之擾。太歲沖而為福，白虎會而無災。奏書會則有意外之榮。青龍動則有文書之喜。

因天梁化氣為蔭，因此大小限行進時，如不幸與擎羊還有化忌會照，如大小限或流年，三方見天梁蔭星，則可望轉危為安。如與其他煞星（如火星、鈴星、擎羊、白虎）或星性不佳的正曜（如巨門等）會照，甚至太歲亦同。大小限或流年如與奏書會照，則有意外的進展與收獲，遇青龍則在文書尚能有不小的收獲，例如：文章被讚賞或出書等。

原文：小耗大耗交遇，所幹無成。病符官符交侵，不為災論。

如在大小限或流年與耗星會照，做什麼事都很難成功。但如與病符或官符會照，則能化險為夷。

原文：女人吉星入廟，旺夫益子，昌曲左右扶持，主封贈；羊陀化忌沖破，刑剋招非不潔，僧道宜之。

女人若命坐天梁且居廟旺，無煞忌，則是個幫夫運很強，也很賢慧的家庭主婦，如得文昌、文曲、左輔、右弼在三方會照扶持，在事業上會很有成就或是老公社會地位較高。如逢擎羊、陀羅等煞忌沖照，則容易淪落風塵或是與六親緣淺。

歌曰：天梁原屬土，南斗最吉星。化蔭名延壽，父母宮主星。田宅兄弟內，得之福自生。形神自持重，心性更和平。生來無災患，文章有聲名。六親更和睦，仕宦居王庭。巨門若相會，勞碌歷艱辛。若逢天機照，僧道享山林。二星在辰戌，福壽不需論。

原文：問：七殺所主若何？

請問七殺星在紫微斗數中的角色，五行及特質是什麼？

原文：七殺南斗第六星也，屬火金，乃斗中之上將，掌成敗之孤臣。在斗司斗柄，主於風憲。其威作金之靈，其性若清涼之狀。主於數，則宜僧道，主於身，定歷艱辛。

七殺星，是南斗六星的第六星，五行屬火金，因此具有雙重性格。是南斗第一大殺將，也是南斗六星中唯一一顆跨越黃道的主帥星，是決定外出征戰勝負成敗的關鍵人物。在斗數則職掌權柄，主管紀律。他的威嚴是由五行金之靈而生，個性不服輸，好勝爭強、吃軟不吃硬、有謀略、有威嚴、六親緣較淺、且通常都是孤軍奮戰的較多。如果命宮逢七殺星正坐，那麼必須要多修行，讓自己的孤剋還有性格得以修練，才能有平順的人生。如果七殺居身宮，那麼一輩子都會因為過於個性問題，受盡挫折與辛勞。

原文：在命宮，若限不扶夭折。在官祿得地，化禍為祥，在子女而子息孤單，居夫婦則鴛衾半冷。會刑囚於父母，主刑傷，產業難留。

如七殺在命宮，三方無吉星扶持，反到見擎羊，陀羅兩煞星，幼時難養，常生病。如大小限或流年命宮逢七殺正坐，三方又見流羊陀沖會，無吉星搭救，則該限度必有災傷之情事，此即為「羊陀迭併遇七殺」。如果在官祿宮是最適宜的宮位，能夠化險為夷。如果在子女宮，則子息數量較少，通常都是獨生子女，個性較為叛逆衝動，不易溝通相處。如果在夫妻宮，表示夫妻相處不融洽，雙方不是分居分房，就是聚少離多，女命夫妻宮見七殺，婚配對象建議應與年紀較長，年齡差距大的男性為宜。與擎羊，廉貞在父母宮或田宅宮，與父母緣分較淺或是年少失依，不受寵等，祖業不多且難守成，基本上，父母宮如有此類型星曜組合的人，大都需要靠自己努力比較多。

原文：逢刑忌煞於遷移疾厄，終身殘疾，縱使一生孤獨，也應壽年不長。與囚於身命，折肢傷殘，又主癆傷。

七殺星與擎羊，化忌等煞星在疾厄宮或遷移宮會照，無吉星搭救，則四肢多有傷疤或傷殘，或是經常生病的狀況，縱然一生孤單有化解的機會，但壽命應該也不長（註一）。與廉貞在命身宮各一，又無吉星，則四肢多有受過傷，且有暗疾在身。

原文：會囚耗於遷移，死於道路。若臨陷弱之宮，為害較減。弱質強旺之宮，作禍猶深。

七殺與廉貞或破軍（尤其是廉貞）在遷移宮會照，丙年廉貞化忌，因此逢丙年或行限宮干為丙之宮位都需特別注意交通意外事故，如果七殺在落陷宮位，為害較輕，如果七殺居廟旺，那麼災禍難逃。

原文：流年煞曜莫教逢，身宮煞星休迭併。殺逢惡曜於要地或命逢煞曜於三方，二限流煞又迭併，主陣亡掠死。大小二限逢身命，雖帝制而無功。三合對沖，雖祿亦無力，蓋世英雄亦受制，一夢南柯。

七殺坐命宮或身宮且會羊陀的人，在流年行進之時，如果行至七殺宮位，三方又逢流年羊陀來沖，稱之為「羊陀迭併」，主該流年其人多有大災難或凶險。縱然三方有紫微星或祿星（化祿或祿存）也難有化險為夷的機會。即使蓋世英雄，也難過此災殃。

原文：此乃倒限之地，務要仔細推詳。故此曜乃數中之惡曜，實非善星也。

如果大小限或流年出現羊陀迭併加會七殺的星曜組合，那麼將會是相當凶危的限度，一定要仔細觀察推理。因此七殺星是紫微斗數中性質相當差的星曜，實在不是一顆良善的星。

原文：希夷先生曰：七殺斗中上將，遇紫微則化權降福，遇火鈴則為其助威。遇凶曜於生鄉，定為屠宰。會昌曲於要地，情性頑囂。

七殺星是南斗六星中的主帥，如與紫微同度則化權，相當容易在團體或公司中取得生殺大權，唯若遭煞星夾宮，則一生受制於人。如果三方四正又見火星，鈴星（夾宮不可算）則一生將展現威風。如於廟旺之地與擎羊，陀羅會照又無吉星搭救，則多為販夫走卒之流或小混混，小流氓。與文昌，文曲會照，那麼個性定然相當頑固囂張又古怪難測。

原文：秘經曰：七殺居陷地，沉吟福不生是也。命身逢之，定歷艱辛。二限逢之，遭殃破敗。遇帝祿不可解。

因此書上記載：七殺讚在落陷宮位雖然凶性稍減，但也會讓人一生難有順利之時。命宮或身宮有七殺，那麼一輩子一定受盡艱難辛苦。如果在大小二限或流年遇到且逢流羊陀迭併，那麼將遭受災難，事業挫折破敗，縱然遇到紫微星或祿星，都難以解厄制災。

原文：逢凶守身命，做事進退，喜怒不常。左右昌曲入廟拱照，掌生殺之權，富貴出眾，若四煞忌星沖破，巧藝平常之人，陷地殘疾。

七殺坐身宮或命宮又逢煞星，那麼這個人說話反反覆覆，一下這樣，一下那樣，個性善變，因此一生起伏相當大。如果有左輔、右弼、文昌、文曲四吉星在三方拱照，則能掌大權，大富大貴。但若逢四煞星沖照，只適宜學習專門技藝，當個平凡的人。如果七殺又落陷，則身上多有傷疤或殘疾之人。

原文：女命旺地，財權服眾，志過丈夫；四煞沖破，刑剋不潔，僧道宜之。若煞湊，飄蕩流移還俗。

女人命中如有七殺且居於旺地，對權力還有錢財的掌控欲相當強，事業心通常比男生還強烈。如遇擎羊、陀羅、火星、鈴星等四煞沖合，則個性更加孤剋，則一生難有美滿姻緣且與從小父母親緣淺，男女關係較開放，要多修行，讓煞星對自己的影響減到最小才是根本的方法。

歌曰：

七殺寅申子午宮，四夷拱手服英雄。
魁鉞左右昌曲會，權祿名高食萬鍾。
殺居陷地不堪言，凶禍猶如抱虎眠。
若是殺強無制伏，少年惡死到黃泉。

原文：問：破軍所主若何？

請問破軍星在紫微斗數中的角色，五行及特質是什麼？

原文：答曰：破軍屬水，北斗第七星，司夫妻，子息，奴僕之神。居子午入廟。在天為煞氣，在數為耗星，故化氣曰耗。

破軍星屬水，是北斗七星的第七顆星，是主掌夫妻，子女還有僕役的神明。在子午宮是入廟的宮位。破軍星是天庭的將軍，煞氣相當重，在紫微斗數中，是破耗之宿，因此化氣曰耗。

原文：主人暴凶狡詐，其性奸滑。與人寡合，動輒損人。不成人之善，善助人之惡虐。

破軍星坐命的人，暴戾凶殘又奸詐，個性奸險滑頭，鬼主意特別多，不過大都是往錯誤且不正確的方向。沒有永遠的朋友，與人相處重利益，喜歡與人爭鬥，經常翻臉如翻書，報復心強，最喜歡批評他人，無的放矢。寧願將人帶領走上歪路，也不願真心的助人向善。

原文：視六親如寇仇，處骨肉無仁義，唯六癸六甲生人合格，主富貴。陷地加煞沖破，巧藝殘疾，不守祖業，僧道宜之。

破軍星與六親不合，如坐六親宮位，則與長輩兄弟多有爭執，相處不和偕，只有六癸或六甲年出生人，因癸年破軍化祿，甲年化權，破軍與祿星會照，因有財富，所以能收斂這種惡劣的本質，而甲年，癸年的天干化合較有機會構成富貴的星群組合。如破軍居陷地又逢煞星，身上多有傷疤或四肢有傷，最好學習專業技術，也因為祖先留下產業較少，且破軍為耗星，易破敗祖產，總之，破軍坐命又居於落陷宮位，要嘗試著修行，改變自己的性情，才能從根本處徹底改變命運。

原文：女人沖破，淫蕩無恥。此星會紫微，帝失權威；逢天府，則做奸偽；會天機，則鼠竊狗盜；與廉貞火鈴同度，則決起官非。

女人如果破軍坐命又三合會照煞星，感情生活較為複雜，個性開放外向。破軍會紫微，則因破軍星的耗氣，影響紫微帝座的決策，故紫微破軍之人，較為膽怯、無主見、善變且躁鬱，因此一生難有貴顯的機會。破軍與天府會照或同度，則其人較為奸詐偽善，說一套做一套。與天機會照，鬼點子特多，滿肚子壞水。與廉貞、火星、鈴星三合會照，一生多有官司是非。

原文：與巨門同度，則口舌爭鬪，與刑忌同度，則終身殘疾。與武曲入財，則東傾西敗，與文星守命，一生貧士。

破軍與巨門同宮，一生口舌事非鬥爭不斷，與擎羊、化忌同宮，那麼四肢多有傷疤或缺損。與武曲同在財帛宮，不管投資或創業都很難成功，一般人在大小限遇到武曲破軍居財帛，那麼這段時間，肯定在經濟上相當困頓。與文昌、文曲會合，縱然才高八斗，最後還是一個懷才不遇，窮困潦倒的文人罷了。

原文：遇諸凶結黨，破敗；遇陷地，其禍不輕。唯天相可制其惡，天祿可解其狂。

破軍星如三方會照煞忌，那麼只適合獨資創業，如與朋友合資，最後難逃折夥的命運。如果破軍在陷地又煞忌齊臨，那麼將帶來相當嚴重的災禍。只有化氣為善的天相星可以化解這星曜惡劣的本質，也只有祿星（化祿或祿存）能夠讓他穩定，因破軍得財，自然收斂其本性，有制化的功能。

原文：若逢流煞交併，家業盪空。與文曲入水域，殘疾離鄉；與文昌入震宮，遇吉可貴。若女命逢之，無媒自嫁，喪節漂流。

如果流年遇到破軍，又與流羊陀會照，那麼事業或家業在這時候，會有破敗或虧損的狀況。與五行同屬水的文曲星一起在水旺的亥、子宮，多為離鄉背井出外發展的出外人。倘流年逢之，需特別注意意外災害或是水厄。與五行屬金的文昌在五行木旺的寅卯宮，則因文昌金生破軍水，又水生木，五行相生，為旺相。此時在與左輔、右弼、天魁、天鉞等吉星會照，那將能有崇高的社會地位，受人尊崇。如女命值此，是個相當有主見的現代女性，愛恨分明，但通常多次婚姻，在感情世界中流浪。

原文：坐人身命又居子午，逢貪狼七殺相拱，則威震華夷。貪狼拱合。亦居台閣，但看惡星合如，癸生人入格，到老亦不全美。

如破軍居命宮或身宮，且在子午宮廟旺之地，三方構成殺破狼格局，加會左輔、右弼、天魁、天鉞及祿星，那麼適宜武職顯貴，以專業技術在社會上取得一席之地，但是必須要看是否同時會照煞星，才能論定，癸年破軍化祿，故此年生人，命宮坐破軍符合此格局，但破軍耗氣仍在，是故多為曇花一現，難以長久。

原文：在身命陷地，棄祖離宗；在兄弟，骨肉無義；在夫妻不正，主婚姻進退；在子息，先損後成；在財帛，如湯澆雪；在疾厄，致尫羸之疾。

如破軍居命宮或身宮又居於陷地，與父母六親緣淺，不受照顧。在兄弟宮，表示與兄弟感情不好，無法互相幫忙，常有爭執。如在夫妻宮，大都有多次婚姻紀錄；

在子女宮，頭胎難留，但二胎後可轉好；在財帛宮，就像熱湯澆在雪上面，一下就破敗消融了，賺在多錢也不夠開銷，因此破軍在財宮，建議多買不動產，手上少有現金，才能有守成的機會。在疾厄宮，則有難痊癒的疾病或隱疾。

原文：在遷移，奔走無方；在奴僕，怨謗逃走；在官祿，主清貧；在田宅，祖基破盪；在福德，多災；在父母，破相刑剋。

破軍在遷移宮，不管再怎樣努力奔波，最後也是一場空，所以建議做內勤工作為宜；在僕役宮，易受朋友部屬怨恨，難有知心之友。在官祿宮，因為破耗氣過重，工作經常換來換去，難有穩定的時候，因此一直都在困頓中生存。在福德宮，則經常受到意外災害，且庸庸碌碌，難得清閒之時。在父母宮，則頭部多有傷痕且與父母溝通不良，不受寵，也不容易得到庇蔭。

原文：問：文昌所主若何？

請問文昌星在紫微斗數中的角色，五行及特質是什麼？

原文：文昌屬金主科甲，守身命，主人幽閑儒雅，清秀魁武，博文廣記，機變異常。一舉成名，披緋衣紫，福壽雙全。

文昌星五行屬金，主考試功名。現代可視為主管考運的文星，因此文昌星多主文章，文學類才華。例如：公務員高普考，入學考試等。如果文昌星在命宮或身宮，表示其人溫文儒雅，名士風度，長相清秀身材魁武，學識淵博，記憶力很強。聰明且反應靈敏。如參加考試，古代是科舉，現代是高普考或是大型考試，通常都能金榜題名，一夕成名，是一顆帶來好運的星曜。如參加考試，除了文昌入命之外，還必須碰到化祿或祿存，才能有良好考運。

原文：縱四煞沖破，不為下賤。女人加吉得地，衣祿充足。四煞沖破，偏房論之，亦宜僧道。加祿權，有師號。

文昌星坐命身，縱然逢擎羊、陀羅、火星、鈴星三合拱照，仍無法影響其天生的文學才華，但多懷才不遇的狀況。且若此星群組合在夫妻宮，則多有婚外情的狀況。女人命宮，身宮坐文昌，一生衣食無虞。倘擎羊、陀羅等四煞星沖照，那麼恐有多次婚姻，宜晚婚。

歌曰：

文昌主科甲，辰巳是旺地。忌午宜卯酉，火生人不利。眉目定分明，相貌極俊麗。喜於金生人，富貴雙全美。先難而後易。中晚有名聲。太陽蔭祿集，傳臚第一名。

原文：問：文曲所主若何？

請問文曲星在紫微斗數中的角色，五行及特質是什麼？

原文：答曰：文曲屬水，北斗第四星也。主科甲文章之宿。與文昌同臨，吉數最為祥。臨身命中，作科第之客，文昌同入命，入仕無疑。

文曲星屬水，是北斗七星中第四顆星曜，主管功名的星曜，不過文曲屬異路功名，多因口才，技術，辯論，公關能力被賞識而受重用。至於文昌屬正途功名，必須透過考試等方式才能有所成就，這是此二曜最大差異之處。文曲與文昌星同臨命宮，稱之為文星拱命，是最棒的組合，其人天生聰明會讀書，口才佳，反應靈敏，所以參加考試，不論是學校的期末考，入學考試甚或是參加公務員考試，大都能金榜題名，擔任公職或官員。

原文：於官祿，面君顏而執政；單居身命，更逢凶曜，亦作無名舌辯之徒。與廉貞共處，必作公吏官；身與太陰同行，定係九流術士。

如文曲在官祿宮，大都是皇帝或主管身邊的倚重的部屬。倘單居身命宮，三方會照凶曜，雖沒有太大的成就，但口才還是相當不錯的。如果與廉貞星共處，大都是基層公務員或基層職員。文曲坐身宮與太陰會照，三方又有煞忌沖照，大都是懷才不遇的人。

原文：怕逢破軍，恐臨水以生災；嫌遇貪狼，而政事顛倒。逢七殺刑忌囚及諸惡曜，詐偽莫逃。逢巨門共度，和而喪志。

文曲最怕與同屬水的破軍同宮，恐怕會因言語招致災禍，如再與文昌會照，只怕一生都會懷才不遇，苗而不秀。如與貪狼會照，則恐貪酒戀花，不務正業，是非不分，言過其實。如與七殺，陀羅，化忌等煞曜會照，那麼這個人大都奸詐虛偽，巧言令色，喜歡欺瞞他人。如與巨門星同度，那麼多虛華不實，好高騖遠，紙上談兵，不切實際。

原文：女命不宜逢，水性楊花。忌入午戌宮，功名蹭蹬。若祿存化祿來纏，不可以為凶論。

文曲星坐女命，則因才華出眾，而招來許多追求者，容易在感情上迷失方向。而文曲星屬水，最忌諱進入落陷火旺的午宮及土旺的戌宮，則功名黯淡，寒窗十年，也很難有金榜題名的機會。但如果三方逢化祿，或祿存會照，那麼機會還是相當高的。

原文：文曲守身命，居巳酉丑宮，官居侯伯。武貪三合同垣，將相之格，文昌遇合亦然。

文曲星居身宮或命宮，且在廟旺的巳、酉、丑宮，那麼大都能成為公司企業或政府中高階官員。如與武曲，貪狼會照，那多以武職顯貴，為專業技術之人，例如：會計師等。如果文昌與武曲貪狼會照，也是相同。

原文：若陷宮午戌之地，巨門羊陀沖破，喪命夭折。若亥卯未旺地，與天梁天相會，主聰明博學。煞沖破，只宜僧道。

如在落陷的午宮及戌宮，又會照巨門及擎羊，陀羅等煞星，大都會帶來意外的災禍。如果文曲坐命宮又在亥、卯、未等旺地，又與天梁星、天相星會照，表示其人聰明，多才多藝且見多識廣。如逢煞星會照，則多虛偽、詐騙、欺瞞，最終將招致災禍，因此必須要多修行，從根本改變自己。

原文：若女命值之，清秀聰明，主貴。若陷地沖破，淫而且賤。

如果女人命宮有文曲星，外表清秀亮麗，聰明賢淑，在社會上能有一定的地位。如果居於落陷宮位，則多因才華受異性注目，觀念新穎開放，因此感情生活通常比較複雜。

原文：問：流年昌曲若何？

請問流年昌曲星在紫微斗數行運中帶來的特質是什麼？

原文：答曰：命逢流年昌曲，為科名科甲，大小二限逢之，三合拱照，太陽又照，流年祿合，小限太歲逢魁鉞、左右、台座，日月科權及祿馬，三方拱照，決然高中無疑。然非此數星俱全，方為大吉，但以流年科甲為主。如命限值之，其餘吉曜若得二三拱照，必高中。

流年命宮逢文昌文曲拱照，主考試登科及第。大小限遇到昌曲拱合，又有太陽與流年祿會照。小限或流年命宮亦有天魁、天鉞、左輔、右弼、三台、八座、太陽、太陰及及流年化科，化權還有天馬一起拱照，一定金榜題名。但其實只要文昌，文曲加祿星入大限命宮，流年又見昌曲拱照會流年化祿，考試通過的機會相當大，考運也相當好。當然能夠齊全那是最好的。

原文：若二星在巳酉得地，不富即貴，只是不能耐久。

如果流年昌曲二星在巳酉宮，也能帶來富貴，只是大都是短暫的好運而已。

歌曰：南北昌曲星，數中推第一。身命最為佳，諸吉恐非吉。得居人命上，逢吉有功名，入仕更無疑。從容要輔弼，只恐惡煞臨。火鈴羊陀激，若還逢陷地，苗而不秀實。不是公吏輩，九流工數術，無破宰職權。昌曲落女命，放浪多淫佚。樂居亥子宮，空亡官無益。

原文：問：左輔所主若何？

請問左輔星在紫微斗數中的角色，五行及特質是什麼？

原文：希夷先生答曰：左輔帝極主宰之星，其象屬土。身命諸宮降福。主人形貌敦厚，慷慨風流。

左輔星，是輔佐紫微帝座（北極星）掌管天庭的星曜，他的五行屬土。不管在身命任何一宮，都能帶來福澤。左輔在命宮，其人看起來忠厚誠懇，開朗大方且風趣幽默。

原文：紫府祿權若得三合沖照，主文武大貴。火忌沖破，雖富貴不久，僧道清閒。

如果左輔，右弼入命，又與紫微或天府及化祿，化權(註一)在三方會照，表示不管從是文職或武職，都能夠在社會上有相當的名聲與地位。如果不幸逢火星、鈴星在三方加會，那麼縱然富貴，也無法長久，起伏不定，成中有敗，甚為可惜，因此必須要多加修行，改變自己才能平安順利。而山人在紫微星銓還有youtube教學視頻上有說過，吉星不喜單見，單身公害，最忌六親。因此左輔星與右弼星，最不喜在父母，夫妻等六親宮位獨坐，表示助力不足，因此倘此二宮見輔弼獨坐，居命宮或父母宮則多庶出，與長輩聚少離多或緣份較淺，在夫妻宮，則多有第三者困擾，為情所困，尤其是右弼星。

註一：基本上紫微或天府都是主星，只要會到左輔、右弼任一顆，即算入格，化祿、化權

為錦上添花。此格局稱之為「輔弼拱主」或「君臣慶會」。當然，紫微星加左輔右弼，成就會比天府還大，

原文：女人溫厚賢慧，旺地封贈，火忌沖破，以中局斷之。

女人命中如有左輔星正坐，表示個性溫婉敦厚，有才華且善於持家，如果跟右弼且與紫微、天府拱照，加會化祿、化權，意即左輔星在極佳的星群組合之下，可以在社會上得到相當的成就（註二），火星、鈴星三方加會，與男命同。

註二：封贈，即為封贈夫人，是古代封建社會，是古代男尊女卑的環境中，女人最大的成就。現今工商社會，男女平等，早已不存在這狀況。

原文：問：右弼所主若何？

請問右弼星在紫微斗數中的角色，五行及特質是什麼？

原文：希夷先生答曰：右弼帝極主宰之星，其象屬土。守身命，文墨精通。紫府吉星同垣，財官雙美，文武雙全。

右弼星，是輔佐紫微帝座（北極星）管理天庭的星曜，他的五行屬土。如在命宮或身宮，文筆還有智慧都相當的高。如果跟紫微或天府還有右弼等吉星會照，富貴雙全，文武皆宜。

原文：羊陀火忌沖破，下局斷之。女人賢良有志，縱四煞沖破，不為下賤，僧道清閒。

如右弼星三方會照擎羊，陀羅，火星，鈴星，化忌等星曜，其人容易被朋友帶壞，一般都不會有太好的結果與成就。女人命宮有右弼星，個性賢淑溫良，有遠大志向，如與四煞會照，與男人同。

歌曰：

左輔原屬土，右弼水為根。失君為無用，三合宜見君。若在紫微位，爵祿不須論。若在夫妻位，主人定二婚，若與廉貞併，惡賤遭鉗刑。

又曰：

輔弼為上相，輔佐紫微星。喜居日月側，文人遇禹門。倘居閑位上，無爵更無名。妻宮遇此宿，決定兩妻成。若與刑囚處，遭傷作盜賊。

原文：問：天魁天鉞所主若何？

請問天魁星及天鉞星在紫微斗數中的角色，五行及特質是什麼？

原文：希夷先生答曰：魁鉞斗中司科之星，其性屬火，入命坐貴向貴。或得左右吉聚，無不富貴。

天魁天鉞是紫微斗數中專司科甲的貴人星曜，他的五行屬火，如果天魁天鉞在命宮對拱或於三方合照，稱之為坐貴向貴，一生多得貴人提攜。或者與左輔，右弼等吉星會照，富貴雙全，財官雙美。

原文：況二星又為上界和合之神，若魁臨命，鉞守身，更迭相守，更遇紫府，日月，昌曲，左右，祿權相湊，少年必娶美妻，若遇大難，必得貴人成就扶助，縱遇小人，亦不為凶。

而且這兩顆星本來就是天界協調溝通，處理糾紛，大事化小的神明，因此魁鉞入命的人，非常熱心，相當適合從政或是擔任公關協調的工作。如果天魁在命宮，天鉞在身宮或天鉞在命，天魁在身，三方四正又有紫微、天府、太陽、太陰、文昌、文曲、左輔、右弼還有化祿、化權會照，年少有成，可得美麗的妻子，縱然遇到困難或困境，也一定能得到貴人全力濟助幫忙；縱然不幸遇人格卑劣的小人，也能化險為夷。

原文：限步巡逢必主女子添喜，生男則俊雅，入學功名有成；女生則容貌端莊，出眾超群。若四十歲後逢墓庫，不依此斷。

如果在大小限或流年遇到天魁天鉞，多主有弄璋弄瓦之喜，如果是男孩，則聰明會讀書；女孩相貌清秀可愛，氣質相當好。但如果40歲之後，不能以此斷（註一）

註一：古人成婚年紀約在15歲左右，如到40歲之後，已算中老年，不管男女都很難有機會得子，因此不能依此訣而斷。

原文：有凶亦不為災，居官者，賢而威武，聲名遠播。僧道享福，與人和睦，不為

下賤。

天魁及天鉞入命或於命身宮互拱，縱然遇到災難與困厄，也能得貴人濟助而逢凶化吉、化險為夷。如果天魁天鉞在官祿宮會照，在工作上能力強，而且能得到上司或部屬的擁戴支持，擁有相當的名聲與地位，小限或流年逢之，又有化祿相會，多主升遷或因工作能力得長官賞識。如果是出家人，也會是一個名譽昭彰的修行人。

原文：女人吉多，宰輔之妻，命婦之論。若加惡煞，亦為富貴，但不免私情淫佚。

如果女人命中有魁鉞星，多為貴婦，也多是職場上的女強人，三方加會煞忌星，還是能得到富貴，但私生活還有男女關係會比較複雜。

歌曰：

天乙貴人眾所欽，命逢金帶福彌深。
飛騰名譽人爭慕，博雅皆通古與今。

又曰：魁鉞二星限中強，人人遇此廣錢糧。

官吏逢之發財福，當年必定見君王。

原文：問：祿存星所主若何？

請問祿存星在紫微斗數中的角色，五行及特質是什麼？

原文：希夷先生答曰：祿存屬土，北斗第三星乃真人之星也。主人貴爵，掌人壽基。帝相扶之施權；日月得之增輝。

祿存星五行屬土，是北斗七中第三顆星曜，主掌人一生富貴爵祿也職掌人這一世的資糧與壽元，可視為天賜之財。如果與紫微或天府星會照，則能主掌權力，如有太陽，太陰拱照，則讓此兩曜更能具備富貴的效果。例如太陽主貴，不主富，但與祿存會照，可貴也可富。太陰主財，如與祿存會照，則富上加富，此謂之「增輝」。

原文：天府武曲為厥職，天梁天同共其祥。十二宮惟身命田宅財帛為緊，主富。居遷移則佳。與帝星守官祿，宜子孫爵秩。若獨守命，而無吉化，乃看財奴耳。

祿存為天賜之財貨（註一），因此必須有善於運用錢財的武曲星還有為庫房象徵的天府星才能運用得宜，天梁星與天同星會照，則能有布施濟弱的義行與善心。在斗數十二宮，最適合落在命身宮或田宅，財帛這類象徵財富的宮位，如能與吉星同會，例如天府、武曲等，表示一生錢財無虞，會是個相當善於積存財富的人。如果在遷移宮也很好，因遷移宮象徵人外出打拼的狀況，如有祿存，表示能有所收穫，可白手興家。如果與紫微星在官祿宮同度，則會把錢財公平的分配給孩子，是一個處處為孩子著想的父母親。如果祿存星在命宮獨坐，三合無吉星會照，那大都是吝嗇一毛不拔的鐵公雞，守財奴。（註二）

註一：祿存之財，為細水長流之財，例如：薪水、定存等，因此祿存星可視為前世累積之資糧，故為天賜之財。因此祿存星三方星曜組合，往往就能看出一個人一生的富貴貧賤。

註二：因祿存必遭羊陀夾，假想你手上拿著一袋錢，左右都是大壞蛋。

虎視眈眈，我想你錢也不敢拿出來用，動彈不得。所以祿存坐命的人，大都相當小氣，對自己很好，但對別人則否。況且，如本命宮星曜如果化忌，則轉變「羊陀夾忌」，古曰：貧賤。所以千萬不要看到祿存坐命就認為命主會是相當有錢的人，這是過於偏執的論斷。

原文：逢吉逞其權，遇惡敗其跡。最嫌落於劫空，不能為福。更湊火鈴，巧藝安身，蓋祿爵當得勢而享之。

祿存星必須與吉星會照才能發揮最大的功用，例如祿存在命，三方又會祿星，雙祿交流，吃穿不愁，想不富也難。但如果與煞星會照，則不但不能發揮功用，甚至會帶來不好的結果。例如祿存最怕遇到地空、地劫這兩顆煞星，因空劫雙煞本質是強盜土匪，象徵財貨的祿存遇到這兩顆，得亦復失，甚至賠的比賺的多。而祿存會空劫，又稱為「祿倒」落命宮，一生難有富裕之時，落夫妻宮，一生必有一次以上遇人不淑或被始亂終棄的狀況。如果祿存星會照火星，鈴星，表示多錢也被燒光，所以只適宜穩定收入的上班族。為什麼如此？因為錢財花在自己身上享受，才是自己的福報。

原文：守身命，主人慈厚信直，通文濟楚。女人清淑機巧，能幹能為，有君子之志。紫府同會，上局。

如果祿存星守命宮或身宮，表示其人看起來慈善敦厚，誠信正直，女人清秀賢淑、機伶乖巧，如果三方無煞有吉，表示工作能力相當好，在職場上多為女強人或女主管，如果再與紫微、天府會照，那更是絕佳的格局。

原文：大抵此星諸宮降福消災。然祿存不居四墓之地，蓋以辰戌為魁罡，丑未為貴人，故祿元避之，是其故也。

大致上來說，祿存星不管在哪一宮，只要不要碰到煞忌星成雙成對沖照，基本上，都能帶來福氣與消災解厄的功效，例如殺破狼會煞，將不穩定的個性轉化成為穩定的企業中高階主管等。而祿存（化祿亦同）屬土，最忌諱落入辰戌丑未四墓地，入墓表示發不了財。

歌曰：斗北祿存星，數中為上局。守值身命內，不貴多金玉。
此為天吉星，亦可登仕路。文人有聲名，武人有厚祿。
常庶發橫財，僧道亦主福。官吏若逢之，斷然食天祿。

又曰

夾祿拱貴併化祿，命裡重逢金滿屋。
不惟方丈比諸侯，一食萬鍾猶未足。
祿存對向守遷移，三合逢之利祿宜。
得逢遐邇人欽敬，決然白手起家基。

原文：問：天馬所主若何？

請問天馬星在紫微斗數中的角色特質是什麼？

原文：希夷先生答曰：諸宮各有制化。如身命臨之，謂之驛馬，喜祿存紫府昌曲守照為吉。如大小二限臨之，更遇祿存紫府流昌必得財利。

天馬星因位主動，不會落宮在四生地（註一）之外的任何宮位。如果命宮或身宮逢天馬星，稱之為驛馬，因此天馬星坐命宮，其人喜動不喜靜，如三方能有祿存、化祿或紫微、天府還有文昌、文曲守照且無煞忌沖破，那是最好的星群組合，不管做什麼事業都能相當的成功。尤其在大小限遇到，又有祿存、化祿、天馬、紫微、天府等吉星，一定能在動中求財，獲得不小的利益倘為經商之人，業績可望大有斬獲。

原文：如與祿存同宮，謂之祿馬交馳，又曰折鞭馬。

如果天馬與祿存同宮或在三方會合，稱之為祿馬交馳，又稱之為折鞭馬，就是跑得相當快速的馬之意，自然賺起錢來，又快又多。倘無煞忌沖破，則是個適合經商創業的好格局。

原文：紫府同宮，謂之扶轝馬；刑煞同宮，謂之負屍馬；火星同宮，謂之戰馬。

如與紫微，天府這類尊貴的星曜同宮，則能在官場或公司企業得到上司重用，但會相當奔波勞碌。如與擎羊或孤剋性重的星曜如破軍，七殺等在三方會照，稱之為負屍馬，不管如何奔波，賺到的大概都只有一肚子氣，難有功成名就之時，而且一生多有受傷或虛驚的狀況。與火星，鈴星同宮，稱之為戰馬，雖然很有膽識，敢衝敢拼，但一生奔波勞碌，東征西討，雖然有成有敗，但最終還是為人作嫁，難有成就。

原文：日月同宮，謂之雌雄馬；會空劫又居絕死之地，謂之死馬；遇陀羅，謂之折足馬。

如與太陽，太陰同宮會照，稱之為雌雄馬，與太陽稱之為「雄馬」，與太陰稱之為「雌馬」，徒有虛名而無實際利益，而且因為與中天尊貴星曜同宮，馬遭奴役，因此一生不管當官或在工作職場上經常外派，出差以外勤工作居多。如與地空，地劫會照，稱之為死馬或半空馬，許多的想法，計劃，但沒有一件事能夠成功，好高騖遠，不切實際。又如果與陀羅會照，稱之為折足馬，馬足以折，焉能快速奔馳，是故此結構之人，最忌諱經商創業，如獨資尚可，不然賺到的大概只有失敗的經驗。

原文：以上犯此數者，俱主災病，流年值之依此斷。

以上列舉的星曜組合，大都主災難或生病，如果流年命宮逢此些星群組合，可依此上述舉例而斷。

原文：問：化祿所主若何？

請問化祿星在紫微斗數中的角色特質是什麼？

原文：希夷先生答曰：祿為福德之神，守身命官祿之位，科權相逢，必作大臣之職。小限逢之，主進財入仕之喜。大限十年吉慶無疑。

化祿是福德宮的主宰，如果居於命宮、身宮或官祿宮，又與化科、化權會照，稱之為「三奇佳會」，當官多位居要津，做任何事業或工作，都能輕易在該領域得到相當崇高的地位。如果小限流年遇到化祿星，表示當年不論事求財賺錢，投資等都能有不錯的收益，如果是上班族，也有高升的機會。如果在化祿在大限命宮，那麼這十年，大都會是吉祥喜慶的時間比較多。

原文：惡曜來臨，并羊陀火忌沖照，亦不為害。女人吉湊，作命婦。二限逢之，內外稱意，加煞平常。

但如果化祿星會見煞忌，例如化祿遇化忌，祿忌交馳，表示入不敷出，賺不夠賠，若與擎羊、陀羅、火星、鈴星等煞曜會照亦同。但化祿會煞星，僅主金錢消耗較快，留不住，並不會帶來生命財產的嚴重危害。真正帶來傷害的是與地空，地劫會照，那麼會是一個大起大落，相當辛苦的限度。女人如命有化祿星加會諸吉星且無煞忌，在工作事業上會相當有成就，較不缺錢。如果大小二限遇到化祿星且無煞忌，那麼不管在人際關係或是財務方面，都能有相當的收獲，但如果會照煞忌沖破，那麼也只是一般平常狀況而已。

原文：問：化權所主若何？

請問化權星在紫微斗數中的角色特質是什麼？

原文：希夷先生答曰：權星，掌判生殺之神。守人身命，科祿相逢，出將入相；科權相逢，必定文章冠世，人皆欽仰。小限相逢，無有不吉，大限十年必然得志。

化權星，是掌管生殺大權的代表，象徵權力。如命宮或身宮有化權星，又與化科，化祿星會照構成「三奇佳會」，那麼不管做什麼樣的事業，都會很有成就。如果與化科星會照，那麼文筆一定相當好，才華相當出眾，能得到眾人的景仰推崇。小限遇到化權星，沒有不吉利呈祥的。如在大限遇到化權星，那麼這十年大限內，一定能有功成名就的時刻。

原文：如逢羊陀耗使劫空，聽讒貽累，官災貶謫。女人得之，內外稱意，可作命婦，僧道掌山林，有師號。

化權星象徵權力，如果與吉星會照，表示能成為公平的裁決者，但若與擎羊、陀羅、破軍、天使、地劫、地空等煞曜會照，那多會因為做錯決策或押錯寶被拖累，遇到不如意的狀況；或遭小人陷害拖累，遭受指責與誤解。如果化權與化忌會照，因忌星會劣化權星的本質，因此轉變成野蠻霸道，不講道理，一意孤行。女人命中有化權星，無論做什麼事業都能夠掌握權力。如果是僧道，那會是住持或廟公，掌管寺廟的一切事物。

原文：問：化科所主若何？

請問化科星在紫微斗數中的角色特質是什麼？

原文：希夷先生答曰：科星，上界應試主掌文墨之星。守身命，權祿相逢，宰臣之貴。如逢惡曜，亦為文章秀士，可作群英師範。

化科星，是天界主掌考試科甲的星神，因此如要參加考試，升遷還有課業進步，要看化科星的狀況。如果化科星守命宮或身宮，又與化權，化祿構成「三奇佳會」格局，那麼一定會很有成就。縱然與擎羊、陀羅、火星、鈴星會照，也不會影響這顆星帶來的吉祥，因為化科星能夠化解這些影響，是故一樣可以得到眾人推崇景仰。

原文：女命吉拱，主貴受封贈，雖四煞沖破，亦為富貴，與科星拱沖同論。

女人命中如有化權星又逢諸吉拱照，表示做任何事業都能得到良好名聲，縱然四煞星沖會，也不至於有太大影響。

原文：問：化忌所主若何？

請問化忌星在紫微斗數中的角色特質是什麼？

原文：希夷先生答曰：忌為多管之神，守身命，一生不順。小限逢之，一年不足，

大限十年悔吝。

化忌星，是多管閒事帶來災難與逆境的象徵。如果化忌星守命宮或身宮，一生勞累波折多無謂糾紛。如果小限或流年命宮碰到化忌星，那麼這一年一定是東做西成，諸事不順。如果在大限命宮逢之，那麼這十年內大都充滿挫折與困難，難有順心如意之時。

原文：二限太歲交臨，斷然蹭蹬。文人不耐久，武人有官災口舌之妨，雖商賈技藝人亦不宜利。

如果在大限命宮逢之，那麼十年內大都不能順心如意，因此如果大小限或流年逢化忌星，那麼必然充滿險阻與災難，做人做事最好按步就班，一切謹慎小心為上。如果是一般上班族，那麼這一年恐怕做什麼都會出問題，如果是軍人，警察或公務員等，則多有口舌是非甚至是官非發生。縱然你是經商或是專業技術人員，這一段時期，都很難有所作為。

原文：如會紫府昌曲左右科權祿又兼四煞共處，即發財亦不佳，功名亦不成就。

如果紫微、天府諸吉星與化忌會照，又有四煞，煞忌齊臨，縱然僥倖發財，只怕也難逃橫發橫破的命運，甚至因此招致糾紛，讀書人如果準備考試，只怕也是名落孫山的機率較大。一般上班族恐遭同事，上司或廠商扯後腿，或被陷害等諸多不如意的狀況。

原文：如單逢四煞傷使劫空，主奔波帶疾，僧道流移還俗。女人一生貧夭。

如果化忌星坐命，又會照擎羊、陀羅、火星、鈴星還有地空、地劫，主一生勞碌奔波，難有成就，加會天傷、天使，則恐有隱疾或肢體受傷開刀的狀況，倘若為修行人，縱然出家後最後還是會還俗。女人則一生貧窮辛苦。但如果與六吉星及化祿，化權會照搭救，煞忌齊臨，縱然不發或諸多不順，也不至於淪落到絕境。

原文：問：擎羊所主若何？

請問擎羊星在紫微斗數中的角色及特質是什麼？

原文：希夷先生答曰：擎羊北斗之助星，守身命，性粗行暴且孤單。視親為讎，翻恩為怨。入廟性剛果決，機謀好勇，主權貴。

擎羊星，是北斗七星的助星，五行屬金，化氣為刑，即為懲罰，沖犯之意。如果擎羊星守身命，性情暴躁頑劣、心機深沉且喜歡利用他人，與六親相處不融洽，有一點不順心，就翻臉不認人，對不滿的事物，大都明刀明槍的表現，動輒拳打腳踢、過河拆橋，沒有誠信可言。如果在入廟宮位，個性剛強勇敢且有決斷、有謀略與策劃能力，也是能有相當的成就，但不持久。又擎羊又主尖銳物品，如剪刀，菜刀等，因此擎羊入命者，適合美髮師，廚師等行業。而擎羊入命宮或身宮，身上明顯處如臉或手腳等大都有傷疤。

原文：北方生人為福，四墓生人不忌。居卯酉作禍興殃，刑剋極甚。六甲生人必有凶禍，縱富貴不久，亦不善終。

陰男陽女擎羊以北斗為福，擎羊坐命為害較輕(註一)，由於擎羊屬金，四墓地(註二)五行屬土，土可生金，為廟旺宮位，古曰：擎羊入廟不凶，如在子、午、卯、酉四正地（同註二），那麼擎羊星帶來的災禍就不能輕忽。如果是甲年出生（註三）的人，大都有嚴重的災禍，例如開刀，受傷等，縱然遇到火星成為火羊格，但仍因過於剛強，物極必反，是故縱然橫發也必橫破，縱然富貴，也難持續到老。如擎羊坐命，代表你脾氣暴躁，人家畏懼你；如果在三方，因擎羊主明刀明槍的傷害，表示在工作上或是在財務上遭人出賣或詐騙等事情，對煞星坐命及三方的關係，應如此看待之。

註一：在古籍經常出現南方生人，北方生人的問題，記載在紫微斗數全書卷三：行限分南北斗，南方與北方生人，指的是大限行進方向，陽男陰女自父母宮起順行佈設大限，以南斗為福，即為南方生人；陰男陽女從兄弟宮起逆行佈大限命宮，以北斗為福，即為北方生人。

註二：事實上這是五行生旺絕的概念，有生必有死，有起必有落，有生，有旺，有絕（墓），五行據此，生生不息。如寅宮為木生之地，卯宮為木旺之地，辰宮為木絕歸土之地。巳宮為火生之地，午宮為火旺之地，未宮為火絕歸土之地。申宮為金生之地，酉宮為金旺之地，戌宮為金絕歸土之地。亥宮為水生之地，子宮為水旺之地，丑宮為水絕歸土之地，是故分為：

1. 四生地：寅申巳亥宮，又天馬星只出現在此，故又稱「四馬地」

2. 四正（旺）地：子午卯酉宮。
3. 四絕（墓）地：辰戌丑未宮。

註三：甲年祿在寅宮，擎羊安在祿前，因此甲年擎羊在卯宮為落陷。

原文：九流工藝人辛勤。加耗忌劫空沖破，殘疾離祖，刑剋六親。女人入廟加吉，上局；煞耗沖破多主刑剋，下局。

擎羊煞星坐命，縱然是對煞忌星較無礙的專技人員，也是勞累辛勤方可度日，如加上破軍、化忌、地空、地劫等煞星沖照，大多離鄉背井，六親無緣，身上多帶有外傷疤痕。女人命坐擎羊入廟又有吉星，例如祿存或化權、化祿等，是相當不錯的星群結構。如有煞星等沖破，六親多有刑剋。

原文：問：陀羅所主若何？

請問陀羅星在紫微斗數中的角色及特質是什麼？

原文：希夷先生答曰：陀羅北斗之助星，守身命心行不正，暗淚長流。性剛威猛。

作事進退，橫成橫破，飄蕩不定。

陀羅星是北斗七星的助星，如果居於命宮或身宮，表示心術不正，城府深，陰險狡詐，善於隱藏偽裝，口不言但以行動表示不滿。陀羅星坐命，一生至少一次的選擇錯誤，例如：婚姻、科系選擇、工作等，導致人生的挫折與落寞。此星性情剛烈威猛，但個性善變，時好時壞難以捉摸，因此橫發橫破，一生飄盪難有穩定的時候。

原文：與貪狼同度，因酒色以成癆；與火鈴同處，定疥瘦而不死；居疾厄，暗疾纏綿。辰戌丑未生人為福。

如果陀羅與貪狼同宮，大都因沉迷於美酒女色而致災厄，男人對美色誘惑把持不住，往往成為「火山孝子」，女人容易遭負心漢騙財騙色。而且拿的起放不下，徒然浪費青春歲月。如與火星、鈴星同度，大都會有嚴重的疾病，難以痊癒。如在疾厄宮，多有隱疾纏身，擎羊星主外在傷痕，如刀傷、骨折等外顯之疾病；陀羅星主內在，例如腫瘤、內臟疾病或糖尿病等慢性病。此星與擎羊相同，落於辰、戌、丑、未四墓地為廟旺，為害較減。

原文：在廟，財官論。文人不耐久，武人橫發高遷。若陷地加煞，刑剋招凶，二姓延生，女人刑剋下賤。

如陀羅在廟旺之地，財官雙全，都能取得成就與地位，但因本質煞氣過重，是故富貴不耐久，橫發後必然橫破。如果陀羅落陷又遇擎羊、化忌、破軍等，大都與擎羊相同，六親緣淺，一生多有災厄與挫折，女人亦同。

原文：玉蟾先生曰：擎羊陀羅二星屬火金，乃北斗浮星。在斗司奏，在數主凶厄。羊化氣曰刑，陀化氣曰忌。

擎羊陀羅二星五行屬火亦屬金，有雙重性質，是北斗七星的助星，在天庭為管理奏書之官，在斗數中主凶危及險厄，擎羊化氣為刑，陀羅化氣為忌。

原文：怕臨兄弟田宅父母三宮，忌三合臨身命。合昌曲左右，有暗痣。見日月，女剋夫而夫剋婦，為諸宮之凶神。

擎羊，陀羅兩顆煞星，最怕在兄弟，田宅及父母三個宮位，為禍不淺，也不宜在身宮或命宮三方會照。如羊陀與文昌、文曲、左輔、右弼等吉星會照，身上隱密處多有斑痕或紅黑痣，如與太陽、太陰會照，則夫妻感情不睦，聚少離多甚或是生離死別，是每一宮都害怕的凶星。

原文：忌同日月則傷親損目，刑併桃花則風流惹禍。忌合貪狼，因花酒以忘身。

陀羅與太陽、太陰會照，則與父母親感情不融洽且多有眼疾，如近視眼、遠視、散光等。擎羊與桃花系星曜會照，例如：天姚、咸池這種野桃花，紅豔煞等，則多因感情問題惹禍上身，也是標準「桃花劫」的格局。如擎羊與貪狼會照，則多花天酒地，貪杯戀酒，不務正業的人。

原文：刑與暗同行，招暗疾而壞目；忌與殺暗同度，招凌辱而生暗疾；與火鈴凶星伴，只宜僧道。

擎羊與巨門同宮，多有暗疾且有眼睛方面的疾病，例如：近視。遠視、散光等；

陀羅與七殺或巨門等星曜同宮，亦多有暗疾，與火星、鈴星等凶星會照，要好好修行，改變自己，才能有順利的人生。

原文：權刑囚合殺，疾病官厄不免。貪耗流年，面上刺痕。二限更遇此，災害不時生。

若天刑，陀羅還有七殺星會照，落疾厄宮則多有疾病，落命宮、官祿宮，則難免有官非之擾。流羊陀會照貪狼及破軍還有天刑，大都會引發官司是非，因此倘大小二限逢流羊陀沖，那麼災害隨時都會發生，難以閃躲。

歌曰：刑與暗同行，暗疾刑六親。火鈴遇凶伴，只宜僧道興。
若刑囚合殺，疾病災厄侵。貪耗流年聚，面上刺痕新。
限運若逢此，橫禍血刃生。又曰：
羊陀夭壽煞，人遇為掃星。君子防恐懼，小人遭凌刑。
遇耗決乞求，只宜林泉人。二限倘來犯，不時災禍侵。

原文：問：火星所主若何？

請問火星在紫微斗數中的角色及特質是什麼？

原文：希夷先生答曰：火星乃南斗浮星也，為大煞將，南斗號煞神。諸宮不可臨。若主身命位，性氣亦沉毒，剛強出眾人，毛髮多異類，唇齒有傷痕，更與羊陀會，禨祼必災迍。

火星是南斗六星的助星，是大煞星，在南斗稱之為煞神，在斗數十二宮位皆為禍不淺，因此最好不要見到。如果火星在命宮或身宮，個性剛硬暴躁，手段陰險狠毒，喜歡強出頭、報復心重。反映於外表，造型前衛，與眾不同，臉上多有傷疤，如果再跟擎羊，陀羅會照，小時候常生病，難養。

原文：過房出外養，二姓可延生。此星東南利，不利西北生。若得貪狼會旺地，其貴無疑，封侯居上將，勳業著邊庭。

火星坐命脾氣暴躁，不講理，因此與父母兄弟無法和睦相處，適宜外出打拼，如果與貪狼會照，形成火貪格，那麼財常橫發，武人或技術人員則可以專業揚名社會，享有崇高地位。

原文：三方無煞破，中年後始興。僧道多飄蕩，不守規戒心。女人旺地潔，陷地主邪淫，刑夫又剋子，下賤勞碌人。

火星坐命宮會照貪狼，形成火貪格，年少一樣歷盡艱辛，要到中年之後才會開始轉運。如果出家人命坐火星，那多是不守戒規的酒肉和尚或是以宗教詐騙信眾的人。女人亦同。

原文：問：鈴星所主若何？

請問鈴星在紫微斗數中的角色及特質是什麼？

原文：希夷先生答曰：鈴星乃南斗助星也，為大煞將，南斗為從神。值人身命者，性格亦沉吟。形貌多異類，威勢有聲名。

鈴星是南斗的助星之一，是大煞星，也是南斗六星的隨從之星。如鈴星坐命宮或身宮，個性強烈與火星同，但唯一差異在火星是直來直往，多以暴力解決問題，鈴星是陰險毒辣，喜歡在背後弄是非。形貌亦同火星，喜歡與眾不同，喜歡出風頭、作威作福、聲名狼藉。

原文：若與貪狼會，指日立邊庭。廟地財官貴，陷地主孤貧。羊陀若湊合，其刑大不清。孤單並棄祖，殘傷帶疾人。僧道多飄蕩，還俗定無疑。

如果鈴星與貪狼會照，為斗數奇局「鈴貪格」，那麼除了財常橫發，也會有相當成就，如在廟旺則財官雙全。如鈴星落命且居陷地，又三方有七殺，擎羊，陀羅等煞星齊臨，多是孤苦無依的貧苦人，且容易走上歪路，造作惡業，危害社會，與六親緣淺且不守祖業，叛逆不聽勸，人牽牽不動，鬼牽直直走，個性孤僻冷漠，且多有殘傷或暗疾。如果是出家人，則多是神棍或是信仰不堅定，最後大都還俗收場。

原文：女人無吉曜，刑剋少六親；終身不貞潔，壽夭且困貧。此星大殺將，其惡不可禁，一生有凶禍，聚實為虛情。

女人命宮逢鈴星正坐，則六親緣淺，一生爭議不斷，貧窮困頓。鈴星是大煞星，他的煞氣難以阻擋，帶來許多凶禍與不安，因此鈴星坐命的人，一生經常受無妄之災或遭牽連受害。而鈴星坐命的人，對人多虛情假意，滿肚子壞水。

原文：七殺主陣亡，破軍財屋傾，廉宿羊刑會，卻宜主刀兵，或遇貪狼宿，勳業震邊庭，若逢居廟旺，富貴不可論。

如火星，鈴星遇到七殺，大都會招來意外災害，如與破軍會照，則財富祖業破敗，與廉貞、擎羊或天刑會照，雖煞氣重，但卻適宜武職或專技人員。最好是能夠與貪狼會照，形成鈴貪格，那麼除了財常橫發，也會因為專業技能或功績受肯定而揚名，如果火鈴又在旺宮，那麼榮華富貴，指日可待。

原文：羊陀火鈴四星總論。

擎羊、陀羅、火星、鈴星四煞星總和論斷。

原文：玉蟾先生曰：火鈴屬火，羊陀屬金。羊陀化刑忌，名曰馬掃星，又名短壽煞。君子失其權，小人犯刑法。孤獨剋六親，災禍常不歇。

火星及鈴星五行都屬火，擎羊陀羅五行屬金，擎羊化氣為刑，陀羅為忌，又稱為掃把星，也稱為短壽煞。命宮逢此四煞，或於流年逢之，當官的會失去權勢，一般民眾也會因此惹上官非。這種煞曜孤僻冷漠，與六親緣淺，相處不協調，而且一生災禍不斷，擎羊，火星，主明刀明槍的破壞及傷害，陀羅，鈴星主暗箭傷人或無妄之災的禍害。

原文：腰足唇齒傷，勞碌多困頓。破相又勞心，乞丐填溝壑。武曲併貪狼，一世招凶惡。疾厄若逢之，四時不離醫。只宜山寺僧，金穀常安樂。

此四煞星坐命的人，如不是四肢手腳有傷殘就是嘴角或牙齒不整齊，一生勞碌奔波，生活貧困艱辛，勞心勞力，也很難有所成就，因性情不定，難有固定職業，故多為以勞力為生或打零工的人。如果此四煞與孤剋性強的武曲會照，那麼一生多有災厄，如果煞星與武曲在本命同度，表示你冲別人，大家都怕你，因此災禍都因自身而起，而若三方會照，需看宮位，即在煞星坐落宮位，會發生災禍，且多由他人所引起。疾厄宮如果遇到此四煞星正坐，身體健康狀況長期不佳，經常需要跑醫院，看醫生。因此如四煞沖命的人，最好要多修行，存根本改變自己，才能夠有機會享受安逸平穩的生活。

原文：問：地空地劫所主若何？

請問地空及地劫星在紫微斗數中的角色及特質是什麼？

原文：希夷先生曰：二星守身命，遇吉則吉，遇凶則凶。如四煞沖照，輕者下賤，重者傷六畜之命。

地空地劫二星如居於命宮或身宮，甚或命身宮各一顆，遇吉星則吉，遇凶星則凶，如與擎羊、陀羅、火星、鈴星會照，如不是一生奔波勞碌無所成，就是破財頻繁，守不住財。因此空劫入命宮，山人通常暱稱為「勞碌命」，奔波勞碌，也難有所獲。而空劫二曜入命，其人想像力豐富，敢於推翻舊有另創新局面，所以適合往創作或研發、企劃、規劃師的方向發展。

原文：僧道不正。女子婢妾刑剋。大抵二星俱不宜見，定主破財。二限逢之必凶。

如出家人命逢地空地劫二星，則品性不端正，酒肉和尚，邪念與妄念較多。如果是女人亦同。基本上這兩顆星最好都不要見到，如在本命宮與祿存會照，主一生守不住財；如在夫妻宮與祿存或化祿會照，稱之為「倒祿」，一生多有遇人不淑或是遭始亂終棄的狀況。大小二限命宮或財帛宮，田宅宮逢之，一定主破財的凶惡狀況。

歌曰：

劫空危害最愁人，才智英雄誤一生。
只好為僧併學術，堆金積玉也需貧。

原文：問：天傷天使所主若何？

請問天傷星及天使星在紫微斗數中的角色及特質是什麼？

原文：希夷先生答曰：天傷乃天上虛耗之神，天使乃上天傳使之神。太歲二限逢之，不問得地否，只要吉多為福，其禍稍輕。

天傷是天庭中象徵虛耗的星曜，天使是象徵傳令的星曜，如在大小二限或流年遇到，沒有廟旺與否的問題，如果會照吉曜較多，例如紫微，天梁，天同或天相等，禍害較輕微。

原文：如無吉值，加會巨門羊陀火鈴與天機，其年必主官災，喪亡破敗。

如三方四正無吉星會照解救，又逢巨門暗曜及羊陀火鈴四煞，當年一定不是惹上官非，犯小人就是有災難或疾病，會是一個相當凶險的流年。

歌曰：限至大耗併天傷，夫子在陳也絕糧。
天傷限臨人共忌，石崇巨富破家亡。

原文：問：天刑所主若何？

請問天刑星在紫微斗數中的角色及特質是什麼？

原文：希夷先生答曰：天刑守命身，不為僧道，定主孤刑。不夭則貧，父母兄弟不

得全。二限逢之主出家。官事牢獄失財，入廟則吉。

天刑星為刑罰，官司之象徵，如果守命宮或身宮，則其人孤僻且太有原則，以致難以與人相處，最適宜出家人，如果是一般人，將因太過堅持，經常惹起是非與官非，大都人緣不好且貧窮，六親疏離緣分淺。如大小限或遇到，會有出家的想法，甚或是惹上官司是非，破財甚至於引來牢獄之災。但如果天刑在廟旺宮位寅，戌，卯，酉，又與文昌，文曲，天魁，天鉞等六吉星會照，可望掌握裁決的權力並得到上級賞識。

歌曰：

天刑未必是凶星，入廟名為天喜神。
昌曲吉星來湊合，定然獻策到王庭。
刑居寅上并酉戌，更臨卯位自光明。
必遇文星成大業，掌握邊疆百萬兵。
刑忌孤剋號天刑，為僧為道是孤身，
哭虛二星皆同到，終是難逃有疾人。

原文：問：天姚所主若何？

請問天刑星在紫微斗數中的角色及特質是什麼？

原文：希夷先生答曰：天姚屬水，守身命，心性陰毒，作事多疑。貪　好美色，風流多婢。又主淫佚。

天姚星五行屬水，為野桃花星（註一），如果天姚星在身宮或命宮，其人個性陰沉狠毒，疑心病重，迷花戀酒，男生喜歡美女，女生崇拜帥哥，不論男女，都喜歡在沉溺在感情世界中，男女關係較開放，但也相對複雜，因此經常為情所困。疾厄宮或田宅宮倘有天姚及陰煞，多有同性戀傾向。天姚入夫妻，男女關係較為複雜，且不容易遇到正緣，露水姻緣較多。

註一：斗數中正桃花星為：貪狼，廉貞，天喜，紅鸞；野桃花星為：天姚，咸池，沐浴等。

原文：入廟旺主富貴多奴；居亥有學識。會惡星破家敗業，因色犯刑。三合煞逢，少年夭折。

如果天姚星入廟旺宮位又會照吉星，則多為富貴中人。如居亥宮，又逢文昌、文曲、天魁、天鉞則多因才華受到異性賞識。如與煞星如擎羊、陀羅、火星、鈴星等，易因貪杯戀酒而破敗家業甚至招來災禍，此為標準的「桃花劫」組合，破財又失身，甚至引發殺身之禍。如天姚會空劫，則容易發生單戀或畸戀的情事。

原文：若臨限，不用媒妁，招手成婚。或紫微吉星加，剛柔相濟，主風騷；加紅鸞愈淫，加刑刃主夭。

如果大小二限或流年命宮、夫妻宮，福德宮見天姚星且由化祿引動，多有一見鍾情或是突發的喜事，但婚姻是一輩子，當雙方激情一退，清醒過來之後，發現雙方不適合，但也為時已晚，最後大都成為怨偶或離婚分居的狀況居多。如天姚居命宮與紫微或眾吉星會照，代表能因才華或技能受到異性歡迎賞識，為人風流但不下流。如天姚與紅鸞天喜等桃花星會照，一般而言，表示命主異性緣好，相當適合公關工作或演藝人員，如加上擎羊或天刑這類星曜，則多因爭風吃醋或遭騙上當而破財甚或引發殺身之禍。

歌曰：

天姚居戌卯酉遊，更加桃宿三方併。
福厚生成耽酒色，無災無禍度春秋。
天姚星與耗星同，辛苦平生過一世。
不曾安跡在客中。命身倘若值天姚，戀色貪花性帶凶。
此星若居生旺地，縱登極品亦風騷。

原文：問：天哭天虛所主若何？

請問天哭星及天虛星在紫微斗數中的角色及特質是什麼？

原文：希夷先生答曰：哭虛為惡曜，臨命最不宜。加臨父母內，破盪賣田產。若教身命陷，窮獨對刑傷。六親多不足，煩惱過時光。東謀西不就，心事兩茫茫。

天哭與天虛是相當不吉利的星曜，此曜如命宮、身宮逢之，主身體疾病較多，體弱多病、孤單又貧窮、瞎操心、自尋煩惱，做任何事都難有穩定的時候，前途茫茫，不知如何是好。如加會陰煞在命宮，夫妻宮，子女宮，則恐有同性戀傾向。如在父母宮會照，與父母緣淺，家庭背景以單親居多或年少離家等。

原文：丑卯申宮吉，遇祿名顯揚。二限若逢之，哀哀哭斷腸。

天哭與天虛如在丑宮、卯宮及申宮為旺地，倘能再與祿星會照，反倒能有相當成就甚至白手興家，但祖父母其中之一多早逝，六親緣淺亦難避免。倘大小二限或流年命宮，疾厄宮三方與天哭，天虛會照，無吉星搭救，則恐有重大疾病纏身，開刀等狀況或是有親友意外過世的狀況。如單見天哭，則此小限或流年，恐有諸多煩心不如意的狀況，男人多喝悶酒，借酒澆愁，女人則多與密友談心泣訴的狀況。

14 諸星問答論

15.

玉蟾發微論

15 玉蟾發微論

原文：白玉蟾先生曰：觀天斗數與五星不同，按此星辰與諸術大異。四正吉星定為貴，三方煞拱少為奇。

白玉蟾先生說：觀察天體星曜落宮狀況來論斷人一生窮通禍福，富貴貧賤的紫微斗數，與同為天星學的七政四餘五星論斷法是完全不同的兩門學術(註一)。紫微斗數與七政四餘五星學最大不同處，在紫微斗數利用的是紫微星與南北斗星，論斷技法為三方四正的星曜組合。而七政四餘五星學，看的是七政星曜與四餘氣，用的是星曜躔度等技巧。除此之外，這種以星曜為主體的祿命術與其他常見的祿命術如子平八字等有相當大的差異。又如果四正宮位(註二)，有吉星拱照，那命主定然是貴不可言。又若三方宮位不逢煞星破局，那更是奇特的命局。

◎註一：五星指的是中國古星命學七政四餘，七政指的是日、月、金、木、水、火、土七曜，四餘指的是計都、羅喉、月孛、紫氣等四個黃白道的交點。他跟紫微斗數一樣也是觀天星落人事十二宮狀況來論斷的命術，差別在七政四餘是以太陽立命，重節氣。而紫微斗數是以太陰立命，重斗君、月令等。所以紫微斗數與七政四餘，同是觀天星的祿命術，但在本質上，有相當大的差異。

◎註二：「三方」指的是本宮的前四宮，後四宮及對宮，加上本宮就是「四正」。例如命宮的「三方」，也就是命宮的前四宮是財帛宮，後四宮是官祿宮，對宮是遷移宮，加上本命宮就是「四正」。斗數周天十二宮，跟黃道十二宮一樣，以圓周長360度來劃分，每宮為30度，因此前四宮與後四宮，就是30×4＝120度，也就是占星學中調合相位的120度；對宮與本宮差距六宮，30×6＝180度，也就是對衝相位。因此，紫微斗數與七政四餘一樣，都屬於中國古星命學／占星學，是不容懷疑的事實。

原文：對照兮詳凶詳吉，合照兮觀賤觀榮。

對照指的是命宮的對宮，也就是遷移宮，在占星學屬於180度的對衝相位，對本宮影響是最大的，因此觀察對宮星曜分布狀況，能夠初步判識出吉凶狀況。而三方宮位，也就是財帛宮及官祿宮，在占星學屬於120度的調合相位的星曜分布狀況，來斷定一張星盤的吉凶禍福。

原文：吉星入垣則為吉，凶星失地則為凶。

如果是吉星又在廟旺宮位，那是吉上加吉。如果是煞星又在落陷宮位，那是凶上加凶。

原文：命逢紫府非特壽而且榮。身遇殺星，不但貧而且賤。

命宮如果有紫微星或南斗主星天府星，且三方四正沒有煞星來攪局破壞，那麼不但一生壽元較長，而且一生當中會有一段相當風光的時間，榮華富貴指日可待。（註三）又若命、身宮如果有煞星，如擎羊、陀羅、火星、鈴星、地空、地劫等六煞星會照衝破，那麼這個命主一生註定勞碌奔波，不管再努力，也很難有所成就。

◎註三：紫微星坐命必須有左輔右弼其中之一在三方來會合，否則平常而已。天府為庫房，必須有祿星（化祿，祿存）在三方會合，才能以此斷。

原文：左右會於紫府，極品之尊。科權限於凶鄉，功名蹭蹬。

紫微或天府坐命，三方有左輔、右弼二星來會，在社會上的知名度與地位會比一般人來的高。在團體裏，大都是扮演領導者的角色，眾星拱月，成就非凡。化科及化權如在落陷宮位，讀書的學生有輟學，重考，休學的狀況，如是上班族，則難有升遷機會，如果立志當官（公務人員），只怕寒窗十年，也不容易金榜題名。

原文：行限逢乎弱地，未必為災，立命在強宮，必能降福。

大小二限或流年走到星曜落陷或是煞星匯聚的宮位，未必會帶來災禍，因為本命宮星曜組合相當強勢，一定能帶來逢凶化吉的福報。（註四）

◎註四：這段話主要提醒論命者，不要只看大小限遇到災煞星就斷言一定會有災禍，還要考慮本命宮星曜組成，如命強身強時，也能有逢凶化吉的機會。

原文：羊陀七殺，限運莫逢，逢之定有刑傷。（劫空傷使在內合斷）

擎羊陀羅與七殺星，在大運行進時最好不要遇到，如果不幸在大小限或流年遇到，又會照到地劫、地空、天傷、天使這四顆星其中兩顆以上，一定會有較嚴重災難發生，不是破財就是身體受到傷害。

原文：天哭喪門流年莫遇，遇之實防破害。

流年最怕碰到天哭星或喪門星這兩顆雜曜，如遇到要提防小人陷害，破財甚至家庭成員傷亡的狀況。

原文：南斗主限必生男。北斗加臨先得女。

如果懷孕的婦人在小限或流年子女宮遇到南斗星曜（天府、天機、天相、天梁、天同、七殺），那麼大多是男嬰；如果是北斗星曜（貪狼、武曲、巨門、文曲、祿存、破軍、廉貞）則大多為女嬰。

原文：科星居於陷地，燈火辛勤。昌曲在於弱鄉，林泉冷淡。

文昌、文曲、化科這些主考試功名的星曜，如果在落陷的宮位，不管是讀書或考試都會很辛苦勞累，如要參加公職考試，恐怕要付出比人家更數倍的努力，才能有金榜題名的機會。（也可以斷言，在工作經常有做不完的狀況，不停加班工作，相當辛苦；也可視為必須加倍努力付出才能有收獲的人）。

原文：奸謀頻設。紫微愧遇破軍。

紫微破軍同宮或在辰戌宮對拱又分居於命、身宮，且會照煞星。那麼這個人一定是個老奸巨猾，城府很深，善於算計別人的小人。

原文：淫奔大行，紅鸞差逢貪宿。

貪狼為桃花星，如與紅鸞星會照或同度（註五），女人比較會跟著男人私奔或與有夫之婦勾搭。男人則喜歡聲色娛樂場所。基本上這種星曜組合，不管男女，異性緣都很好。很適合演藝人員，公關人員，業務人員等。

◎註五：紅鸞屬正桃花，貪狼是斗數第一桃花星，所以紅鸞會貪狼，應該解釋為異性緣很好。如果真的如賦文所言：淫奔大行，那應該是天姚或咸池比較有機會。而這類型的組合，如果三方吉星拱照，表示能得到異性朋友助力而成事或是很受異性歡迎，有很多紅粉知己。如果遇到煞星來湊熱鬧，只怕桃花劫是在所難免。

原文：命身相剋，則心亂而不閑。

命宮及身宮主星曜（指十四正曜）五行如果是相剋的，做事情較為慌亂，心神不定，而且難有清閒下來的時刻。

原文：玄嫗三宮，則邪淫而耽酒。

玄嫗（天姚星）如果在夫妻宮（註六），那麼這個人一定比較容易心生邪念，喜好

酒色，喜歡醉生夢死、紙醉金迷的生活。(註七)

◎註六：三宮，指的是命宮算起第三宮，就是夫妻宮，並不是在三方會照到的意思。

◎註七：如果單看天姚在夫妻宮，就這麼武斷，那是不正確的論斷。因為斗數必須要看組合星曜而定吉凶，不能單看一顆星就這麼肯定。

原文：殺臨三位，定然妻子不和。

七殺或羊陀火鈴這些煞星如果在夫妻宮(同註六)，一定跟配偶經常爭執吵架，彼此之間難以溝通。通常都是怨偶的星群組合。

原文：巨到二宮，必是兄弟無義。

巨門星到兄弟宮(註七)，又遇到煞星會照，兄弟之間較有爭執發生，彼此之間感情不好，也不太會互助合作，兄弟緣淺。

◎註七：二宮指的是命宮的下一宮，也就是兄弟宮。

原文：刑煞守子宮，子難奉老。

擎羊，天刑或是七殺在子女宮，如不是與子女相處之間充滿代溝，爭執不斷，不然就是無法在老年時奉養你，含飴弄孫；也有可能會發生白髮人送黑髮人的情事。

原文：諸凶照財帛，聚散無常。

如果財帛宮遇到六煞星（羊陀火鈴空劫）與化忌，財來財去，一場空，一生難有足夠的積蓄財富。縱然本宮星曜組合良好，也是發過即花，甚至倒貼賠本坐收。

原文：羊陀疾厄，眼目昏盲。火鈴到遷移，長途寂寞。

擎羊或陀羅在疾厄宮，比較會有近視、散光、青光眼、白內障的眼科疾病；火星與鈴星一起拱照遷移宮，在家比較待不住，出門在外比較容易有千山我獨行的狀況。也可解釋為此人比較喜歡離群索居或是比較喜歡享受一個人的孤單。

原文：尊星列賤位，主人多勞。

紫微星及天府星這種尊貴的星曜，如果落入較屬服務性質的宮位，如奴僕宮、兄弟宮等，表示此人一生勞勞碌碌，經常被兄弟朋友部屬呼來喚去，一生不容易有成就。

原文：惡星應命宮，奴僕有助。

如果命宮及三方煞星匯聚，按照星群組合的規律，代表吉星多數會集中在僕役宮，也表示一生得到朋友部屬幫助相當大。（註八）

◎註八：山人常說，每個人命盤都一樣有六吉星與六煞星，好命與壞命的差別，在分布狀況不同罷了。一般而言，如果煞星聚集在命宮，官祿宮，遷移宮，財帛宮。那麼吉星大都在六親宮位，尤其是僕役宮。其實這道理很簡單，命宮煞忌匯聚，個性暴躁陰險，難以捉摸，反反覆覆，而且為人處事較衝動，不合群，所以較容易走上歪路，撈偏門或成為獨當一面的老大，自然部屬（細漢仔）會乖乖聽話辦事，畢竟大家都怕惡勢力阿。

原文：官祿遇紫府，富而且貴。

官祿宮遇到紫微及天府星，會祿又遇吉星拱照且不逢煞忌侵擾破局，一生富裕且貴顯是無庸置疑的。

原文：田宅遇破軍，先破後成。

田宅宮有破軍星坐守，三方又會煞忌，如從父母手中得到房地產，大都會先賣掉然後換更新更大的宅第。也可解釋為早年錢財田產比較留不住，必須到中晚年時，才有機會把財富存下來。

原文：福德遇空劫，奔走無力。

福德宮有地空，地劫，一生奔波勞碌，也很難有什麼大的成就或作為。

原文：父母加刑煞，刑剋難免。

父母宮有擎羊、陀羅、地空、地劫、火星、鈴星、七殺、天刑等煞星或孤剋性質較重的雜曜，成長期間與較有沖剋的現象，例如與父母有代溝，叛逆或是與父母聚少離多。

後學者執此推詳，萬無一失。

學習紫微斗數的後進學人，倘能依據此篇賦文內容來推論人一生的窮通禍福，絕對是百發百中，不會有不準確的事情發生。

16.

玄微論

16. 玄微論

原文：希夷先生曰：斗數之列眾星，猶大易之分八卦，八卦非象繫不明，五星非講明何措。

希夷先生說：紫微斗數中的眾星辰，就如同易經中的八卦一樣，如果不從解說卦象、卦德、爻位、卦變的「象辭」與對《周易》內容總說明「繫辭」來加以說明闡述，那麼是無法說明清楚的。又如同七政四餘五星學一樣，如果不把日月五星的含義還有天體運行原理說明清楚，任憑你才智過人也是束手無策。

原文：是以觀斗數者，再三審動靜之機，第一辨賓主之分，動靜循環不已，主賓更迭無拘，主若無情，何賓之有，賓不能對，何足取哉！

因此學習紫微斗數，更需要清楚各星曜的內含及本質，穩重或浮動的區別。由於紫微斗數是利用三方四正的星群組合來論斷吉凶，因此如何理解組合星群之間的互相影響關係，是善是惡，是好是壞，這是相當重要的功課。因此第一個就是要區分主人與賓客，本宮主星曜是主人，三方星曜是賓客，主人為靜，賓客為動，主賓之間互動的狀況，主強賓弱，主弱賓強之間的變化。倘主人對賓客冷淡或過於強勢，那麼賓客也不會上門。如果賓客強過於主人，反客為主，那麼這個主人反倒變成賓客了。就如同本宮坐紫微這種強勢星曜，如三方賓客有吉曜如同左輔，右弼，自然就成為隨從，跟隨著主人意志而行，而主人在賓客的協助下，自然賓主盡歡，成就非凡。

原文：愧彼羊陀，惟視祿存之好惡。笑吾日月也，思空劫之興亡。殺有殺而無刑，雖殺有救；刑有刑而易單，終身不剋。

又如同擎羊與陀羅這兩顆紫微斗數中的大煞星，要怎樣落宮，還得看祿存主人的臉色（註一）。而太陽、太陰雖然是尊貴的主人，如遇到地空、地劫這種煞曜賓客，在賓強主弱，主人反遭賓客影響改變。七殺這種孤剋性質相當重的星曜，如沒有遇到擎羊、陀羅這種大煞星狠狽為奸，也不至於帶來刑剋的結果，縱然遇到煞星，但如得吉星搭救，也能確保無虞。擎羊這種煞曜雖然帶著極強的刑剋但如果在廟旺之地，反而不凶。

註一：由於紫微斗數排盤規律：祿前一位安擎羊，前羊後陀。因此羊陀永遠跟著祿存跑，例如祿存在寅，則擎羊必在前一宮卯宮，陀羅必在後一宮辰宮，如將祿存星視為主人，那麼羊陀必然隨其落宮而定。

原文：火星旺宮為富論，羊陀得令豈凶神？兩鄰加侮尚可撐持，同室與謀最難防備。

火星是煞曜，如果與貪狼會照，構成「火貪格」，又得化祿或祿存加會，那反而是富庶的象徵。又有如擎羊與陀羅倘入四墓地(註二)，又怎會那麼兇惡呢？又如同命宮前後兩宮都是煞星(註三)，倘本宮星曜強勢，也可將煞星的影響降低一些，最怕的就是本宮內吉煞星混雜，煞星影響了吉星的性質，就如同一個乖巧的孩子在群體裡遇到了壞孩子，那麼被帶壞，是可以預期的。因此吉煞星同宮對命主的影響，大於夾宮太多太多了。

註二：四墓地為辰、戌、丑、未四宮。

註三：如有吉星或煞星，成雙成對的落在本宮的前一宮與後一宮，稱之為夾宮，例如祿存星落宮，前一宮必定擎羊，後一宮必定是陀羅，倘祿存坐命，本命宮星曜化忌，則構成「羊陀夾忌」的惡局。因此祿存雖然代表財貨，但如果單坐命宮，亦非好事。

原文：鈴火焚天馬，羊陀逐祿存，劫空傷使無常，權祿行藏靡定。

又如同天馬星如遇到火星或鈴興，稱之為「戰馬」，縱然你如何奔波努力，最後都是傷痕累累，難有所獲。擎羊與陀羅的落宮位置，端看祿存星落宮而定，流羊陀也是如此，因此見到象徵財貨的祿存星，也不要開心的太早；至於地劫地空或天傷天使，帶來的是重大的變化，例如錢財得亦復失，身體由好轉壞甚至染上惡疾，這四顆煞曜給我們人生帶來無常的變化。而四化星的化祿、化權、化科，由於隨著天干而變化，因此難以捉摸其落宮的位置。

原文：君子哉魁鉞，小人也陀鈴。兇不皆兇，吉無純吉。主強賓弱，可保無虞。主弱賓強，兇危立見。主賓得失兩相宜，限運命身當互見。

而天魁、天鉞這兩顆吉星，就像一個謙謙君子、翩翩風範，而煞星如陀羅、鈴星等暗地破壞中傷，從背後偷襲的惡劣本質，就像是個陰險毒辣的小人一般。所以斗數論斷對於星曜的本質與特性要掌握的相當清楚。而由於紫微斗數並非單宮單星可以論斷，必須看三方四正的星群組合，所以縱然本宮煞星正坐，倘三方吉照，煞星亦不煞，倘本宮吉星雖多，但三方煞星會照，一樣無法發揮他吉利呈祥的功用。又如果本命宮無主星，三方煞忌會照，那麼家裡沒主人的狀況下，自然就隨著三方煞忌賓客而走，那是相當危險的事情。因此最好的狀況就是本宮與三方宮位星曜能夠互相扶持幫助，構成良好格局，才是最得宜的狀況。例如本宮有紫微星，三方有左輔、右弼等助星會照，構成輔弼拱主的大格局，那麼必然會有相當成就。在論斷本命與大限行進之時，更要特別注意。

原文：身命最嫌羊陀七殺，遇之未免為兇。二限甚忌貪破巨貞，逢之定然作禍。命遇魁昌當得貴，限逢紫府定財多。

身宮及命宮最怕有擎羊、陀羅或七殺星，因當流年羊陀迭併沖命宮或身宮時將帶來災難與凶危。大小二限或是流年行運之時，最怕走到貪狼、破軍、巨門或廉貞星正坐的宮位，如果行限至這些星性不佳且會照煞忌的宮位，那麼一定有災禍臨頭。命宮如果有天魁、天鉞、文昌、文曲等吉曜，一定能透過考試或貴人提攜，得到崇高的社會地位還有尊榮。大小限或流年行進時，如遇到紫微星會照左輔、右弼或是天府會照祿存或化祿（註四）的宮位，一定能夠有一筆可觀的收入。

註四：天府星與天相星一定在三方四正會照，蓋因天府為庫房，天相為印信，倘無象徵財貨的祿存或化祿會照，那麼只是空庫一座，毫無用處。就如同你空有銀行帳戶（天府），印章（天相），但戶頭裡空空如也（祿存或化祿），那麼怎能領的出錢呢？所以天府一定要會祿，才能有富裕的機會，就如同銀行裡有錢，才能領出來花用，不是嗎？

原文：凡觀女人之命，先觀夫子二宮，若值煞星，定三嫁而心不足，或逢羊陀，須啼哭而淚不乾。

如果要論斷女人的命盤，首先要看夫妻及子女兩個宮位。如果這兩個宮位有煞星正坐或於三方會照，那麼可能要經歷過多段感情，才有機會穩定下來，如果子女宮有擎羊、陀羅這種煞星，則孩子必然幼時難養，常常生並跑醫院，長大個性叛逆難以溝通，一生為了孩子操煩，勞碌奔波。

原文：若觀男命，始以福財為主，再審遷移如何，二限相因，吉凶同斷。限逢吉曜，平生動用和諧；命坐兇鄉，一是求謀齟齬。

如果要論斷男人的命盤，要以福德宮及財帛宮為主，再來觀察遷移宮的狀況。本命盤及大小限或流年是互為因果，本命盤是命，大小限或流年是運，如果本命盤強，但行運無法搭配，也是得經歷一段辛苦的時間、要如此仔細的觀察，才能論斷吉凶。如果行限遇到吉星匯聚且無煞忌的宮位，表示這段時間，一切都能順心如意，甚至發筆小財。但如果本命宮無星而三方煞星匯聚，抑或煞星大於吉星，又不夠成特殊格局，那麼一輩子，不管是求職，創業，都很難有功成名就的機會。

※以下與斗數轂率內文大同小異，歡迎參閱該篇解義※

原文：廉祿臨命，女德純陰貞潔之德；同梁守命，男得純陽中正之心。君子命中亦有羊陀四殺，小人命中豈無科祿權星，要看得垣失垣，專論入廟失陷。

若論小兒，詳推童限，小兒命生兇鄉，三五歲必然夭折，更有限逢惡殺，五七歲必至夭亡。文昌文曲天魁秀，不讀詩書也可人。多學少成，只為擎羊逢劫殺。為人好訟，蓋因太歲遇官符。

命之理微，熟察星辰之變化；數之理遠，細詳格局之興衰。北極加兇殺，為道為僧；命遇兇星，為奴為僕。如武破廉貪，固深謀而貴顯，加羊陀空劫，反小志以孤寒。

限輔旺星，雖弱而不弱；命臨吉地，雖兇而不兇。斷橋截路，大小難行；卯酉二空，聰明發福。命身遇紫府，疊積金銀；二主逢劫空，衣食不足，謀而不遂。

命限遇擎羊，東作西成。限身遭逢府相科權祿拱，定為攀桂之高人。空劫羊鈴，決作九流術士。

情懷舒暢，昌曲命身；詭詐虛浮，羊陀陷地。天機天梁擎羊會，早見刑剋晚見孤。貪狼武曲廉貞逢，少受貧而後受福。此皆斗數之奧訣，學者熟之。

17.

星垣論

17. 星垣論

原文：紫微帝座，以輔弼為佐貳，作數中之主星，為有用之源流。

紫微斗數，是以北天中央的紫微星(北極星)為帝座，以北斗九星的左輔、右弼，作為皇帝身邊最重要的輔政大臣，協助帝座管理天庭。因此紫微星是紫微斗數中最重要的主要星曜，也是一切的起始點。

原文：是以南北二斗集而成數，為萬物之靈。

除了紫微帝座之外，再把南北二斗星(註一)匯集而成為紫微斗數這個觀天星的祿命術，萬物皆由此而生。

註一：北斗七星為：貪狼、巨門、祿存、文曲、廉貞、武曲、破軍。南斗六星為天府、天相、天機、天同、天梁、七殺。紫微斗數除了運用南北斗星之外，尚匯集黃道周邊許多神煞及星煞。

原文：蓋以水掬融，則陰陽既濟，水盛陽傷，火盛陰滅。二者不可偏廢，故得其中者，斯為美矣。

火屬陽，水屬陰，當水與火交會之時，稱之為陰陽融和，水不可太旺盛，否則火就會熄滅；火也不能太強大，不然水會滅掉，需注意如何為細兩者之間微妙的平衡觀係，取其中庸之道，不偏不倚，這就是運用星曜論斷祿命最高的境界。

原文：寅乃木之垣，乃三陽交泰之時，草木萌芽之所，至於卯位，其木之旺矣，貪狼天機是廟樂。

寅宮五行屬木，是三陽干交泰之位（註二），因此是草木開始發芽覺醒的宮位（註三）。至於卯宮五行亦屬木，為四正宮（註四），因此木在此是最旺盛的時候。

註二：三陽開泰的「三陽」指的是寅木所藏的三陽干：甲木，丙火，戊土，甲，丙，戊為陽，稱之為「三陽」。

註三：因為正月建寅，因此寅也是一年的開始，萬物的起始月。

註四：紫微斗數12宮可概分為：四生地（寅申巳亥），為五行的起始地，主動；四正地（子午卯酉），五行在此地旺盛發展，主旺相；四墓地（辰戌丑未），為五行氣絕歸土之地，主墓絕。

原文：故得天相水到寅為之旺象，巨門水得卯為之疏通，木乃土栽培，加以水之澆灌，三方更得文曲水，破軍水相會尤妙。又加祿存土，極美矣。

因此天相星五行屬水，到寅木宮位稱之為旺象。巨門星屬水，卯宮屬木，其藏干為乙木，巨門水到此宮，如同將明與藏，藉由水的力量，兩者疏通融合。木依賴土生長，加上用水澆灌。而三方如在得到同為水的文曲，破軍星在三方四正相會，是更棒的組合。如果此時能在得到屬土的祿存加會，水，木，土三者融合，萬物欣欣向榮，是更棒的搭配。

原文：巨門水到丑，天梁土到未，陀羅金到四墓之所。若得擎羊金相會，以土為金墓，則金通不為疑。加以天府土，天同金以生之，是為金趁土肥，順其德以生成。

巨門屬水，到丑土宮，天梁屬土到未土宮，陀羅屬金到四墓地（辰戌丑未），此時如有擎羊金在此會照，因土生金，因此在此宮為旺象。如再有天府土，天同金同宮，又一個土生金之象，土地更加肥沃，能讓金更旺盛，一切都依據天的恩惠而生成。

原文：巳午乃火位，未為火絕之地，更午垣之火，餘氣流於未，水則倒流，火氣逆焰，必歸於巳。

巳午宮屬火，未宮是火絕歸土的宮位。而午宮的火到未宮雖滅，但火的餘氣仍在未宮，未宮藏干丁火，因此水到未宮，將此殘餘氣燄澆熄，因此這餘氣一定會回到巳宮。

原文：午屬火德，能生於巳絕之土，所以廉貞木居焉。至如午火旺照離明，洞鑒表裏。

午宮為火旺之地，亦為日正當中之時，天地萬物都因此受潤澤，因此能滋養在巳宮已消失的土，所以廉貞木在午宮反而是相生旺相。又如同正午時分，日正當中，因此火在此宮至極明亮，讓一切大地山川看得更清楚。

原文：而文曲水入廟，若會紫府，則魁星拱斗，加以天機木，貪狼木，謂之變景，愈加奇特。

又當文曲水在入廟的宮位，如與紫府相會，稱之為魁星拱斗，如在有天機木，貪狼木來會合，水可生木，稱之為「變景」，那是更加奇特的狀況。

原文：申酉屬金，乃西方太白之氣，武居申而好生，擎羊在酉而用，此煞加以祿存土，陀羅火而攻之，故為逆行，逢善化惡，是為妙用。

申酉宮屬金，是西方太白金星的方位，武曲屬金，在申宮為廟旺，擎羊金在酉，若擎羊煞星在此宮加會祿存土。又或是陀羅火，反倒成為相剋，把武曲的孤剋的本性引發，這都是需要特別注意的地方。

原文：亥水屬文曲破軍之要地，乃文明清高之士，萬里派源之潔，如大川之澤，不為焦枯。居於亥位，將入天河，是為之妙

文曲破軍皆屬水，在同屬水的亥宮，都是廟旺之地。而文曲就像是清明廉潔，文譽昭彰的社會清流，就像由大型河川所匯流的沼澤，永不乾涸。若在亥宮，就如同純淨的澤水流入銀河般清澈閃亮的河川，那是更妙的地方。

原文：破軍水於子旺之鄉，如巨海之浪，澎湃洶湧，可遠觀而不可以近倚。

至於破軍屬水，在水旺的子宮，水與水合，就如同大海中的巨浪，壯觀美麗又危險，指可以遠遠看，而不可靠近那種氣勢磅礡。

原文：若四墓之剋，破軍是以居焉，充其瀰漫，必得武曲之金，使其源流不絕，方為妙矣。

又如同四墓地屬土，破軍水如果在這兒，只能在表面流動，也是水絕之地，這時後，如果有武曲這類型屬金的星曜加會，則土可生金，金亦生水，轉化其五行，使其另生一五行（註五），即化解破軍居墓地的無力，反倒因此而川流不息。

註五：此即為八字學化解五行相剋的方法，事實上本篇賦文就是以此法討論各不同五行星曜落宮後對彼此的影響改變狀況，其運用重點如下：

1. 取五行中和，不旺不弱。
2. 取陰陽中和（調候），使不過寒，燥，濕，熱。
3. 如五行相剋，取「通關」，五行對立，相戰，力量差異不大。則選取一能使兩者生化不悖，使氣局流通來調之。

木克土，以火化解（木生火，火生土）；
火克金，以土化解（火生土，土生金）；
土克水，以金化解（土生金，金生水）；
金克木，以水化解（金生水，水生木）；
水克火，以木化解（水生木，木生火）。

原文：其於諸星以身命推之，無施不可，至玄至妙者矣。

其他星曜在各不同屬性的五行宮位會合的廟旺利陷狀況，都可以按照此篇的方法來推導，這是最玄妙的地方。

17 星垣論

18.

談星要論

18. 談星要論

原文：首看身、命、祿、馬不落空亡，天空截空最緊，旬空次之。

首先要看命宮、身宮、祿存及化祿、天馬等重點宮位與星曜，千萬不可與空曜例如：地空、地劫、截空、旬空等在三方會照。因命宮及身宮逢空，其人一生奔波，浪裏行舟，雖勞而無獲；祿逢地空、地劫為倒祿，一生貧窮，天馬逢空，亦為奔波且無法發財得意於他鄉。故首看命盤中空曜的分布狀況，來做初步研判。

原文：第一先看命宮星吉凶，廟旺化吉、化忌及生剋；次看身宮星吉凶生剋；三看遷移、財帛、官祿三方星辰刑沖剋破。

再來第一個就是看命宮主星曜的吉煞星落宮狀況，倘星曜入廟旺且三方有吉曜扶持，縱不成格局，亦為佳構，至少衣食無憂。再來看四化星的分布狀況，尤其是帶來破壞的化忌星落何宮以及宮與星之間的生剋狀況。第二個看身宮吉凶星分布狀況與生剋情形，一般而言，身宮只會落在命宮、夫妻宮、遷移宮、官祿宮、財帛宮及福德宮，而身宮主後天，因此倘身宮逢擎羊，則其人多有傷疤或破相。又身宮亦表示其人一生最重視的方向，例如身居夫妻宮，表示一生最重視夫妻關係，落財帛宮，表示一生最重視錢財的多寡，餘依此類推。第三個看遷移宮、財帛宮、官祿宮三方四正星曜組合狀況還有刑沖剋破的狀況。

原文：四看福德宮權祿、劫空及廟陷。以福德對財帛宮也。身、命、遷移、財、官、福德六宮，名曰：八座俱在。成照聚吉化吉，富貴高壽。六宮俱陷，聚凶化忌，夭壽貧孤。

第四個就是看福德宮是否有化祿、化權此類吉曜，是否與地空、地劫會照以及星曜廟旺利陷狀況。因福德宮象徵一生的福報與福澤，財宮是今生能享用的資源，因此福德宮倘逢吉曜，則財帛宮定也是一樣狀況。因此論命首先要看：命宮、身宮、遷移宮、財帛宮、官祿宮及福德宮等六宮，這六宮統稱為「八座俱在」。而這些主要宮位，如果俱在廟旺宮位且逢吉曜拱照，無煞忌侵擾，則多為富貴且有壽之人。

倘此六宮星曜均為落陷，又凶曜匯聚且化忌加臨，那麼命主多辛苦勞碌，奔走無方，猶如浪裏行舟，孤單貧窮且一生難有成就。

原文：又看父母、妻、子三宮，俱有劫空煞忌，僧道之命；否則孤獨貧窮。

再來就是看六親宮位：父母宮、夫妻宮還有子女宮，倘有地空、地劫或煞忌星在三方會照，那表示其人與六親緣淺，或代溝、或爭執、或意見不同等狀況，六親無依，大都是孤單的一個人。因此需要修行聞道，來改變自己，改變環境，才能真正改變命運。

原文：若命宮無正曜者，財官二宮有吉星拱照，富貴全美或偏房庶母所生。三方有惡星沖照，或二姓可延生，離祖可保成家。

倘若命宮無正曜，為命弱之造，但財帛宮及官祿宮有吉星拱照，亦可富貴論斷。但倘命無正曜，三方又逢煞忌會照，那麼一生充滿險惡與艱辛，因本宮是我自己亦為主人，三方為外在環境為賓客，當賓強主弱，自然會被外在環境帶著走，一生受制，難有清閒之時。且命弱身宮亦弱之時，倘遇到凶危的大小限或流年，則恐有生死交關之禍。因此古人認為要所謂的過繼或是改姓離祖可以延年益壽。但山人認為，多行善事，多佈施，勤修行，才是延壽的最佳方法。

原文：如命宮有正曜，吉星廟旺化吉，三方又有吉星會合，上上之命；如無正曜，吉星三方有見，次之。命宮星辰無吉無凶或吉凶相半者，若三方亦有中等星辰為中格。

倘若命宮有正曜且為星性較佳的星曜，如：紫微、天府、天相、天同等，又落於廟旺之地，三方有吉星如：祿存、化祿、左輔、右弼等吉星拱照構成「格局」，那麼為上上品之命，一生富貴榮華。又若倘命無正曜，但三方有吉星成雙成對會照又無煞忌侵擾，至少也算上品之命，雖無大富大貴，但小富小貴亦可期待。又若命宮星曜雖吉凶星參雜，但三方有吉星會照，又無煞忌，則為中中品，衣食無餘是沒有太大問題的。

原文：又命宮星辰入廟旺，三方有惡星守照，破格；又或命星陷背加羊陀化忌，縱

得十干祿元來相守化吉，亦為中等之命。

又若本命宮吉星多又居廟旺，三方亦有吉曜會照，且構成特殊格局，但如不幸又有煞忌侵擾，稱之為破格。又假若命宮星曜落陷或日月反背加上擎羊、陀羅等煞忌星，縱然三方逢天干化祿星搭救，亦不得全美，大都是普通之命局罷了。

原文：若命無吉星，反有凶煞化忌，無祿且落陷為下格之命，若三方有吉星，亦可為中等，先小後大，不能久遠，終為成敗夭折論。

如果本命宮無吉星，反倒有凶、煞星且化忌又落陷，又無祿星在三方會照，為最下格之命，一生奔波，衣食不足，難有成就，多為販夫走卒之流。倘三方有六吉星成雙成對會照入命，也可以算是下上品之命，初年艱辛勞苦，中年平穩，但無法守成，晚年大都較為孤苦。

原文：若安命星纏陷地又凶煞化忌，且三方又會羊陀火鈴空劫，為下格，貧賤，二姓延生，奴僕之命，否則夭折六畜之命。

倘若命宮星曜性質不佳且居落陷之地，三方又有擎羊、陀羅、火星、鈴星、地空、地劫等煞忌星，又無吉星搭救，那是最糟糕的命局，是最下格，出身低微，家境貧寒，一生奔波勞碌，難有富裕之時。

19.

定命七論

19. 定命七論

原文：第一論定：論定人殘疾。

如何從紫微星盤看出此人是否曾肢體受傷開刀或身體不好。

原文：先看命宮星曜倘落陷加羊陀火鈴劫空及化忌；又看疾厄宮星廟旺陷與吉凶而後可斷。

先看命宮星曜，倘落陷又三方四正有擎羊、陀羅、火星、鈴星、地劫、地空與化忌，再看疾厄宮星曜廟旺利陷與吉凶狀況而後斷定。

原文：詩曰：命中羊陀煞守身，火鈴坐照禍非輕。平生若不長年臥，也做駝腰曲背人。

命中如有擎羊、陀羅等煞星居於身宮，本命宮或身宮又有火星、鈴星正坐或守照，那麼災禍絕對不會少，如果不是長年臥病在床，就是駝背或身體殘缺的人。

原文：第二論定：論定人破相。

如何從紫微星盤看出此人是否相貌有缺陷。

原文：詩曰：身宮之中逢煞曜，更加三合又逢刑；疾厄擎羊逢耗使，折傷肢體不和平。

身宮如果有六煞星，三合宮位又有天刑，疾厄宮有擎羊、陀羅與破軍、天使、天傷，那麼身上肢體多有受傷或殘疾的狀況。

原文：第三論定：論定人聰明。

如何從紫微星盤看出此人是否聰明伶俐，有智慧。

詩曰：昌曲天機天相星，計策偏多性更靈。更若三方昌曲會，一生巧藝有聲名。

如果命宮有武曲、天機、天相等星，且無破軍、七殺、廉貞、巨門與諸煞忌，那麼命主不但聰明智慧出眾，有謀略，反映機敏。又如果三方有文昌、文曲等文星拱照，一輩子都能有相當的成就，受人尊敬推崇。

原文：第四論定：論定人富足。

如何從紫微星盤看出此人是否一生富足，衣食無憂。

詩曰：太陰人廟有光輝，財入財鄉分外奇。破耗空劫皆不犯，堆金積玉富豪兒。

太陰主財富，倘太陰在廟旺宮位，高懸於天，亮麗光輝。倘無天機、天梁或擎羊等煞忌會照，那麼大都是富貴人。倘財星武曲正坐財帛宮、福德宮或田宅宮，又逢祿存或化祿，且三方無煞有吉，則謂之財入財鄉，是相當富貴且特別的星群組合，倘三方無破軍、擎羊、陀羅、地空、地劫與化忌會照，那麼肯定是相當富裕的人。

原文：第五論定：論定人貧賤。

如何從紫微星盤看出此人是否貧窮失意。

原文：詩曰：命中吉曜不來臨，火忌羊陀四正侵。若還財福逢空劫，一生暴怒又身貧。

本命宮無吉曜（例如：紫微、天府、天相、天同等）又不會祿星，三方逢擎羊、陀羅、火星、鈴星等煞星及化忌這些煞曜。如果財帛宮、福德宮或田宅宮又有地空、地劫會守照，一生不但脾氣不好，生性火爆，個性反覆且終身貧窮的人。

第六論定：論定人做盜賊。

如何從紫微星盤看出此人是否為盜賊或不行善事之人。

詩曰：命逢破耗與貪貞，七殺三方照及身。武曲更居遷移位，一生面背刺痕新。

命宮有破軍、貪狼或廉貞，三方或身宮有七殺正坐或會照，且逢擎羊、陀羅等煞忌干擾，而武曲又在遷移宮，那麼大多都是不行善事，貪贓枉法的人。

第七論定：論定人一生駁雜。

如何從紫微星盤看出此人一生為販夫走卒，不容易有成就。

詩曰：吉曜相扶凶曜臨，百般巧藝不通亨。若還身命逢惡曜，只做屠牛宰馬人。

倘命宮三方四正吉煞星互見，那麼縱然學習專業技藝，也不容易學到精通。倘若命宮或身宮還有七殺、破軍、廉貞等星性不佳的星曜，那麼大多是販夫走卒，一般平常老百姓而已。

19 定命七論

20.

定富貴貧賤十等論

20. 定富貴貧賤十等論

原文：福壽論：如南斗天同天梁坐命，廟旺無凶，主福壽雙全；如北斗武曲破軍貪狼加紫微坐命，亦同。

如果南斗六星中的：天同、天梁星坐命宮且居於廟旺，無煞忌侵擾，表示一生福澤還有壽元較長；又如果北斗七星中的武曲、破軍、貪狼等星曜在三方四正會照紫微及化祿或祿存，如無煞忌三方合會，亦同上論。

原文：聰明論：如文昌、文曲、天相、天府、武曲、破軍、三台、八座、左輔、右弼三合拱照，主人極聰明。

倘命宮三方四正逢文昌、文曲、天相、天府、武曲、破軍、三台、八座、左輔、右弼等吉曜，成雙成對會照入命宮（註一），表示命主相當聰明有智慧，天資聰穎。

註一：吉星必須要雙雙對對，才能保證萬年富貴，六吉星中文昌及文曲一對，天魁及天鉞一對，左輔及右弼一對。

原文：威勇論：如武曲、七殺或火、鈴會擎羊兼得祿權；三方又得紫微、天府及左右拱照。主人威勇。

如果命宮有武曲、七殺三方無煞忌侵擾又有吉曜或者是火星或鈴星坐命，三方逢擎羊加會祿星，又或紫微星、天府星坐命逢左輔、右弼拱照，表示此人威武勇猛，適宜以武職顯貴。武職例如：軍、警或是運用刀械工具的專業技術人員或工程師。

原文：文職論：如文昌、文曲、左輔、右弼、天魁、天鉞坐命旺宮；又得三方四正科祿權拱，主為文官。

如果命宮三方四正有文昌、文曲、左輔、右弼、天魁、天鉞等吉曜正坐或於三方會照，且於廟旺之宮，可從事文職內業工作，例如企劃、行政、倉管等較靜態工作。倘又得三方四正科祿權拱，多為政府或民間企業的中高階主管。

原文：武職論：如武曲、七殺坐命廟旺，又得三台八座加化權祿及魁鉞併拱，主為武職。

如果武曲、七殺、廉貞等孤剋性較強的星曜坐命宮，且居於廟旺，適宜從事武職。三方倘又有三台、八座、天魁、天鉞、祿存、化祿或化權、化科等曜，從事武職類工作，定然顯貴且受人崇敬之人。

原文：刑名論：如擎羊、陀羅、火星、鈴星、武曲、破軍逢吉曜湊合；三方四正無凶不陷主刑名。

如果擎羊、陀羅、火星、鈴星、武曲、破軍坐命宮，且無落陷，三方又逢吉曜湊合，多為刑名之人（註一）。

註一：刑名或稱為吏人即為古代地方官府衙門管刑罰及一般行政作業的差人，古代中國文盲多，倘能摸個刑名或吏人，也表示讀過幾年書。引申在現代社會，諸如政府的基層公務員，一般公司企業的基層人員。雖不富裕，也沒什麼驚人成就，但「回首又見推車漢，比上不足下有餘」，比起一般市集屠宰，販夫走卒，倒也高尚不少。

原文：富貴論：如紫微、天府、天相、太陰、太陽、文昌、文曲、左輔、右弼、天魁、天鉞守照，又三方科祿權拱沖，主大富貴。

如命宮有紫微、天府、天相、太陰、太陽、文昌、文曲、左輔、右弼、天魁、天鉞、左輔、右弼倘無祿星僅為貴顯，社會地位崇高。必須在三方四正加會化祿或祿存，才是真正富貴之命。倘三方還有化科、化權拱沖，錦上添花。

原文：貧賤論：如擎羊、陀羅、廉貞、七殺、武曲、地空、地劫及忌星三方四正守照拱沖併**落陷地，主貧賤。**

如命宮三方四正逢擎羊、陀羅、廉貞、七殺、武曲、地空、地劫及忌星等拱會合守照且居落陷宮位，三方無吉有煞，大都主一生貧困艱辛。

原文：疾夭論：如貪狼、廉貞、擎羊、陀羅、地空、地劫及火鈴與忌星三方守照主疾夭或疾厄及身宮，亦然。

如果命宮有貪狼、廉貞、擎羊、陀羅、地空、地劫及火鈴與忌星在三方正守照，又無吉曜搭救，多主身體狀況不好，有隱疾或惡疾，身體四肢有傷疤或開刀等狀況。倘或疾厄宮及身宮逢之，亦然。

21.

夾合論

21. 夾合論

原文：帝王不可孤立，輔弼不可單行。若不在宮，則對照三合或夾帝相，然後成功。

紫微星為帝座，皇帝如果沒有群臣協助，那麼就是一個獨力奮戰的孤君，是很難有什麼成就。左輔右弼這種助星，如果沒有與紫微星或天府星等主星會照，除了秉性寬厚之外，也很難有所作為。倘紫微星或左輔、右弼不在同一宮，但在三方會照入命或在左右夾宮，亦能成格，一生定有相當不錯的成就。

原文：此外更有單居財帛前後宮，逢日月夾，則為富論。限若值此，驟發無疑。

除此之外，若太陽及太陰分居於財帛宮的前後宮，稱之為「日月夾財」，倘能再得武曲、祿存或化祿在三方拱照，那麼一定是個富裕的人。倘大小二限或流年行至此宮，又逢天干化祿引動，那麼一定平地升騰，驟然爆富。

原文：二限逢身命煞、年煞、月煞、限煞，凶不可見。

大小二限或流年如果遇到了本命煞星如擎羊、陀羅等六煞及化忌，流年煞星如：流羊、流陀等，那麼這個限度，一定相當凶危。

原文：凡人有合照之星，有正照之星，有拱照之星，然正不如拱，拱不如夾，正照偏照之為禍福難，合照夾照為禍福易。

紫微斗數的人事十二宮，除本宮之外，尚有從三方宮位合照的星曜，也有對宮正照的星曜，也有在對宮與本命對拱的星曜。然而，正坐不如拱照，拱照不如夾宮。從對宮正照或從三方偏照的星曜，需要考量整體星群組合，吉凶禍福尚難逆料。但如果是夾宮，那麼判斷禍福就相當容易了，且功效也比較大。

原文：何謂正：對宮是也；何謂合？三合是也；何謂拱，四正是也；何謂夾？前後是也。

那麼什麼是正照呢？就是指對宮的星曜。什麼叫作合照？就是指三方宮位的會照。什麼叫作拱照，就是三方宮位與本宮有六吉曜成雙成對會照，也就是四正宮位中相會。什麼叫做夾宮？就是指本宮的前後宮。

原文：然夾宮雖惡，而本宮見吉星正坐，亦可以福言。夾宮雖善，而本宮見惡曜巨暗，則亦可以凶論。

然而如果是煞星夾宮，但本宮有吉星正坐，三方加會吉曜，則惡煞夾宮影響不大。又若夾宮星曜為吉曜，但本宮星曜卻有巨門暗曜或煞忌星，那麼縱有吉星夾宮，亦然無用。

21 夾合論

22.

論七殺重逢

22 論七殺重逢

原文：如命中三合原有七殺守照，而流年又遇流羊、流陀沖照，三方又與七殺重逢，此者為禍最毒。

如果本命宮三方四正逢七殺拱守照，又流年遇流羊、流陀在三方會照且再會七殺，且三方加會流羊陀等宿，又逢流年化忌引動，謂之「七殺重逢」，這是斗數理相當凶惡的星曜組合之一，倘流年犯「七殺重逢」，則該年多有生死交關的意外。

原文：入廟災晦減輕，如限地逢忌及卯酉遇擎羊為陷宮，更不利也。

如果七殺臨於廟旺宮位，那麼凶性較減，但如大限宮位為落陷又逢流羊及流陀與流年化忌等煞曜，那麼是更加凶危了。

原文：然七殺逢吉曜眾亦轉凶化吉，不可一概論凶。擎羊陀羅七殺逢紫微天相祿存，

三合拱照可解。

然而由於七殺星星性雖然孤剋，但倘逢吉曜如：紫微星、天相星、祿存星等，縱然與流羊及流陀還有化忌會照如此凶險的狀況，依然有機會化險為夷，逢凶化吉的。

詩曰：羊陀迭併命難逃，七殺重逢禍必遭。太歲二限臨此地，十生九死不堅牢。

因此倘流年逢羊陀迭併格局，那麼容易有生死交關的意外，如逢七殺重逢格局，那麼多有重大災禍發生。倘大小限與流年行經此凶惡宮位，十之八九都有意外災禍甚至生死交關的事件發生。

23.

論二限太歲吉凶

23. 論二限太歲吉凶

原文：須詳大限獨守吉凶何如？小限獨守吉凶何如？太歲獨守吉凶何如？歲限俱凶則凶。

要論斷大小二限及流年，首先要看大限命宮星曜是吉是凶，廟旺或落陷，三方四正有無吉煞星會照，還有是否有特殊格局逢化祿或化忌引動，再來看小限或流年。如果小限與流年命宮凶曜較多，則此年已凶危論斷之。（註一）

註一：大限主十年，一般沒有什麼爭議，倒是小限與流年，到底要怎麼看，以那個為重。許多老師是小限及流年一起看，倘小限流年俱吉或俱凶，那沒有什麼問題。但最常發生小限吉但流年凶的狀況或流年凶但小限吉的狀況，此時該如何是好？吉凶參半的說法未免過於籠統且不科學。因此山人通常建議只看一種，如果看小限，就一律看小限。看流年，就一律看流年，橋歸橋，路歸路，這也是山人一直堅持的原則。因此山人只看流年，不看小限，因流年天干四化星影響我們較為直接且密切，因此看流年比小限會有更佳的準確度，以山人超過20年的實務經驗，確實以流年來論斷較為準驗。不過選擇權在您身上，您要看流年也可以，看小限也可以，流年小限合參也可以，沒有什麼特殊規定。

原文：又看大限與小限相逢吉凶何如？大限逢太歲吉凶何如？小限逢太歲吉凶何如？以定禍福。

再來就是看大限與小限的吉凶狀況，因大限主十年，小限只有一年，因此倘大限吉，小限凶，也不過是一年的不如意。再來要推敲大限與流年的吉凶狀況，倘大限有特殊格局被四化星引動，例如：紅鸞星及天喜星同入大限命宮，逢化祿引動，表示此大限有姻緣或結婚的好兆頭，再來看流年，如果流年命宮亦有紅鸞、天喜入命，雖未引動，但也能視為是這個流年有正桃花出現的徵兆。緊接著再來看小限與太歲的吉凶狀況（如前註一），來斷定這個限度的吉凶禍福。

原文：又看太歲沖大限，小限太歲沖羊陀七殺否，然後可斷吉凶。

最後要看流年與大限祿忌變化狀況，例如大限武曲化祿在流年轉化忌，表示原有的優勢在這一年會成為劣勢，武曲為財星，化祿表示能運用理財投資的方法來獲得財富，但如在此流年武曲由化祿轉為化忌，那就表示會因此而遭受損害破財。反過來說，倘大限武曲化忌在這個流年轉化祿，那麼平常不善理財的你，可能在這個流年意外由投資理財中賺到一筆財富（註二）。再來看小限與流年命宮如逢七殺、擎羊、陀羅等惡煞星正坐，馮太歲流羊陀沖犯，構成「七殺迭併」或「羊陀迭併」的惡局，那就恐有重大意外災害發生，要互相參詳後，才能斷定吉凶（註三）。

註二：有關十天干化祿與化忌的狀況，歡迎參閱山人「紫微星銓」p117~p123 頁介紹，相信您會對化祿與化忌有更深入的了解與論斷。

註三：其實這篇就是山人一直強調相當重要的紫微斗數論斷基礎「三才理論」，唯有把這個道理搞通了，弄清楚了，歡迎參閱山人「紫微星詮」p141~p147 的介紹。

23 論二限太歲吉凶

24.

論人生時要審的確

24. 論人生時要審的確

原文：如人生子亥二時，最難定準。要仔細推詳。如子時有八刻，上四刻屬昨夜亥時，下四刻屬今日子時。

如果人出生在子時與亥時，因時值一日之分界點，因此是最難確定的，要仔細推理考證，如子時 共有八刻，每刻為十五分鐘，因此前四刻也就是十二點前，屬昨夜的亥時，也就是我們稱的「晚子時」，而下四刻，也就是過了午夜十二點後，屬今日的子時，目前稱為「早子時」。意即將子時 (pm11：00~am1：00) 以正午夜12 點為準，pm11：00~am12：00 算昨夜亥時，過了 am12：00 之後，才算是隔日的子時。

原文：如天氣陰雨之際，必須羅經以定真確時候，若差訛則命不準矣。

如果出生時，天氣不佳，陰雨連綿，難以測定時間(註一)，必須以設備來確定真正時間，如時間部分有偏差，那麼論命就不會準確了。

註一：中國古代沒有計時工具例如手錶、時鐘。尤其是夜間，除了聽打更聲來確認之外，最簡便的方法就是以北斗七星的指向來推算，但需在天氣晴朗，能觀測到星空才能運用，此倘陰雨便無法以星空來確認時間，此時就必須以其他方法來測定正確時間。

25.

論人命入格

25. 論人命入格

原文：如命入格，廟旺聚吉，科祿權守，上上之命。不入廟加吉、化吉科祿權次之。

如果一個人的命格為上上之命，那必須要命宮星曜居廟旺且有吉無煞，三方又有六吉星成雙成對拱照，再逢化科、化權、化祿星坐守，無煞忌又成格局，此乃最上品之命格。倘本宮主星曜不入廟但有吉星，三方又有化科、化祿、化權且無煞忌，為中上等之命格。

原文：命不入廟不加吉，平常命。入廟不加吉，平等。若居陷地又加煞化忌為下格之命，不以入格而論也。

倘命宮星曜不居廟旺，三方亦無六吉星會照或是命宮星曜入廟但三方無六吉星，這都算是普通平常的命格。倘若命宮主星落陷且吉煞星混雜，三方又逢煞忌，則為下格之命，不能以入格來論斷。

原文：又入格不化吉而化凶，只以本命吉凶多寡而斷之。

又如果命宮星曜廟旺，但三方無吉曜會照反有六煞星及化忌拱照，那麼只以本命宮及三方星曜的星性來論斷吉凶，亦不能算入格。

26.

論大限十年禍福何如

26. 論大限十年禍福何如

原文：須詳分星纏，若全吉且廟旺得地，無擎羊陀羅火鈴空劫忌者，主十年安靜，人財全美。限內有擎羊陀羅火鈴空劫忌星為伴，成敗不一。

如果要判識十年大限的狀況，首先要看大限命宮的星曜組合狀況，如果本宮星曜全為吉星又居於廟旺之地，三方無擎羊、陀羅、地空、地劫、火星、鈴星還有化忌星，表示這十年內，風平浪靜，而且遇到好的小限流年，驟發無疑。倘大限宮位有六煞星及化忌，表示這個大限，東成西就，諸事不順。

原文：又如宮星纏於陷地，值擎羊陀羅火鈴空劫忌，又加流年惡煞湊合及小限巡逢凶煞，則官災死亡立見。大限有吉眾者，無災悔；少者災多，損人破財不利。

又如果宮內星曜均落陷，三方四正又有六煞星即化忌星匯聚，倘流年又行至凶險宮位逢流羊陀、官符、白虎等宿，那麼官司是非還有災難意外是可以預期，至於什麼時候應驗，必須要一個流年一個流年慢慢推敲。倘大限命宮三方四正吉星數量較煞忌星還多，那麼這個大限災禍比較少，也較輕微。倘吉星少而煞忌星多，那麼這大限如不是遭人陷害、倒帳就是遭逢重大變故，至於確定時間，亦需按流年逐個推敲。

原文：凡行至寅申巳亥子午宮，遇紫微、天府、天同、太陽、太陰、昌、曲及祿存等吉星，主人財興旺，添丁進口之慶。

如果行限至寅宮、申宮、巳宮、亥宮、子宮、午宮，宮內有紫微、天府、天同、太陽、太陰、文昌、文曲、左輔、右弼及祿存等吉星在命宮或三方拱合會照，又逢化祿引動且三方無煞忌侵擾，那麼一定個添丁進益，財常橫發的限度。

原文：行至辰戌丑未卯酉，遇惡煞如廉貞、天使、羊、陀、火、鈴、劫、忌星，主人酒色荒迷，貧乏死生。遇左右昌曲，仕宦遷官加職，庶民生子發財，婦人喜事，僧道亦利，商賈得益。

如果行限至辰宮、戌宮、丑宮、未宮、卯宮、酉宮，宮內遇到惡星如廉貞、七殺、貪狼、破軍坐守又三方會照擎羊、陀羅、地空、地劫、火星、鈴星、天傷、天使等，又逢化忌星引動，那麼這個大限註定寅食卯糧，東坐西成，諸事不順的凶惡限度。但三方四正逢左輔、右弼、文昌、文曲等六吉曜成雙成對會照來搭救，那麼在這十年內亦會有幾個比較好的流年一樣發財進益，只是好景不常。

原文：凡大小二限及太歲，怕行天傷、天使夾地，怕行天空地劫之地，怕行擎羊陀羅之地及羊陀沖照之歲限。更怕入凶限，又逢傷使劫空羊陀併夾歲限。

舉凡大小二限或流年，最怕行限至天傷與天使星夾制的宮位，因多有災病的發生，也怕宮內有地空、地劫雙煞，得亦復失，悔恨交加。同時太歲流年更忌諱碰到擎羊、陀羅正坐的宮位又與流羊陀會照的星群組合，此為「羊陀迭併」，主此限度必有重大災難或疾病的發生。當然更怕行限遇到煞忌星正坐的宮位，而此太歲宮位又被天使、天傷、擎羊、陀羅、地空、地劫所夾之大限宮位。

原文：如天傷在子，天使在寅，歲限在丑宮，此乃併夾也。命逢羊陀尚且兇危，況

夾限乎。若逃的過，須看壽星紫微、天同、天梁及貪狼坐命可解。更如月若值惡煞，日亦值惡煞加湊，此大、小、歲、月、日五者，忝祥吉凶推斷。

例如天傷在子，則天使在寅，行限至丑宮，這就是夾宮，丑宮即為天傷、天使夾宮之地。試想，倘大小限或流年命宮，遇到擎羊、陀羅等煞星沖照就會產生立即的凶險危難，更何況十年大限都被煞忌夾制呢？如果希望能逢凶化吉，一定要看三方是否有紫微、天同、天梁、祿存、化祿甚至是天魁、天鉞等吉星，倘有三方有吉星搭救，則有化險為夷的機會。又流月及流日宮位逢煞忌星曜會照，亦同。因此行運共有大限、小限、流年、流月、流日等五種宮位，要一起詳細觀察推敲來作論斷。

原文：太歲行至天使、天傷、羊、陀、火、鈴、空、劫及忌星，逢一二位，主人離財散，疾病哭泣之兆。

倘若流年太歲行至天傷、天使夾地，又逢擎羊、陀羅、火星、鈴星、地空、地劫，只要會照到一兩顆，又逢化忌星引動，大都會有破財、家庭不和、意外疾病等事件發生的可能。

26 論大限十年禍福何如

原文：若歲限或月日犯一二位，又逢忌星合者，官吏遭謫，常人招橫事，婦人損胎，病者死亡。

如果小限、流年、流月、流日逢煞忌一兩顆，又被化忌星引動，那麼在工作上有被陷害，背黑鍋或被降級冷凍的狀況，一般人也常莫名其妙被捲入無謂的紛爭，倘為孕婦，則恐有驚胎的狀況，倘已有重病者，有死亡的可能。

原文：若惡煞不得地，如風雨暴過。又若於歲限臨之，無吉星來救，其年難過必死。

倘若流年宮位內雖有凶煞，但也有吉星在三方會照，那麼災厄就猶如暴風雨一般，過了就沒事，頭過身就過。但若無吉星在三方會照搭救，那麼這個流年恐怕受盡委屈與波折辛酸。

26 論大限十年禍福何如

27.

論小兒命

27. 論小兒命

原文：小兒博士及力士，上短下長。青龍將軍，腮小頭圓。大耗，鼻仰唇縮。死符及病符，聲高性雄。官符及奏書或逢惡曜，落地無聲。

小孩子的命宮倘有博士或力士，大都上半身較長，下半身較短；如逢青龍或將軍，腮幫子比較小頭型比較圓。倘逢大耗，則較容易有鼻孔朝天，嘴唇有異樣。倘欲死符或病符，哭聲尖銳而且相當大聲。倘為官符、奏書或逢煞忌星，那麼多有夭折或難產的狀況。

原文：白虎太歲遇七殺，幼弱遭傷。須分生剋制化之理，更看時祿是否落於衰敗之地，爾後方知壽夭窮通。

倘若命宮逢白虎加七殺，小時候身體虛弱，而且容易受重大傷害，蓋因白虎凶煞氣太重之故。因此看小孩的命宮，也是必須要考慮星曜之間生剋制化的道理，更要看祿存或化祿星是否與地空、地劫等煞曜會照，就能知道這孩子未來的發展是好是壞。

原文：小兒初生，命中星辰廟旺，大小二限無煞忌，斷其災少易養，父母無剋。若命坐惡煞及纏陷地，大小二限逢煞忌，斷其多災難養，刑剋父母。

小孩在出生的時候，倘命宮星曜居於廟旺且三方無煞有吉，就可以推論這個孩子成長過程會比較順利，身體比較健康，扶養起來會比較輕鬆。倘命宮星曜多為惡曜加三方煞忌齊臨，那麼這個孩子扶養起來會相當辛苦，跑醫院如跑廚房，三天兩頭為孩子奔走勞碌。

28.

論天機巳亥

28. 論天機巳亥

原文：天機巳亥宮，為人生狡猾。商賈皆好願，機謀必離宗。

天機倘居於巳宮或亥宮（註一），那麼這個人天性狡猾。最適合從商作買賣，因為陰謀鬼計夠多，只要有錢賺，甚至連祖宗八代都敢賣。

註一：天機在巳亥，星群組合為天機，太陰，天同，巨門，看起來不像是無惡不做的組合，但也許是因巨門為暗曜，天機雖聰明，受巨門影響，轉向陰暗面，以山人研究經驗巨門天機真的多有高智慧犯罪者出現，是故此說確有幾分道理，故收錄之。

原文：為人有狡猾，自好坐經營，好飲多機見，離宗必遠親。

而這種人心機深沉，鬼謀多端，每存肥己之心，無濟人之意，經商者相當不老實，會有偷斤減兩，偷工減料的狀況。愛喝酒而且喜歡高談闊論，不切實際。這種人早晚會被親朋好友唾棄或疏離。

28 論天機巳亥

29.

論安命四墓

29. 論安命四墓

原文：人命安在四墓之中，寅申巳亥夫妻全好，加吉者富貴，加凶者不美。

人的命宮如果居於四墓宮位：辰、戌、丑、未之中，那麼夫妻宮一定在寅、申、巳、亥四生地（註一），如果有吉星加會在夫妻宮，那麼多主富貴，倘夫妻宮無吉有煞，那麼就不能這樣論斷。

註一：斗數十二宮佈設，命宮，兄弟，夫妻，是故倘命立四墓地，則夫妻宮必在四生地。例如命立戌宮則兄弟在酉，夫妻在申，餘依此類推。

原文：人生安命逢四墓，夫妻多稱意，更加權臨，主招男子為官，女封爵。

人若安命在四墓地，如夫妻宮不會煞忌，又有吉曜，則夫妻相處大都相當如意，如再有化權星會照，不論男女皆吉祥。

29 論安命四墓

30.

論羊陀迭併

30. 論羊陀迭併

原文：如庚生人命在卯宮，遷移在酉宮。如遇羊陀流年，亦庚祿居申，流羊在酉，流陀在未。是命在卯宮原有酉宮擎羊，未宮陀羅沖合。而流年又遇流羊流陀沖，謂之羊陀迭併。

羊陀指的是擎羊與陀羅兩顆斗數內的大煞星，此格局簡單來說就是本命宮逢羊陀會照，流年時又逢流羊與流陀沖犯，又逢流年化忌引動，謂之羊陀迭併。例如庚年生人，命立於卯，庚年祿在申宮，因羊陀永遠在祿存前後宮夾制，因此本命盤的擎羊在酉宮，陀羅在未，剛好是命宮的三方及對宮，亦即本命盤逢羊陀沖照。倘逢庚年，流羊亦在酉，流陀在未。這是紫微斗數中，真正有生命凶險之虞的星曜組合。（註一）

註一：雖然信仰科學的山人不願如此說，但經實例驗證，確實「羊陀迭併」還有「七殺重逢」，真的容易有生死交關的災難，故此書特別收錄解譯這兩個凶惡格局。因此平常就要多積陰德，行善修福，則福雖未至，禍先遠離。

30 論羊陀迭併

31.

論男女命異同

31. 論男女命異同

原文：男女命不同，星辰各別。男命先看身命；次看財帛、官祿、遷移，俱要廟旺為吉，敗陷又聚凶為凶。

男女人的命宮看法不同，因傳統觀念是男主外，女主內，所以著重的宮位與星曜，大不相同。倘為男命，當然先看命宮及身宮，再來看財帛宮、官祿宮、遷移宮，各宮都要有星曜坐守且均居於廟旺，三方無煞有吉，那就一帆風順；倘各宮星曜均為落陷，三方又煞忌齊臨，無吉曜搭救，則一生困頓，勞碌奔波，一無所獲。

原文：三看福德，權祿劫空與廟陷吉忌星分佈；四看田宅、妻妾、疾厄宮之吉凶。

第三就是看福德宮的星曜組成狀況還有四化星：化權、化科、化祿、化忌的分布狀況，第四看田宅宮、夫妻宮還有疾厄宮的星曜分布狀況。

原文：又看父母、夫妻、子女三宮。若俱有劫空煞忌，則僧道之命，否則貧窮孤獨。須要仔細忝詳，方可斷人禍福榮辱。

而看父母、夫妻及子女這三宮，倘有地劫、地空還有擎羊、陀羅等煞忌匯聚，那麼與六親之間關係不佳，相處多有衝突爭執與不安，倘不是修行人，那麼在六親無依的狀況，就是貧窮孤獨的命運。以上各宮都要仔細觀察推論，才能夠據以斷定人一生的吉凶禍福，富貴貧賤。

原文：女命先看身命吉凶何如。如貪狼七殺擎羊則不美；次看福德宮吉凶，若七殺單居，必為娼婢。

論斷女人，當然也是由命宮及身宮星曜組成狀況看起，倘本命宮坐桃花星貪狼或孤剋性極強的七殺、破軍、武曲甚或是煞星如擎羊、陀羅等，那麼由於個性脾氣暴躁，因此不容易有好的姻緣，只能靠自己努力打拼。再來看福德宮的星曜狀況，倘若有七殺星這種孤剋星曜，那麼如果不改變自己，真的只能自食其力了。

原文：三者夫君；四看子息、財帛、田宅，遇吉為吉，若遇桃花及刑煞，要敗絕。若諸吉廟旺不佳，雖是艱辛貧困，亦不為下賤夭折論。

第三就是看夫妻宮狀況，第四看子女宮、財帛宮及田宅宮，此四宮倘有吉曜正坐，三方又會六吉星，那麼夫賢子貴，是必然的命運。但若遇桃花諸曜，例如：咸池、沐浴、天姚等，那麼婚姻不容易有好的結果，再遇煞曜，可能就有被騙失身的狀況。縱然吉星落宮，但均為落陷，無煞忌，雖然辛苦勞碌，但仍算平常之命。

原文：女因夫貴，故女命貴格反為無用。以子息、夫君、福德為正強，田宅、財帛為次強，官祿、遷移或逢七殺為陷。

一般而言，女人多因嫁給好老公或因嫁入豪門而成為貴婦，因此女命倘有魁鉞拱命這種貴局，反而沒有用處（註一）。要以子女宮、夫妻宮、福德宮為主要觀察宮位，而田宅宮、財帛宮為次要。至於官祿宮、財帛宮或遷移宮，如遇到七殺、武曲這類型煞曜，因古代女人沒有參加科舉考試的權利，因此落陷也無大礙。（註二）

註一：古代中國男尊女卑，所以女人要取得身分地位，就是嫁入豪門，當個貴婦，因此雖為貴命而無用。但現今社會講究男女平等，女人不一定要完全依靠男人，當然能有依靠最好，倘無依靠，有良好格局，依然可以依靠自己的力量，開創出一片天空。

註二：此篇文章結尾有點草率，按照句意推測應該是如此。但現今社會，男女平等，因此看男命與看女命同，沒有差異。只是女性還是比較偏重在感情或配偶部分，會比較妥適，畢竟不是每個女人都是女強人的，不是嗎？

32.

論男亥女寅

32 論男亥女寅

原文：凡是男子坐亥宮，女子坐寅宮，紫微守命，甲生者富貴（註一）。男子居要地，女人在山頭富貴皆雙顯。香閨足優游。

只要是男人命在亥宮，女人命在寅宮，逢紫微守命，倘命在寅宮逢甲年生人（註一）與命在亥宮逢壬年出生（註二）的人都是富貴雙全。男人在工作或在官場上，能有不錯的職位與名聲，女人富裕貴氣，多是女強人或是在財務經濟上能獨立自主的女性。

註一：原文為壬甲生者富貴，此應為誤植，其一，甲為先，壬為後，一般用辭會以「甲壬」稱之，而非「壬甲」。其二，甲年廉貞化祿，紫微在寅宮及亥宮的星群組合皆有廉貞，故能成格。但壬年武曲化忌，而星群組合亦有武曲星，是故壬年無法成格，故修改之。

註二：紫微在寅宮與天府正坐，對宮七殺來朝，三方為紫府廉武相的星群組合，甲年廉貞祿，剛好是七殺朝斗格局，主富貴。

註三：紫微在亥宮與七殺同宮，三方星群組合為紫府廉武殺破狼，甲年廉貞化祿，則府相會祿又有紫微，主富貴。

33.

論命先貧後富

33. 論命先貧後富

原文：人生於富貴之家，一生快樂享福，財官顯達，妻榮子貴，奴僕成行，聲名昭著。

如果一個人出生在富貴的家庭，從小到大養尊處優，日子過的快樂幸福，不論是財富或在官職場上都有相當的成就，家人也因此享受榮華富貴，在社會上享有盛名及崇高的社會地位。

原文：其間有半途遭傷，人離財散，官非火盜，身喪家亡。此等之命，非因命故，實乃限步差逢也。

但後來發生家道中落，人離財散，官司是非或是遭火災或道切甚至因故死亡而家傾頹圮。類似這種狀況，並不是因為命不好所致，而是因為大小限及流年，在行限上無法配合造成的結果。

原文：如大小二限及太歲相沖照，又加凶煞守臨，故此破敗，不貧即 損壽也。所謂先成後敗，先大後小是也。

例如大小二限或流年逢地空、地劫及煞曜坐守之宮位，三方又有煞忌會照，故於此限度發生家道中落的狀況，倘行限遇到這種凶惡的星曜組合，如不是傾家蕩產，就是壽元減短。例如石崇富豪，行至地空的大限流年，最後傾家蕩產而敗亡一樣道理。這就是所謂的「先成後敗」，「先大後小」的道理。縱然是富貴之命，也是必須要與「運」也就是紫微斗數中的行現相互搭配得宜，才能保證榮華富貴到老。

原文：又有人命出身微賤，汲營生活，百工巧藝，九流醫術又或為農圃等輩。初歷艱辛度日，至中末年平地升騰，發財驚駭鄉邦。

也有些人出身環境卑微，為了生活努力工作，就如同一般的農、工、類的技藝人員抑或是街頭藝人之類的平凡老百姓（註一）。年少時歷盡艱辛，受盡波折，但到了中老年卻突然飛黃騰達，發財得意，名聞鄉里。

註一：中國古代除了歧視女性之外，也歧視專業技術人員，蓋因傳統觀念：萬般皆下品，唯有讀書高。因此中國長期重文輕武，對於技藝的歧視忽略。但現代，賺大錢的通常都是擁有專業的技術人員，例如日前最夯的電子新貴-電子工程師還有醫師、建築師等。所以古代的職業分類與貧賤的區分，已無法適用現代社會。

原文：皆因生在中庸之局，後因限步相扶，星辰逢吉曜兼廟旺，故　以此突然發達進祿。所謂先貧後富，先小後大是也。

會有這種狀況，大都是因為命宮星曜組成雖然沒有什麼特別之處，但也沒有煞忌，為中庸的組成，沒有好的出身與環境，因此年少時歷盡艱辛。但後來因為大小限及流年，剛好走到吉星匯聚且三方諸吉曜與化祿星會照或大限流年逢雙祿馬交馳等，因此突然平地升騰，發財得意。這就是所謂「先貧後富」，「先小後大」的道理。(註二)

註二：正所謂「孤貧多有壽，富貴即夭亡」，榮華富貴人人愛，但倘本命宮倘無足夠格局來支撐，就如同樹的根基不穩固，縱然長的再高再茂密，最後都會傾倒頹敗。就如同一個命格平常的人，福澤根基不足，倘僥倖行至星曜組合良好的大限，一朝飛黃騰達，但當限度一過，通常不是回復原狀就是家破人亡的結局。相信這樣的實例，在你我身邊都曾發生過。因此倘命宮星曜組合不佳，如有驟然發跡，建議要多佈施，多行善事，積德延壽。

34.

論貪貞巳亥

34. 論貪貞巳亥

原文：貪貞於巳亥加煞化忌，主夭，難過三十歲，因有忌煞為凶。遇吉星多者，三十歲後發福，過後亦不得善終也。

貪狼與廉貞在巳亥宮必然同宮，唯巳亥宮均為廉貪落陷宮位，是故倘會凶煞星，則身體狀況比較差，又其三十歲之後，許多疾病會找上你，因為有煞忌會合，所以如此。但若三方吉星較多，則三十歲後運勢會逐漸好轉，但到老也是疾病纏身。

原文：歌曰：貪貞巳亥宮，遇吉福全遭，去過三十歲，提防不善終。

貪貞在巳亥這種落陷宮位，倘遇吉星則主吉，遇凶煞星則主凶，三十歲過後，身體會逐漸變差。

34 論貪貞巳亥

35.

論陰騭延壽

35. 論陰騭延壽

原文：陰騭延壽生百福，雖然倒限不遭傷。假如有人大小二限及太歲到凶陷地，有延壽不死者，定是其人曾行陰騭。平日利物濟人，反身修德，以作善降福，雖凶不害。

人若能勤於佈施，不管是財佈施或法佈施，都是行善積德的一種，倘多行善事的人，不但能增加壽命而且能增加福氣，正所謂：人為善，福雖未至而禍已遠離，因此多行善積德的人，縱然遇到不好的大小限或流年，也能逢凶化吉。假如有人大小二限還有流年遇到凶煞宮位，碰到凶惡格局例如：「七殺重逢」或「羊陀迭併」等凶危狀況，能平安全身而退的人，那麼一定是這個人是個大善人，平日修橋造路，濟助貧困弱小，廣積陰騭，所以縱有凶危，也能夠重業輕受，化險為夷。

原文：如宋郊編萩橋渡蟻是也。又如諸葛亮，火燒藤甲軍，傷人太毒，減壽一紀，

當以此忝詳。

就如同宋郊先生一樣，是個大善人，除了關懷人群之外，對於弱小動物如螞蟻一樣慈愛，為了讓螞蟻能順利渡水，甚至用蘆葦編了一座小橋，讓它們能夠平安渡水，就是平日廣積陰德，博愛濟物，因此宋郊不但考試連中狀元，當上朝廷大官，活到七十幾歲。又譬如諸葛亮在平定蜀地時，曾以火計燒死孟獲所邀請的烏戈國三萬藤甲兵(註一)，而這種傷害實在太過狠毒，因此被減壽一紀，以為懲罰(註二)。

註一：有關諸葛亮火燒藤甲兵的戰役，由於藤甲上塗滿了油又為木製易著火，而受火攻的三萬大軍，由於當地沒有水源，加上藤甲遇火融化與皮膚相連，根本脫不下來，因此死狀極為悽慘，都是活活被燒死，且所有三萬兵士，全數陣亡。事實上折壽一說，並非杜撰而是諸葛亮自己曾說：吾雖有功於社稷，必損壽矣。也許因為心理真的太過意不去了吧。

註二：一紀為十二年。

36.

古今富貴貧賤夭壽命圖（命譜）

36. 古今富貴貧賤夭壽命圖

孔仲尼命

武曲權 破軍 天傷 臨官 奴僕 大耗	太陽祿 帝旺 遷移 伏兵	天府 天鉞 陀羅 天刑 天使 衰 疾厄 官符	天機 太陰科 祿存 天哭 病 財帛 博士
天同忌 文曲 天虛 冠帶 官祿 病符	陽男 庚戌年十一月初一日子時生 壬戌年七十三歲四月初二故	火六局	紫微 貪狼 擎羊 死 子女 力士
鈴星 沐浴 田宅 喜神			巨門 文昌 墓 夫妻 青龍
左輔 天馬 龍池 長生 福德 飛廉	廉貞 七殺 天魁 火星 養 父母 奏書	天梁 右弼 八座 鳳閣 胎 命宮／身宮 將軍	天相 天空 地劫 地空 絕 兄弟 小耗

文章冠世，年六十一，陳絕糧盡；蓋大限在巳，劫空逢天傷。七十三歲小限在天羅，哭虛會照，太歲入地網，生人有忌故。

子路之命

天梁 天鉞 火星 天刑 天哭 病 子女 喜神	七殺 文曲 八座 衰 夫妻 飛廉	天虛 帝旺 兄弟 奏書	廉貞 文昌 天馬 三台 臨官 命宮 將軍
紫微 天相 死 財帛 病符	陰男 癸丑年九月初九日寅時生 甲申年三十二歲三月初三故	木三局	地空 冠帶 父母 小耗
天機 巨門權 天魁 天使 墓 疾厄 大耗			破軍祿 沐浴 福德 青龍
貪狼忌 右弼 天空 絕 遷移 伏兵	太陽科 太陰 擎羊 地劫 天傷 胎 奴僕 官符	天府 武曲 左輔 鈴星 祿存 養 官祿／身宮 博士	天同 陀羅 長生 田宅 力士

此為府相朝垣格，且紫微諸吉星拱合，所以為賢士。但命宮廉貞將軍主勇猛，更對垣遇貪狼忌星拱命，故主凶亡。果死於孔俚之難。

顏亞聖命

截空 病 田宅 將軍	天機 天魁 火星 衰 官祿 小耗	紫微 破軍 文昌（忌） 文曲（科） 左輔 右弼 天傷 帝旺 奴僕 青龍	陀羅 地空 臨官 遷移／身宮 力士
太陽（權） 死 福德 奏書	辛酉年四月二十日卯時生 陰男 壬辰年三十二歲六月初四故	木三局	天府 祿存 天使 天哭 冠帶 疾厄 博士
武曲 七殺 天虛 墓 父母 飛廉			太陰 擎羊 天空 沐浴 財帛 官符
天同 天梁 天鉞 地劫 三台 絕 命宮 喜神	天相 鈴星 龍池 鳳閣 胎 兄弟 病符	巨門（祿） 天刑 八座 養 夫妻 大耗	廉貞 貪狼 天馬 長生 子女 伏兵

命坐魁鉞，惟逢科忌昌曲陷於天傷，故不能發達。大限七殺重逢，壬辰年太歲流羊流陀併迭故死。

孟軻之命

天府 長生 父母 大耗	太陰（科） 天同（忌） 左輔 三台 沐浴 福德 伏兵	武曲（權） 貪狼 天鉞 陀羅 截空 冠帶 田宅 官伏	太陽（祿） 巨門 祿存 右弼 八座 臨官 官祿 博士
文曲 養 命宮／身宮 病符	庚申年三月初一日子時生 陽男 甲寅年五十五歲七月初五故	金四局	天相 天空 擎羊 天傷 帝旺 奴僕 力士
廉貞 破軍 胎 兄弟 喜神			天機 天梁 文昌 鈴星 天哭 衰 遷移 青龍
火星 天馬 天虛 鳳閣 絕 夫妻 飛廉	天魁 天喜 墓 子女 奏書	龍池 死 財帛 將軍	紫微 七殺 地劫 地空 天使 病 疾厄 小耗

雙祿拱照，昌曲重逢，戌有機梁。文章冠世。文曲單坐身命，主人口能舌辯。五十五歲大限入酉，逢擎羊天傷天空，小限天羅，太歲又在絕地故凶。

端木賜命

廉貞 貪狼 文曲 忌 福德／身宮 臨官 伏兵 喪門	巨門 左輔 田宅 冠帶 大耗	天相 龍池 鳳閣 官祿 沐浴 病符	天同 天梁 權 右弼 天鉞 天傷 奴僕 長生 喜神
太陰 忌 擎羊 天空 父母 帝旺 官符	乙卯年三月十二日丑時生 陰男	乙未年四十一歲十一月初八故 土五局	武曲 七殺 文昌 天虛 遷移 養 飛廉
天府 祿存 命宮 衰 博士			太陽 火星 地空 天使 疾厄 胎 奏書
陀羅 天馬 兄弟 病 力士	紫微 破軍 科 夫妻 死 青龍	天機 祿 天魁 地劫 子女 墓 小耗	鈴星 天刑 財帛 絕 將軍

祿存坐命得府相朝，為富貴之論。卯生人防於巳亥。四十一歲大限入子，逢劫空天傷擎羊，小限入巳，天虛天刑又逢喪門，是為凶也，故死。

子羔之命

武曲 忌 破軍 天鉞 福德 長生 飛廉	太陽 天虛 天哭 田宅 沐浴 喜神	天府 科 官祿 冠帶 病符	天機 太陰 鈴星 天傷 天刑 奴僕 臨官 大耗
天同 父母 養 奏書	壬子年十二月二十二日戌時生 陽男	丙申年四十五歲三月初七故 金四局	紫微 權 貪狼 地劫 遷移 帝旺 伏兵
左輔 天魁 命宮 胎 將軍			巨門 陀羅 天使 疾厄 衰 官符
文曲 兄弟 絕 小耗	廉貞 七殺 天空 地空 夫妻 墓 青龍	天梁 祿 文昌 擎羊 火星 子女 死 力士	天相 右弼 祿存 天馬 財帛／身宮 病 博士

此為府相朝垣格，食祿千鍾，富貴雙全，一生順美。四十五歲大限在未宮。為哭虛天傷夾地，小限在午逢哭虛天使羊陀，故命亡。

冉求之命

左輔 天馬 福德 臨官 喪門 伏兵	天機 祿 田宅 冠帶 大耗	紫微 科 破軍 龍池 鳳閣 官祿 沐浴 官符	天鉞 天傷 奴僕 長生 喜神
太陽 文曲 擎羊 天空 父母 帝旺 官符	乙卯年二月初六日子時生 陰男 己未年六十五歲四月初九故		天府 右弼 火星 天虛 遷移 養 飛廉
武曲 七殺 祿存 天哭 命宮／身宮 衰 博士	土五局		太陰 忌 文昌 鈴星 天刑 天使 疾厄 胎 奏書
天同 天梁 權 陀羅 兄弟 病 力士	天相 夫妻 死 青龍	巨門 天魁 子女 墓 小耗	廉貞 貪狼 地劫 地空 財帛 絕 白虎 將軍

祿存守垣，紫微加會，終身福厚。六十五歲大限入酉，天虛火星，小限到巳，卯生人忌之。喪門天虛沖照，劫空合拱。太歲白虎哭虛會照，故此難逃也。

子產之命

太陽 科 天鉞 天刑 天哭 天傷 奴僕 長生 喜神	破軍 祿 遷移 養 飛廉	天機 天虛 天使 疾厄 胎 奏書	紫微 天府 鈴星 天馬 財帛／身宮 絕 將軍
武曲 官祿 沐浴 病符	丙辰年六十四歲三月初五故 陰男	癸丑年九月二十八日戌時生	太陰 地劫 子女 墓 小耗
天同 天魁 田宅 冠帶 大耗	金四局		貪狼 忌 夫妻 死 青龍
七殺 文曲 右弼 天空 福德 臨官 伏兵	天梁 擎羊 火星 地空 父母 帝旺 官符	廉貞 天相 文昌 左輔 祿存 命宮 衰 博士	巨門 權 陀羅 兄弟 病 力士

紫府朝垣，左輔文昌加會，一生富貴，聲名顯揚。六十四歲大限入午，為哭虛夾地，小限入地網逢忌，故凶而死。

蘇丞相命

天同 左輔 天馬 臨官 官祿／身宮 將軍	武曲 天府 文曲科 天魁 天傷 冠帶 奴僕 小耗	太陽權 太陰 沐浴 遷移 青龍	貪狼忌 文昌 陀羅 天空 長生 疾厄 力士
破軍 帝旺 田宅 奏書			天機祿 巨門 右弼 地空 祿存 養 財帛 博士
鳳閣 衰 福德 飛廉			紫微 天相 擎羊 天刑 墓 子女 官符
廉貞 天鉞 病 父母 喜神	地劫 天虛 死 命宮 病符	七殺 鈴星 墓 兄弟 大耗	天梁 火星 天哭 龍池 絕 夫妻 伏兵

陰男

辛未年二月二十一日寅時生

甲辰年三十四歲四月初五故

土五局

雖曰：日月祿存丑未宮，定是方伯公，左右加會，名譽聲揚。只嫌劫空沖守，福不全美。故主三十四歲而亡。大限將入地網，小限又在地網，太歲在天羅，故凶死。

晏平仲命

地劫 地空 天刑 長生 父母 大耗	天機 沐浴 福德 伏兵	紫微 破軍 天鉞 陀羅 冠帶 田宅 官符	火星 祿存 天馬 臨官 官祿 博士
太陽祿 文昌 鈴星 養 命宮／身宮 白虎 病符			天府 擎羊 天空 天傷 帝旺 奴僕 力士
武曲權 七殺 胎 兄弟 喜神			太陰科 文曲 天哭 衰 遷移 青龍
天同忌 天梁 天哭 右弼 鳳閣 天虛 絕 夫妻 飛廉	天相 天魁 墓 子女 奏書	巨門 左輔 死 財帛 將軍	廉貞 貪狼 天使 病 疾厄 小耗

陽男

庚申年九月二十四日午時生

壬寅年四十三歲十一月初五故

金四局

此為丹墀貴格，秋月生者是真格。且太陽守命垣，日月爭耀，科祿會合，文武雙全。四十三歲太歲行寅，申生人有忌。小限入天羅，白虎病符天哭合照，故命亡。

孫臏之命

太陰 天空 天刑 長生 子女 小耗	貪狼 文曲 鳳閣 沐浴 夫妻 喪門 將軍	天同 巨門 天鉞 冠帶 兄弟 奏書	武曲（科） 天相 文昌 天馬 龍池 臨官 命宮 飛廉
廉貞（祿） 天府 火星 養 財帛 青龍	甲辰年九月初五日寅時生 陽男 戊午年七十五歲五月十二故	金四局	太陽（忌） 天梁 地空 帝旺 父母 喜神
擎羊 天使 胎 疾厄 力士			七殺 天虛 衰 福德 病符
破軍（權） 右弼 祿存 天哭 絕 遷移 博士	天魁 陀羅 地劫 天傷 墓 奴僕 官符	紫微 鈴星 左輔 死 官祿／身宮 伏兵	天機 病 田宅 大耗

此為紫府朝垣格，左右拱照，科權祿三方會合，文昌武曲守命，兼資文武，終身富貴之論。七十五歲大限入卯，擎羊天使地空會，太歲鈴星哭虛喪門會照，故凶。

龐涓之命

武曲（科） 破軍（權） 天刑 天空 絕 官祿 小耗	太陽（忌） 天傷 鳳閣 胎 奴僕 將軍	天府 天鉞 鈴星 養 遷移／身宮 奏書	天機 太陰 地劫 天馬 天使 長生 疾厄 飛廉
天同 墓 田宅 青龍	庚辰年三十七歲九月十三故 水二局	甲辰年九月十六日酉時生 陽男	紫微 貪狼 沐浴 財帛 喜神
擎羊 死 福德 力士			巨門 天虛 冠帶 子女 病符
右弼 地空 祿存 天哭 病 父母 博士	廉貞（祿） 七殺 文昌 文曲 天魁 陀羅 衰 命宮 官符	天梁 左輔 帝旺 兄弟 伏兵	天相 火星 臨官 夫妻 大耗

紫府科權祿，昌曲魁鉞坐守身命，左右夾垣為富貴之論。廉貞七殺又為積富之人。三十七歲大限入天羅，地劫天虛天使會照，小限入地網，天傷哭虛逢，太歲又入天羅，故凶。

36 古今富貴貧賤夭壽命圖（命譜）

明輔之命

天同 陀羅 天傷 臨官 奴僕 力士	武曲 祿 天府 文昌 左輔 祿存 冠帶 遷移 博士	太陽 太陰 擎羊 火星 地空 天使 沐浴 疾厄 官符	貪狼 權 文曲 忌 右弼 天鉞 長生 財帛／身宮 伏兵
破軍 帝旺 官祿 青龍	己酉年三月十八日辰時生 陰男 己未年七十一歲九月十三故 水二局		天機 巨門 天哭 養 子女 大耗
地劫 天虛 衰 田宅 小耗			紫微 天相 天空 胎 夫妻 病符
廉貞 鈴星 天馬 病 福德 將軍	龍池 鳳閣 死 父母 奏書	七殺 天魁 墓 命宮 飛廉	天梁 科 天刑 絕 兄弟 喜神

祿權巡逢，左右昌曲加會。七殺守命，壯年崢嶸，為戰國明輔。小限二十五歲犯擎羊地空，直至三十六歲後遂志。七十一大限在午，為傷使夾地，小限在巳陀羅天傷天空會，故死。

蕭何之命

太陰 陀羅 天傷 臨官 奴僕 力士	貪狼 權 文昌 左輔 祿存 冠帶 遷移 博士	天同 巨門 擎羊 火星 地空 天使 沐浴 疾厄 官符	武曲 祿 天相 文曲 忌 右弼 天鉞 長生 財帛／身宮 伏兵
廉貞 天府 帝旺 官祿 青龍	己酉年三月二十二日辰時生 陰男 戊申年六十歲十月初七故 水二局		太陽 天梁 科 天哭 帝旺 子女 大耗
地劫 天虛 衰 田宅 小耗			七殺 天空 胎 夫妻 病符
破軍 鈴星 天馬 病 福德 將軍	龍池 鳳閣 死 父母 奏書	紫微 天魁 墓 命宮 飛廉	天機 天刑 絕 兄弟 喜神

府相朝垣格，紫府左右權祿嘉會，又兼昌曲六合，乃坐貴向貴，富貴雙全，入相之命。大限到擎羊，酉人忌之，小限在午，為傷使夾地，逢天空鈴星，故六十歲而終。

陳平之命

天梁 火星 天傷 奴僕 臨官 大耗	七殺 文昌 左輔 遷移 帝旺 伏兵	天鉞 陀羅 鈴星 地空 天使 疾厄 衰 官符	廉貞 文曲 右弼 祿存 天哭 財帛/身宮 病 博士
紫微 天相 天虛 官祿 冠帶 病符	庚戌年三月十八日辰時生	陽男 辛酉年七十二歲五月初三故	擎羊 子女 死 力士
天機 巨門 地劫 田宅 沐浴 喜神		火六局	破軍 夫妻 墓 青龍
貪狼 天馬 龍池 福德 長生 飛廉	太陽（祿） 太陰（科） 天魁 父母 養 奏書	武曲（權） 天府 鳳閣 命宮 胎 將軍	天同（忌） 天空 天刑 兄弟 絕 小耗

化權逢天府武曲守命垣，左右昌曲加會，勃然入相之命。大限七十二入午，小限入卯，天空、地空、地劫、擎羊、陀羅會照，逢本命忌沖，又陀羅為戌人所忌，故壽終。

耿弇之命

巨門（權） 天鉞 龍池 天哭 天傷 奴僕 長生 喜神	廉貞 天相 文昌 左輔 遷移 養 飛廉	天梁 火星 地空 天虛 天使 疾厄 胎 奏書	七殺 文曲 右弼 財帛/身宮 絕 將軍
貪狼（忌） 官祿 沐浴 病符	癸丑年三月初四日辰時生	陰男 戊午年六十六歲五月初五故	天同 鳳閣 子女 墓 小耗
太陰 天魁 地劫 田宅 冠帶 大耗		金四局	武曲 夫妻 死 青龍
紫微 天府 鈴星 天空 天馬 福德 臨官 伏兵	天機 擎羊 父母 帝旺 官符	破軍（祿） 祿存 命宮 衰 博士	太陽（科） 陀羅 天刑 兄弟 病 力士

破軍若在子午宮，官資清顯至三公。又兼左右昌曲加會，文武雙全，富貴之命。

蒯文通命

天同、火星、鳳閣 福德 病　將軍	武曲、天府、文曲（科）、天魁、天空 田宅 衰　小耗	太陽（權）、太陰、左輔、右弼 官祿／身宮 帝旺　青龍	貪狼（忌）、文昌、陀羅、天傷 奴僕 臨官　力士
破軍 父母 死　奏書	辛巳年四月二十七日寅時生 陰男 乙巳年二十五歲二月初五故		天機（祿）、巨門、龍池、地空、祿存 遷移 冠帶　博士
命宮 墓　飛廉	木三局		紫微、天相、擎羊、天使 疾厄 沐浴　官符
廉貞、天鉞 兄弟 絕　喜神	地劫、天哭 夫妻 胎　病符	七殺、鈴星、天刑 子女 養　大耗	天梁、天馬、天虛 財帛 長生　伏兵

雙祿朝垣又兼巨機對宮相會，最善談兵。日月左右未宮加會，最為奇也。二十五歲大限在丑，天哭空劫逢，流年命宮逢空劫哭虛會，故凶亡。

項羽之命

陀羅 兄弟 臨官　力士	天機（科）、祿存 命宮 冠帶　博士	紫微、破軍、文昌、文曲、擎羊 父母 沐浴　官符	地空 福德 長生　伏兵
太陽、天空、天刑 夫妻 帝旺　青龍	丁卯年八月十二日卯時生 陰男 戊戌年三十二歲十二月初六故		天府、天鉞、天虛 田宅 養　大耗
武曲、七殺、右弼、天哭 子女 衰　小耗	水二局		太陰（祿） 官祿 胎　病符
天同（權）、天梁、地劫 財帛 病　將軍	天相、鈴星、天使 疾厄 死　奏書	巨門（忌）、火星 遷移／身宮 墓　飛廉	廉貞、貪狼、左輔、天魁、天馬 奴僕 絕　喜神

祿科權三奇加會，當至極富貴。祿存守命垣，被對宮忌星沖破，為吉處藏凶。三十二歲，大限到卯，衰耗之地，哭虛相合。小限到申，地空值守，流年天空會照，故縊死於烏江。

張子房命

巨門 火星 田宅 臨官 小耗	廉貞祿 天相 文昌 右弼 官祿 帝旺 將軍	天梁 天鉞 鈴星 天空 地空 天傷 奴僕 衰 奏書	七殺 文曲 左輔 天馬 截空 遷移 病 飛廉
貪狼 鳳閣 福德 冠帶 青龍	甲午年五月初六日辰時生 陽男 己酉年七十六歲三月初七故 火六局		天同 天使 疾厄 死 喜神
太陰 擎羊 地劫 父母 沐浴 力士			武曲科 龍池 財帛/身宮 墓 病符
紫微 天府 祿存 命宮 長生 博士	天機 天魁 陀羅 天刑 兄弟 養 官符	破軍權 天哭 天虛 夫妻 胎 伏兵	太陽忌 子女 絕 大耗

此是雙祿朝垣，左右昌曲加會。又兼紫府同宮。做極富貴之命。七十六大限在酉，逢太陰擎羊及天使，小限在申，截空哭虛逢，太歲在亦酉，又大限太歲皆於衰死之地，故亡。

韓信之命

巨門 地劫 地空 兄弟 絕 小耗	廉貞祿 天相 命宮/身宮 胎 將軍	天梁 天鉞 火星 天刑 父母 養 奏書	七殺 天哭 福德 長生 飛廉
貪狼 文昌 天虛 夫妻 墓 青龍	甲戌年十一月初五日午時生 陽男 乙巳年三十二歲二月初四故 土五局		天同 鈴星 田宅 沐浴 喜神
太陰 擎羊 子女 死 力士			武曲科 文曲 官祿 冠帶 病符
紫微 天府 左輔 祿存 天馬 財帛 病 博士	天機 天魁 陀羅 天使 疾厄 衰 官符	破軍權 右弼 遷移 帝旺 伏兵	太陽忌 天空 天傷 奴僕 臨官 大耗

紫府拱照，左右加會，祿合科權，出將入相之命。三十二歲小限在亥值天傷，太歲空劫在巳沖之，又大限在申，為哭虛會合之地，故遭毒死。

趙高之命

天同 天鉞 父母 臨官 喜神	武曲 天府 福德 冠帶 飛廉	太陽(科) 太陰 火星 龍池 鳳閣 田宅 沐浴 奏書	貪狼(忌) 鈴星 天馬 官祿 長生 將軍
破軍(祿) 左輔 天空 命宮 帝旺 病符	陰男 癸卯年正月二十一日戌時生 甲午年五十二歲四月初八故	土五局	天機 巨門(權) 地劫 天虛 天傷 奴僕 養 小耗
天魁 天哭 兄弟 衰 大耗			紫微 天相 右弼 遷移 胎 青龍
廉貞 文曲 夫妻 病 伏兵	擎羊 地空 子女 死 官符	七殺 文昌 祿存 財帛/身宮 墓 博士	天梁 陀羅 天使 疾厄 絕 力士

此為祿合左右相會，一生爵祿甚豐盈，富貴雙全應有份。紫破辰戌不忠，故有指鹿為馬之事。五十二歲大限遇羊陀夾地，小限入辰，天空合病符，故主凶亡。

李斯之命

太陽 祿存 天馬 官祿 絕 博士	破軍 擎羊 天刑 天傷 奴僕 胎 力士	天機(權) 遷移 養 青龍	紫微 天府 鈴星 天使 疾厄 長生 小耗
武曲 陀羅 截空 田宅 墓 官符	陽男 丙申年十月十一日戌時生 癸巳年五十八歲六月初三故	土五局	太陰 天鉞 天空 地劫 財帛/身宮 沐浴 將軍
天同(祿) 福德 死 伏兵			貪狼 天哭 子女 冠帶 奏書
七殺 文曲 鳳閣 天虛 父母 病 大耗	天梁 左輔 右弼 地空 命宮 衰 病符	廉貞(忌) 天相 文昌(科) 火星 龍池 兄弟 帝旺 喜神	巨門 天魁 夫妻 臨官 飛廉

左右同宮，日巳月酉並明，權祿加會，為富貴之命。五十八歲大限入午，擎羊天傷哭虛逢，太歲逢空劫且臨絕地，是以見凶。

曹參之命

天機 陀羅 地劫 地空 臨官 兄弟 力士	紫微 祿存 命宮/身宮 冠帶 博士	擎羊 天刑 沐浴 父母 官符	破軍 天鉞 長生 福德 伏兵
七殺 文昌 鈴星 帝旺 夫妻 青龍	己酉年十一月二十五日午時生 陰男 辛亥年六十三歲七月初九故	土五局	火星 天哭 養 田宅 大
太陽 天梁 天虛 科 衰 子女 小耗			廉貞 天府 文曲 天空 忌 胎 官祿 病
武曲 天相 左輔 天馬 祿 病 財帛 將軍	天同 巨門 龍池 鳳閣 天使 死 疾厄 奏書	貪狼 右弼 天魁 權 墓 遷移 飛廉	太陰 天姚 天傷 絕 奴僕 喜神

紫微居午無煞湊，左右權祿子寅二宮加會，官資清顯至三公。六十三歲大限入丑逢天使，小限入酉逢哭虛，太歲天傷天虛空劫逢，是為凶也。

酈生之命

廉貞 貪狼 文昌 天鉞 天刑 忌 臨官 命宮 喜神	巨門 天空 地空 權 冠帶 父母 飛廉	天相 沐浴 福德 奏書	天同 天梁 天馬 火星 長生 田宅 將軍
太陰 地劫 帝旺 兄弟 病符	戊辰年三十六歲正月十一故 陰男 土五局	癸巳年九月初四日巳時生	武曲 七殺 文曲 養 官祿 小耗
天府 天魁 鈴星 衰 夫妻/身宮 大耗			太陽 天傷 科 胎 僕役 青
右弼 病 子女 伏兵	紫微 破軍 擎羊 天哭 截空 祿 死 財帛 官符	天機 左輔 祿存 天使 墓 疾厄 博士	陀羅 天虛 絕 遷移 力士

天鉞正坐，本為美命，只嫌空劫夾垣。與貪狼廉貞同立兼化忌，一生奔波勞碌。三十六歲，太歲入天羅，地劫傷使逢，小限入午逢雙空坐守，亦會照傷使，不堪重載，是以凶也。

36 古今富貴貧賤夭壽命圖（命譜）

慶忌之命

陽男

丙午年八月初三日卯時生

戊辰年二十三歲三月初五故

金四局

廉貞 貪狼(忌) 祿存 兄弟 長生 博士	巨門 擎羊 鈴星 命宮 沐浴 力士	天相 文昌(科) 文曲 天空 父母 冠帶 青龍	天同(祿) 天梁 地空 福德 臨官 小耗
太陰 陀羅 火星 天刑 鳳閣 夫妻 養 官符			武曲 七殺 天鉞 田宅 帝旺 將軍
天府 右弼 子女 胎 伏兵			太陽 龍池 官祿 衰 奏書
地劫 財帛 絕 大耗	紫微 破軍 天使 疾厄 墓 病符	天機(權) 天哭 天虛 遷移/身宮 死 喜神	左輔 天魁 天馬 天傷 奴僕 病 飛廉

馬前帶箭，非夭折即刑傷。早年限行吉地，做事崢嶸，手能抓飛鳥。二十三歲，大限到未，天空傷使逢；小限到寅，遇地劫；太歲在天羅，又逢陀羅火星地空哭虛會照，故遭凶而亡。

百里奚命

陽男

庚戌年五月二十日辰時生

庚申年七十一歲五月初二故

土五局

紫微 七殺 火星 田宅 絕 大耗	文昌 右弼 官祿 胎 伏兵	天鉞 地空 陀羅 鈴星 天傷 奴僕 養 官符	文曲 祿存 天馬 左輔 天哭 遷移 長生 博士
天機 天梁 天虛 福德 墓 病符			廉貞 破軍 擎羊 天使 疾厄 沐浴 力士
天相 地劫 父母 死 喜神			財帛/身宮 冠帶 青龍
太陽(祿) 巨門 龍池 命宮 病 飛廉	武曲(權) 貪狼 天魁 天刑 兄弟 衰 奏書	天同(忌) 太陰(科) 鳳閣 夫妻 帝旺 將軍	天府 天空 子女 臨官 小耗

巨日同宮，官封三代，左右昌曲加會，允為貴命。少年不順，因限步行空劫及哭虛之地。三十五歲方得遂志。七十一歲大限入申，逢哭虛會照；小限在命垣與太歲沖，祿馬倒，不吉。

廉頗之命

天梁 科、陀羅、龍池、天哭 兄弟　臨官　力士	七殺、左輔、祿存 命宮　冠帶　博士	擎羊、天虛 父母　沐浴　官符	廉貞、右弼、天鉞、鈴星 福德　長生　伏兵
紫微、天相 夫妻　帝旺　青龍	陰男 己丑年三月十五日戌時生 辛丑年七十三歲七月初八故	土五局	地劫、鳳閣 田宅　養　大耗
天機、巨門 子女　衰　小耗			破軍 官祿　胎　病符
貪狼 權、文曲 忌、天空、天馬 財帛／身宮　病　將軍	太陽、太陰、火星、地空、天使 疾厄　死　奏書	武曲 祿、天府、文昌、天魁 遷移　墓　飛廉	天同、天刑、天傷 奴僕　絕　喜神

雙祿會命，富貴榮華。昌曲來朝，祿合權會，文武才能。七十三歲大限在子，為傷使夾地，太歲又逢天使加會空劫羊陀，小限在未亦逢擎羊天虛傷使，大小限及太歲沖，是以凶也。

藺相如命

左輔、祿存、天馬 官祿／身宮　長生　博士	天機 忌、文曲、擎羊、天哭、天虛、天傷 奴僕　沐浴　力士	紫微、破軍、天鉞 遷移　冠帶　青龍	文昌、天使 疾厄　臨官　小耗
太陽、陀羅、火星、龍池 田宅　衰　官符	陽男 戊子年二月十四日寅時生 丙申年六十九歲五月初二故	金四局	天府、右弼 科、地空 財帛　帝旺　將軍
武曲、七殺 福德　胎　伏兵			太陰 權、天刑、鳳閣 子女　衰　奏書
天同、天梁 父母　絕　大耗	天相、天魁、天空、地劫 命宮　墓　病符	巨門、鈴星、截空 兄弟　死　喜神	廉貞 祿、貪狼 夫妻　病　飛廉

左右加會終為吉，科祿紫府最為良。且兼限行美地，一生名利得安康。六十九歲大限行至未宮，逢天空地劫，又為傷使夾地，小限至午，逢擎羊天傷哭虛，太歲逢火鈴陀羅三方會照，是以凶也。

劉伶之命

天相 天空 天馬 官祿 絕 小耗	天梁 天刑 天傷 奴僕 胎 將軍	廉貞(祿) 七殺 天鉞 遷移 養 奏書	鈴星 龍池 天使 疾厄 長生 飛廉
巨門 田宅 墓 青龍	甲辰年十月初四日戌時生 陽男	乙亥年三十二歲二月初七故 水二局	地劫 財帛／身宮 沐浴 喜神
紫微 貪狼 擎羊 福德 死 力士			天同 天虛 子女 冠帶 病符
天機 太陰 文曲 祿存 天哭 父母 病 博士	天府 左輔 右弼 天魁 陀羅 地空 命宮 衰 官符	太陽(忌) 文昌 火星 兄弟 帝旺 伏兵	武曲(科) 破軍(權) 夫妻 臨官 大耗

雖有左右同垣，坐貴向貴之局。命理逢空，猶如半天折翅。且身逢地劫又無正曜。三十二歲大限行辰宮，逢天使天虛拱照，小限到巳，逢空劫拱照，太歲天空擎羊會照，故死於其年。

韓通之命

太陽 鈴星 祿存 田宅 絕 博士	破軍 文曲 左輔 擎羊 官祿／身宮 胎 力士	天機(忌) 天鉞 天空 天傷 奴僕 養 青龍	紫微 天府 文昌 右弼(科) 遷移 長生 小耗
武曲 陀羅 鳳閣 福德 墓 官符	戊戌年四十一歲三月初八故 陽男	戊午年三月十五日寅時生 水二局	太陰(權) 地空 天使 疾厄 沐浴 將軍
天同 火星 父母 死 伏兵			貪狼(祿) 龍池 財帛 冠帶 奏書
七殺 天馬 命宮 病 大耗	天梁 天魁 地劫 兄弟 衰 病符	廉貞 天相 天哭 天虛 截空 夫妻 帝旺 喜神	巨門 天刑 子女 臨官 飛廉

七殺朝斗，富貴榮華。紫府朝垣，終身福厚。左右昌曲加會，尊居八座。四十一歲大限行至巳宮，逢祿存正坐，逢空劫拱照，為倒祿也。小限入申，為傷使雙空夾地；太歲入地網逢羊陀，故死。

宋璟之命

天府 左輔 天空 祿存 天馬 官祿／身宮 長生 博士	天同 太陰權 文曲 擎羊 鳳閣 天傷 奴僕 沐浴 力士	武曲 貪狼祿 天鉞 遷移 冠帶 青龍	太陽 巨門 文昌 龍池 天使 疾厄 臨官 小耗
陀羅 火星 田宅 養 官符	陽男 戊辰年二月初一日寅時生 丁巳年五十歲十月初八故	金四局	天相 地空 右弼科 財帛 帝旺 將軍
廉貞 破軍 福德 胎 伏兵			天機忌 天梁 天虛 天刑 子女 衰 奏書
天哭 父母 絕 大耗	地劫 天魁 命宮 墓 病符	鈴星 截空 兄弟 死 喜神	紫微 七殺 夫妻 病 飛廉

府相左右，科祿朝垣，合格局。魁鉞貴人入命垣，富貴終身。只是劫空在命，故壽元不長。五十歲大限行巳逢雙空地劫，太歲亦入巳，大限太歲相沖甚凶，其年傷壽。

賈誼之命

天機 天鉞 官祿 長生 喜神	紫微 左輔 天傷 奴僕 養 飛廉	文昌 文曲 龍池 鳳閣 遷移／身宮 胎 奏書	破軍祿 右弼 地空 天使 疾厄 絕 將軍
七殺 天空 田宅 沐浴 病符	陰男 癸卯年三月初十日卯時生 庚午年二十八歲四月初八故	金四局	天虛 財帛 墓 小耗
太陽科 天梁 天魁 福德 冠帶 大耗			廉貞 天府 子女 死 青龍
武曲 天相 地劫 天馬 父母 臨官 伏兵	天同 巨門權 擎羊 鈴星 截空 命宮 帝旺 官符	貪狼忌 火星 祿存 兄弟 衰 博士	太陰 陀羅 天刑 夫妻 病 力士

文星暗拱，年少登科。天機天鉞入命，以為吉兆。小限到天羅，太歲居天傷之地，流羊流陀三方合命垣。且命原犯擎羊，故夭亡於二十八歲。

馬周之命

天梁 科 陀羅 鈴星 天刑 福德／身宮 絕 力士	七殺 地劫 祿存 田宅 墓 博士	擎羊 龍池 鳳閣 官祿 死 官符	廉貞 天鉞 天馬 天傷 奴僕 病 伏兵
紫微 天相 火星 天空 地空 父母 胎 青龍	己卯年九月十八日未時生 陰男 丁卯年四十九歲四月初九故		截空 天虛 遷移 衰 大耗
天機 巨門 文昌 天哭 命宮 養 小耗	火六局		破軍 天使 疾厄 帝旺 病符
貪狼 權 右弼 兄弟 長生 將軍	太陽 太陰 夫妻 沐浴 奏書	武曲 祿 天府 左輔 天魁 子女 冠帶 飛廉	天同 文曲 忌 財帛 臨官 喜神

巨機居卯，位至卿。限步逆行，為美兆。未宮見擎羊，故主壽難久。大限入亥逢陀天哭，小限入羊陀鈴星天虛逢太歲哭虛會照，做倒限傷壽。

傅毅之命

紫微 七殺 福德 臨官 小耗	天哭 天虛 田宅 帝旺 將軍	天鉞 官祿 衰 奏書	鈴星 天刑 天傷 截空 奴僕 病 飛廉
天機 天梁 龍池 父母 冠帶 青龍	甲子年十二月二十四日戌時生 陽男 甲戌年七十一歲四月初九故		廉貞 祿 破軍 權 地劫 遷移 死 喜神
天相 左輔 擎羊 命宮 沐浴 力士	火六局		鳳閣 天使 疾厄 墓 病符
太陽 忌 巨門 文曲 祿存 兄弟 長生 博士	武曲 科 貪狼 天魁 陀羅 地空 天空 夫妻 養 官符	天同 太陰 文昌 火星 子女 胎 伏兵	天府 右弼 天馬 財帛／身宮 絕 大耗

權祿加會，擎羊力士，雖不得十富貴，亦為終身厚之論。直至大入酉，為傷使地，小限七十一申又逢天傷天刑空，故此壽難過七

魏豹之命

天機 文昌 福德 絕 大耗	紫微 地空 田宅 胎 伏兵	天鉞 陀羅 火星 官祿 養 官符	破軍 祿存 天傷 奴僕 長生 博士
七殺 右弼 地劫 父母 墓 病符	陽男 庚申年七月二十五日巳時生 丙申年三十七歲九月初五故		文曲 擎羊 天空 遷移 沐浴 力士
太陽(祿) 天梁 鈴星 天刑 命宮 死 喜神	土五局		廉貞 天府 左輔 天哭 天使 疾厄 冠帶 青龍
武曲(權) 天相 天馬 鳳閣 天虛 兄弟 病 飛廉	天同(忌) 巨門 天魁 夫妻／身宮 衰 奏書	貪狼 龍池 子女 帝旺 將軍	太陰(科) 財帛 臨官 小耗

科祿相逢遇太陽天梁同位，最為高強。運限順行俱為吉。後因大限行午遇地空，小限入地網，逢天使哭虛會照又兼逢空劫。故主難過此歲。

劉都衙命

天府 天刑 福德／身宮 臨官 小耗	天同 太陰 地劫 田宅 帝旺 將軍	武曲(科) 貪狼 天鉞 天空 官祿 衰 奏書	太陽(忌) 巨門 火星 天馬 天傷 奴僕 病 飛廉
地空 鳳閣 父母 冠帶 青龍	陽男 甲午年九月初三日未時生 戊子年五十五歲十月十三故		天相 遷移 死 喜神
廉貞(祿) 破軍(權) 文昌 擎羊 命宮 胎 力士	火六局		天機 天梁 鈴星 龍池 天使 疾厄 墓 病符
右弼 祿存 兄弟 長生 博士	陀羅 天魁 夫妻 養 官符	左輔 天哭 天虛 子女 胎 伏兵	紫微 七殺 文曲 財帛 絕 大耗

貞破卯酉作公卿，昌曲拱命，祿權巡逢，富貴發達，最宜公門。五十五歲大限到未，逢天空正坐，羊陀會照；小限到地網，逢天使及空劫拱照，大小二限均凶，故亡。

姜恒之命

巨門 祿存 天馬 絕 官祿 博士	廉貞忌 天相 擎羊 天傷 天哭 天刑 天虛 胎 奴僕 力士	天梁 養 遷移 青龍	七殺 鈴星 天使 長生 疾厄 小耗
貪狼 陀羅 龍池 截空 墓 田宅 官符	丙子年十月初五日戌時生 陽男 丙寅年五十一歲八月初五故	土五局	天同祿 天鉞 地劫 沐浴 財帛／身宮 將軍
太陰 死 福德 伏兵			武曲 鳳閣 冠帶 子女 奏書
紫微 天府 文曲 病 父母 大耗	天機權 左輔 右弼 天空 地空 衰 命宮 病符	破軍科 文昌 火星 帝旺 兄弟 喜神	太陽 天魁 臨官 夫妻 飛廉

雙祿加會，無不富貴。左右同宮，終身福厚。空劫身命，壽年難長。五十一歲大限在巳，逢空劫拱照，小限在子，羊陀火鈴哭虛刑傷天使逢，故死於是年。

周勃之命

紫微 七殺 陀羅 火星 天傷 病 奴僕 力士	文曲 天空 祿存 衰 遷移 博士	擎羊 天使 帝旺 疾厄 官符	文昌 天馬 臨官 財帛 伏兵
天機科 天梁 左輔 死 官祿／身宮 青龍	丁巳年正月十二日寅時生 陰男 乙丑年六十九歲十二月初五故	木三局	廉貞 破軍 天鉞 地空 天刑 冠帶 子女 大耗
天相 墓 田宅 小耗			右弼 沐浴 夫妻 病符
太陽 巨門忌 截空 絕 福德 將軍	武曲 貪狼 地劫 天哭 胎 父母 奏書	天同祿 太陰權 鈴星 養 命宮 飛廉	天府 天魁 天虛 長生 兄弟 喜神

太陰天同居子守命，丙丁人富貴忠良。權祿巡逢，昌曲拱命，入將出相之命。六十九歲大限行午宮，為傷使夾地，天空正坐；太歲逢空劫羊陀及傷使天刑沖照，是以凶也。

樂毅之命

<table>
<tr>
<td>紫微 七殺 天馬 陀羅
官祿 臨官 力士</td>
<td>祿存 天刑 天傷
奴僕 冠帶 博士</td>
<td>擎羊
遷移 沐浴 官符</td>
<td>天鉞 鈴星 天使
疾厄 長生 伏兵</td>
</tr>
<tr>
<td>天機 科 天梁
田宅 帝旺 青龍</td>
<td colspan="2" rowspan="2">己酉年十月初八日戌時生
陰男
己丑年四十一歲八月初七故
水二局</td>
<td>廉貞 破軍 地劫 天哭
財帛／身宮 養 大耗</td>
</tr>
<tr>
<td>天相 天虛
福德 衰 小耗</td>
<td>天空
子女 胎 病符</td>
</tr>
<tr>
<td>太陽 巨門 文曲 忌
父母 病 將軍</td>
<td>武曲 祿 貪狼 權 左輔 右弼 地空 鳳閣 龍池 火星
命宮 死 奏書</td>
<td>天同 太陰 文昌 天魁
兄弟 墓 飛廉</td>
<td>天府
夫妻 絕 喜神</td>
</tr>
</table>

貪武同行，左右同宮。權祿巡逢，俱吉。奈三方四正俱見羊陀劫空，進退聲名。四十一大限在戌，天空天傷天刑逢；太歲逢羊陀空劫天哭，又羊陀迭併，是以死也。

趙奢之命

<table>
<tr>
<td>廉貞 貪狼 祿 火星 祿存
官祿 長生 博士</td>
<td>巨門 文昌 擎羊 天傷
奴僕 沐浴 力士</td>
<td>天相 左輔 右弼 科 天鉞 天空 鈴星 地空
遷移 冠帶 青龍</td>
<td>天同 天梁 文曲 天使
疾厄 臨官 小耗</td>
</tr>
<tr>
<td>太陰 權 陀羅 鳳閣
田宅 養 官符</td>
<td colspan="2" rowspan="2">戊午年四月初三日辰時生
陽男
庚子年四十三歲二月初七故
金四局</td>
<td>武曲 七殺
財帛／身宮 帝旺 將軍</td>
</tr>
<tr>
<td>天府 地劫
福德 胎 伏兵</td>
<td>太陽 龍池
子女 衰 奏書</td>
</tr>
<tr>
<td>父母 絕 大耗</td>
<td>紫微 破軍 天魁
命宮 墓 病符</td>
<td>天機 忌 天刑 截空 天哭 天虛
兄弟 死 喜神</td>
<td>天馬
夫妻 病 飛廉</td>
</tr>
</table>

科祿拱照，富貴聲揚。左右朝拱，終身福厚。四十三歲大限在天羅，陀羅正坐逢哭虛天使，小限在地網，羊陀天傷沖照，太歲哭虛截空天刑正坐，擎羊天傷午宮沖，故凶。

陸賈之命

太陰 左輔 鈴星 祿存 天馬 官祿/身宮 絕 博士	貪狼 擎羊 文曲 天傷 奴僕 胎 力士	天同祿 巨門 遷移 養 青龍	武曲 天相 文昌科 天哭 天使 疾厄 長生 小耗
廉貞忌 天府 陀羅 截空 天虛 田宅 墓 官符	丙戌年二月初七日寅時生 陽男 己巳年四十四歲五月初四故	土五局	太陽 天梁 右弼 地空 天鉞 財帛 沐浴 將軍
火星 福德 死 伏兵			七殺 天刑 子女 冠帶 奏書
破軍 父母 病 大耗	地劫 命宮 衰 病符	紫微 鳳閣 兄弟 帝旺 喜神	天機權 天魁 天空 夫妻 臨官 飛廉

雙祿朝垣，左右巨日拱照。只嫌祿存纏於絕地，因此發不住財。且劫空在命，半天折翅之論。大限四十四歲到辰宮，逢陀羅及哭虛拱照，太歲逢空劫拱照且纏於絕地，故四十四歲難全命也。

楊孔目命

天相 祿存 田宅 病 博士	天梁 擎羊 官祿 死 力士	廉貞忌 七殺 天傷 奴僕 墓 青龍	天馬 遷移 絕 小耗
巨門 文曲 左輔 陀羅 截空 福德 衰 官符	丙申年正月初八日子時生 陽男 戊申年七十三歲七月初三故	木三局	天鉞 天空 天刑 天使 疾厄 胎 將軍
紫微 貪狼 父母 帝旺 伏兵			天同祿 文昌科 右弼 鈴星 天哭 財帛 養 奏書
天機權 太陰 火星 鳳閣 天虛 命宮/身宮 臨官 大耗	天府 兄弟 冠帶 病符	太陽 龍池 夫妻 沐浴 喜神	武曲 破軍 天魁 地空 地劫 子女 長生 飛廉

機月同梁做吏人，命垣坐寅申之地，科祿權加會，若無羊刃火鈴合照，乃主正路功名顯貴。七十三歲大限入酉，入天空天使之地，小限入地網，鈴星正坐，羊陀哭虛會照，故主倒壽。

郭恪之命

天梁 天鉞 火星 龍池 天哭 田宅 臨官 喜神	七殺 左輔 文曲 官祿／身宮 冠帶 飛廉	天虛 天傷 奴僕 沐浴 奏書	廉貞 文昌 右弼 遷移 長生 將軍
紫微 天相 福德 帝旺 病符	癸丑年三月初七日寅時生 陰男 丙午年五十四歲五月初三故	水二局	地空 鳳閣 天使 疾厄 養 小耗
天機（權） 巨門 天魁 父母 衰 大耗			破軍（祿） 財帛 胎 青龍
貪狼（忌） 天空 天馬 命宮 病 伏兵	太陽（科） 太陰 擎羊 地劫 截空 兄弟 死 官符	武曲 天府 鈴星 祿存 夫妻 墓 博士	天同 陀羅 天刑 子女 絕 力士

廉貞七殺午申宮，主人流盪天涯。左右昌曲雖加會拱照，只嫌命垣貪狼化忌。五十四歲大限行酉，為天使之地，逢擎羊天哭空劫拱照，太歲行經哭虛夾地，會照天空，故命亡。

葉英之命

太陰 天空 祿存 父母 絕 博士	貪狼 左輔 擎羊 鳳閣 福德 胎 力士	天同（祿） 巨門 田宅 養 青龍	武曲 天相 右弼 龍池 官祿 長生 小耗
廉貞（忌） 天府 文曲 陀羅 截空 命宮／身宮 墓 官符	丙辰年三月二十二日子時生 陽男 丁丑年二十二歲五月初五故	水二局	太陽 天梁 天鉞 天傷 奴僕 沐浴 將軍
兄弟 死 伏兵			七殺 文昌（科） 鈴星 天虛 遷移 冠帶 奏書
破軍 火星 天馬 天哭 夫妻 病 大耗	子女 衰 病符	紫微 財帛 帝旺 喜神	天機（權） 天魁 地空 地劫 天使 疾厄 臨官 飛廉

紫相昌曲相逢加會，本作美論。奈嫌昌曲不宜見廉貞化忌，秘云：文昌文曲逢廉貞，喪命夭壽之人，故死於二十二歲。

王欽若命

天相 截空 臨官 父母 將軍	天梁 文昌（忌） 天魁 冠帶 福德 小耗	廉貞 七殺 地空 沐浴 田宅 青龍	文曲（科） 陀羅 天空 長生 官祿 力士
巨門（祿） 右弼 帝旺 命宮 奏書	辛未年七月初五日辰時生 陰男	癸亥年五十三歲正月十一故 水二局	祿存 天傷 養 奴僕 博士
紫微 貪狼 地劫 天刑 鳳閣 衰 兄弟 飛廉			天同 左輔 擎羊 胎 遷移 官符
天機 太陰 天鉞 鈴星 天馬 病 夫妻 喜神	天府 火星 天虛 死 子女 病符	太陽（權） 衰 財帛／身宮 大耗	武曲 破軍 龍池 天哭 天使 絕 疾厄 伏兵

科權祿拱命，文譽聲揚。左輔右弼，尊居八座。富貴雙全之命也。五十三歲大限行亥，天哭天使空劫逢，小限在巳，哭虛傷使三方沖照，故損壽。

楊國忠命

祿存 絕 命宮／身宮 博士	天機（忌） 擎羊 胎 父母 力士	紫微 破軍 左輔 右弼（科） 天鉞 養 福德 青龍	天哭 長生 田宅 小耗
太陽 文曲 陀羅 天虛 墓 兄弟 官符	丙申年五十九歲二月初五故 土五局	戊戌年四月初六日子時生 陽男	天府 沐浴 官祿 將軍
武曲 七殺 鈴星 死 夫妻 伏兵			太陰（權） 文昌 天傷 冠帶 奴僕 奏書
天同 天梁 龍池 病 子女 大耗	天相 天魁 火星 衰 財帛 病符	巨門 天刑 鳳閣 截空 天使 帝旺 疾厄 喜神	廉貞 貪狼（祿） 天空 地空 地劫 天馬 臨官 遷移 飛廉

真正府相朝垣，食祿千鍾，雖然得雙祿合格局，但忌廉貪二星逢空劫沖破，不得富貴綿遠。五十九歲大限入地網逢天傷及三方羊陀天虛拱照，太歲哭虛對拱逢陀羅天使截空天刑，故命亡。

安慶禮命

天府（科）、左輔、天馬、天鉞 臨官 **命宮** 飛廉	天同、太陰 帝旺 **父母** 喜神	武曲（忌）、貪狼 衰 **福德** 病符	太陽、巨門、鈴星 病 **田宅** 大耗
冠帶 **兄弟** 奏書	陽男 壬申年二月十三日戌時生 壬戌年五十一歲四月初八故		天相、右弼、天空、地劫 死 **官祿** 伏兵
廉貞、破軍、天魁、截空 沐浴 **夫妻** 將軍	火六局		天機、天梁（祿）、陀羅、天刑、天哭、天傷 墓 **奴僕** 官符
文曲、鳳閣、天虛 長生 **子女** 小耗	地空 養 **財帛／身宮** 青龍	文昌、擎羊、火星、龍池、天使 胎 **疾厄** 力士	紫微（權）、七殺、祿存 絕 **遷移** 博士

科權加會，左右扶持，皆得稱意，富貴全美。五十一歲大限行酉，逢空劫及天空拱照，流年逢陀羅天刑天傷哭虛拱照，故為倒壽之年也。

嚴子陵命

武曲（祿）、破軍、陀羅、天刑、天虛 臨官 **兄弟** 力士	太陽、文昌、祿存 冠帶 **命宮** 博士	天府、擎羊、地空、天哭 沐浴 **父母** 官符	天機、太陰、文曲（忌）、天鉞、天馬 長生 **福德** 伏兵
天同 帝旺 **夫妻** 青龍	陰男 己亥年九月二十八日辰時生 辛亥年七十三歲五月初八故		紫微、貪狼（權）、截空 養 **田宅** 大耗
地劫、龍池 衰 **子女** 小耗	土五局		巨門 胎 **官祿** 病符
右弼、鈴星 病 **財帛／身宮** 將軍	廉貞、七殺、火星、天使 死 **疾厄** 奏書	天梁（科）、左輔、天魁、天空 墓 **遷移** 飛廉	天相、鳳閣、天傷 絕 **奴僕** 喜神

太陽文昌同科祿，左右扶持福不輕。富貴雙全壽至終。七十三歲大限入子，為傷使夾地；小限入丑逢天使哭虛不吉；太歲羊陀地空哭虛刑傷同，故損壽。

漢光武命

天府 文曲 右弼 天空 祿存 天馬 長生 兄弟 博士	天同(祿) 太陰 擎羊 鳳閣 沐浴 命宮 力士	武曲 貪狼 冠帶 父母 青龍	太陽 巨門 龍池 臨官 福德／身宮 小耗
陀羅 養 夫妻 官符	丙辰年六月初一日丑時生 陽男 丁巳年六十一歲二月初十故		天相(科) 文昌 左輔 天鉞 帝旺 田宅 將軍
廉貞(忌) 破軍 火星 胎 子女 伏兵	金四局		天機(權) 天梁 地空 天虛 衰 官祿 奏書
天刑 天哭 絕 財帛 大耗	天使 墓 疾厄 病符	地劫 死 遷移 喜神	紫微 七殺 天魁 鈴星 天傷 病 奴僕 飛廉

馬頭帶箭，鎮禦邊疆。權祿巡逢，財官雙美。二十四歲後限行吉地，位登九五。六十一大限入亥逢天傷，小限入地網逢地空及羊陀哭虛會照不吉，損壽。

王莽之命

天梁 病 父母 小耗	七殺 左輔 死 福德 將軍	天鉞 墓 田宅 奏書	廉貞(祿) 右弼 截空 絕 官祿 飛廉
紫微 天相 文曲 衰 命宮／身宮 青龍	甲申年三月初九日子時生 陽男 癸未年六十歲九月十二故		天空 天傷 胎 奴僕 喜神
天機 巨門 擎羊 帝旺 兄弟 力士	木三局		破軍(權) 文昌 鈴星 天哭 養 遷移 病符
貪狼 火星 祿存 天馬 鳳閣 天虛 臨官 夫妻 博士	太陽(忌) 太陰 天魁 陀羅 冠帶 子女 官符	武曲(科) 天府 龍池 沐浴 財帛 伏兵	天同 地空 地劫 天刑 天使 長生 疾厄 大耗

科權祿拱，名譽聲揚。紫破辰戌，為臣不忠，篡漢之位是也。六十歲大限在酉，逢天傷及羊陀會照，太歲逢空劫羊陀天使不吉，故遭刑傷而亡。

楊貴妃命

武曲 科 天相 天馬 截空 長生 父母 飛廉	天同 巨門 天鉞 沐浴 命宮 喜神	貪狼 地劫 天哭 天虛 冠帶 兄弟 病符	太陰 鈴星 臨官 夫妻 大耗
太陽 忌 天梁 火星 天刑 養 福德／身宮 奏書	陽女 甲子年正月初七日未時生 甲辰年四十一歲九月初九故 土五局		廉貞 祿 天府 左輔 地空 龍池 帝旺 子女 伏兵
七殺 右弼 鳳閣 胎 田宅 將軍			文昌 擎羊 衰 財帛 官符
天機 文曲 絕 官祿 小耗	紫微 天傷 墓 奴僕 青龍	天魁 陀羅 天空 死 遷移 力士	破軍 權 祿存 天使 病 疾厄 博士

坐貴向貴，得貴人寵愛。文昌文曲加會，女命不宜見之。經曰：楊妃好色，三合文昌文曲。四十一歲大限行天羅，地空逢天傷，小限入午哭虛地劫逢傷使，故損壽。

淫夭女命

陀羅 天馬 絕 夫妻 官符	紫微 破軍 墓 子女 伏兵	天機 天魁 死 財帛 大耗	天刑 截空 天使 病 疾厄 病符
天府 祿存 天哭 胎 兄弟 博士	陰女 辛酉年九月初十日子時生 辛巳年二十一歲九月初二故 木三局		太陽 權 文曲 科 衰 遷移 喜神
太陰 文昌 忌 擎羊 鈴星 天空 養 命宮／身宮 力士			武曲 七殺 火星 天虛 天傷 帝旺 奴僕 飛廉
廉貞 貪狼 地空 地劫 長生 父母 青龍	巨門 祿 左輔 沐浴 福德 小耗	天相 龍池 鳳閣 冠帶 田宅 將軍	天同 天梁 右弼 天鉞 臨官 官祿 奏書

太陰雖在廟鄉，但女命嫌文昌同度，況羊鈴忌星併集。雖三方吉拱何益？訣曰：文昌擎羊火鈴忌，若不為娼終夭折。驗如此矣。

娼婦之命

巨門 權 天鉞 天虛 絕 田宅 奏書	廉貞 天相 胎 官祿 飛廉	天梁 文昌 文曲 左輔 右弼 天傷 天哭 養 奴僕 喜神	七殺 地空 長生 遷移／身宮 病符
貪狼 忌 天姚 墓 福德 將軍	陰女 癸亥年四月二十六日卯時生 水二局		天同 天使 沐浴 疾厄 大耗
太陰 天魁 龍池 死 父母 小耗			武曲 冠帶 財帛 伏兵
紫微 天府 地劫 病 命宮 青龍	天機 擎羊 鈴星 截空 衰 兄弟 力士	破軍 祿 火星 天空 祿存 天刑 帝旺 夫妻 博士	太陽 科 陀羅 天馬 鳳閣 臨官 子女 官符

七殺臨身終不美，地空地劫更無良。雖有紫府守垣，但夫君子息二宮甚混雜。且天姚會忌居於福德，其賤無疑。

張侍郎命

天鉞 天傷 鳳閣 長生 奴僕 喜神	天機 天空 養 遷移 飛廉	紫微 破軍 祿 天刑 天使 胎 疾厄 奏書	絕 財帛 將軍
太陽 科 文曲 沐浴 官祿 病符	陰男 癸巳年十一月十四日子時生 金四局		天府 龍池 墓 子女 小耗
武曲 權 七殺 天魁 火星 冠帶 田宅 大耗			太陰 文昌 鈴星 死 夫妻 青龍
天同 天梁 左輔 天馬 臨官 福德 伏兵	天相 擎羊 截空 天哭 帝旺 父母 官符	巨門 權 右弼 祿存 衰 命宮／身宮 博士	廉貞 貪狼 忌 陀羅 地空 地劫 天虛 病 兄弟 力士

權會巨門威揚，果作諫臣。太陰文昌於妻宮，蟾宮折桂。太陽文曲於官祿，皇殿朝班。癸生人會巨門，為石中隱玉格。信此驗矣

孔允夫命

天同（權） 陀羅 天刑 龍池 天哭 臨官 **兄弟** 力士	武曲 天府 文昌 祿存 冠帶 **命宮** 博士	太陽 太陰（祿） 擎羊 火星 地空 天虛 沐浴 **父母** 官符	貪狼 文曲 天馬 長生 **福德** 伏兵
破軍 帝旺 **夫妻** 青龍	丁丑年九月十八日辰時生 陰男	戊申年三十二歲五月初五故	天機（科） 巨門（忌） 天鉞 鳳閣 養 **田宅** 大耗
地劫 衰 **子女** 小耗	水二局		紫微 天相 胎 **官祿** 病符
廉貞 右弼 鈴星 天空 截空 病 **財帛／身宮** 將軍	天使 死 **疾厄** 奏書	七殺 左輔 墓 **遷移** 飛廉	天梁 天魁 天傷 絕 **奴僕** 喜神

權祿夾命之格，左右加會，財官雙美，無不富貴。三十二歲大限在卯逢劫空天虛天傷，小限在寅逢雙空，太歲在申亦會空，是為凶也。

郭子儀命

太陰（祿） 陀羅 臨官 **兄弟** 力士	貪狼 左輔 祿存 冠帶 **命宮** 博士	天同（權） 巨門（忌） 擎羊 沐浴 **父母** 官符	武曲 天相 右弼 鈴星 長生 **福德** 伏兵
廉貞 天府 帝旺 **夫妻** 青龍	丁酉年三月二十二日戌時生 陰男	辛酉年八十五歲三月初五故	太陽 天梁 天鉞 地劫 天哭 養 **田宅** 大耗
天虛 衰 **子女** 小耗	水二局		七殺 天空 胎 **官祿** 病符
破軍 文曲 天馬 病 **財帛／身宮** 將軍	火星 地空 龍池 鳳閣 天使 死 **疾厄** 奏書	紫微 文昌 墓 **遷移** 飛廉	天機（科） 天魁 天刑 天傷 絕 **奴僕** 喜神

權祿夾命之格，又兼昌曲加會，無不富貴。八十五歲大限在戌，小限在未，逢雙空會照，擎羊傷使天虛，故終壽於此年。

王珪之命

天相 陀羅 火星 鳳閣 兄弟 臨官 力士	天梁 文曲 天空 祿存 命宮 冠帶 博士	廉貞 七殺 擎羊 父母 沐浴 官符	文昌 福德 長生 伏兵
巨門忌 右弼 夫妻 帝旺 青龍	丁巳年七月初四日寅時生 陰男 庚子年四十四歲三月初八故	水二局	天鉞 地空 龍池 田宅 養 大耗
紫微 貪狼 天刑 子女 衰 小耗			天同權 左輔 官祿／身宮 胎 病符
天機 太陰祿科 天馬 截空 財帛 病 將軍 劫煞	天府 地劫 天哭 天使 疾厄 死 奏書	太陽 鈴星 遷移 墓 飛廉	武曲 破軍 天魁 天傷 天虛 奴僕 絕 喜神

梁居午位，官資清顯朝堂。命垣文曲，科祿權會，位至公卿。四十四歲大小限均入寅，逢劫煞及雙空，太歲入傷使哭虛夾地又鈴星天空對照，故損壽。凡天梁對照文曲入命者，合此格。

李太白命

天機權 鈴星 天空 祿存 命宮 絕 博士	紫微 擎羊 地劫 鳳閣 父母 胎 力士	天刑 福德／身宮 養 青龍	破軍 龍池 田宅 長生 小耗
七殺 陀羅 地空 截空 兄弟 墓 官符	丙辰年十一月初十日未時生 陽男 戊戌年四十三歲四月初七故	水二局	天鉞 火星 官祿 沐浴 將軍
太陽 天梁 文昌科 夫妻 死 伏兵			廉貞忌 天府 天虛 天傷 奴僕 冠帶 奏書
武曲 天相 左輔 天馬 天哭 子女 病 大耗	天同祿 巨門 財帛 衰 病符	貪狼 右弼 天使 疾厄 帝旺 喜神	太陰 文曲 天魁 遷移 臨官 飛廉

天魁天鉞，世稱李白文華，太陰昌曲合於妻宮，穩步蟾宮，文章令聞。權祿巡逢，雙祿會命，富貴終身。只奈空劫羊陀四煞夾命，故壽不長久。

吳秉直命

火星 子女　絕　大耗	天機　文昌 夫妻　胎　伏兵	紫微　破軍　陀羅　天鉞　鈴星 截空　天刑　地空 兄弟　養　官符	文曲　祿存　天哭 命宮　長生　博士
太陽祿　天虛 財帛／身宮　墓　病符	陽男 庚戌年十一月十二日辰時生 乙未年四十六歲七月初九故 水二局		天府　擎羊 父母　沐浴　力士
武曲權　七殺　地劫　天使 疾厄　死　喜神			太陰科 福德　冠帶　青龍
天同忌　天梁　左輔　天馬　龍池 遷移　病　飛廉	天相　天魁　天傷 奴僕　衰　奏書	巨門　右弼　鳳閣 官祿　帝旺　將軍	廉貞　貪狼　天空 田宅　臨官　小耗

巨日拱照，日辰月戌並爭榮。左右拱照，終身富貴。四十六歲大限行子，哭虛入限，小限入丑，羊陀地空天傷天刑會照，太歲陀羅空劫傷使，俱主凶兆，其年命終。

鄭森之命

太陽忌 父母　病　小耗	破軍權　文昌　火星　天哭　天虛 福德　死　將軍	天機　天鉞　地空 田宅　墓　奏書	紫微　天府　文曲　截空 官祿　絕　飛廉
武曲科　右弼　龍池 命宮　衰　青龍	陽男 甲子年七月十三日辰時生 壬寅年三十八歲六月二十三故 木三局		太陰　天傷 奴僕　胎　喜神
天同　擎羊　地劫　天刑 兄弟　帝旺　力士			貪狼　左輔　鳳閣 遷移　養　病符
七殺　鈴星　祿存　天馬 夫妻　臨官　博士	天梁　天魁　陀羅　天空 子女　冠帶　官符	廉貞祿　天相 財帛／身宮　沐浴　伏兵	巨門　天使 疾厄　長生　大耗

紫府天相朝垣，輔弼拱照，為君臣慶會，科祿巡逢，文武雙全，富貴全美，故為一方之霸。三十八歲大限入未，逢空劫羊陀天使；小限在亥，天使擎羊空劫，太歲哭虛截空會照，故壽終。

燕哲之命

天同 鈴星 天刑 子女 長生 小耗	武曲（科） 天府 文曲 夫妻 沐浴 將軍	太陽（忌） 太陰 天鉞 兄弟 冠帶 奏書	貪狼 文昌 天馬 天哭 截空 命宮 臨官 飛廉
破軍（權） 天虛 財帛 養 青龍	甲戌年九月二十六日寅時生 陽男 乙丑年五十二歲七月十二故	金四局	天機 巨門 地空 父母 帝旺 喜神
擎羊 火星 天使 疾厄 胎 力士			紫微 天相 福德 衰 病符
廉貞（祿） 右弼 祿存 龍池 遷移 絕 博士	天魁 陀羅 地劫 天傷 奴僕 墓 官符	七殺 左輔 鳳閣 官祿／身宮 死 伏兵	天梁 天空 田宅 病 大耗

權祿加會，左右拱照，終身福厚之論。五十二歲大限行子，哭虛會照，小限入未，地劫羊陀傷使逢，太歲入天傷之地，逢空劫陀羅天刑，故壽終。

顧孟錫命

天府 子女 絕 大耗	天同（忌） 太陰（科） 文昌 火星 夫妻 胎 伏兵	武曲（權） 貪狼 陀羅 天鉞 地空 天刑 截空 兄弟 養 官符	太陽（祿） 巨門 文曲 祿存 命宮 長生 博士
財帛／身宮 墓 病符	庚申年十一月二十日辰時生 陽男 壬子年五十三歲九月初三故	水二局	天相 擎羊 天空 父母 沐浴 力士
廉貞 破軍 地劫 天使 疾厄 死 喜神			天機 天梁 天哭 福德 冠帶 青龍
左輔 鈴星 天馬 鳳閣 天虛 遷移 病 飛廉	天魁 天傷 奴僕 衰 奏書	右弼 龍池 官祿 帝旺 將軍	紫微 七殺 田宅 臨官 小耗

巨日同宮，雙祿守垣，左右拱照，允為富貴。五十三歲大限入丑，逢羊陀天傷及三空，小限入寅，逢哭虛火鈴會照，故損壽。

馬直節命

天相 子女 大耗 絕	天梁 左輔 夫妻 伏兵 胎	廉貞 七殺 天鉞 陀羅 天空 截空 地劫 兄弟 官符 養	右弼 祿存 命宮 博士 長生
巨門 鳳閣 財帛 病符 墓	庚午年三月二十八日申時生 陽男 丙辰年四十七歲正月初七故 水二局		擎羊 火星 父母 力士 沐浴
紫微 貪狼 地空 天使 疾厄 喜神 死			天同 忌 龍池 福德 青龍 冠帶
天機 太陰 科 文昌 天馬 遷移 飛廉 病	天府 天魁 天傷 奴僕 奏書 衰	太陽 祿 文曲 天哭 天虛 官祿／身宮 將軍 帝旺	武曲 權 破軍 鈴星 天刑 田宅 小耗 臨官

巨日拱照，雙祿交流，允為富貴。四十七歲大限入子，逢哭虛之地，太歲入天羅，亦逢哭虛拱照，歲限相沖，凶也，故死於是年。

鄭王之命

太陽 忌 父母 小耗 病	破軍 權 文昌 火星 福德 將軍 死	天機 天鉞 地空 田宅 奏書 墓	紫微 天府 文曲 截空 官祿 飛廉 絕
武曲 科 右弼 命宮 青龍 衰	甲申年七月二十一日辰時生 陽男 庚寅年六十七歲三月初十故 木三局		太陰 天空 天傷 奴僕 喜神 胎
天同 擎羊 地劫 天刑 兄弟 力士 帝旺			貪狼 左輔 天哭 遷移 病符 養
七殺 鈴星 祿存 天馬 鳳閣 天虛 夫妻 博士 臨官	天梁 天魁 陀羅 子女 官符 冠帶	廉貞 祿 天相 龍池 財帛／身宮 伏兵 沐浴	巨門 天使 疾厄 大耗 長生

貪武同行，左右對守，應為吉命，一生坐享富貴。六十七歲太歲到地網逢天哭天虛，小限到天羅，天哭截空逢太歲刑羊陀夾地哭虛同，大小二限俱到天羅地網，流年亦凶，故損壽也。

甯萃之命

廉貞 貪狼 鈴星 天刑 絕 子女 大耗	巨門 文曲 龍池 胎 夫妻 伏兵	天相 天鉞 陀羅 截空 養 兄弟 官符	天同忌 天梁 文昌 祿存 天馬 天虛 長生 命宮 博士
太陰科 天哭 墓 財帛 病符	陽男 庚寅年九月初一日寅時生 辛巳年五十二歲三月初七故	水二局	武曲權 七殺 擎羊 地空 沐浴 父母 力士
天府 火星 天使 天空 死 疾厄 喜神			太陽祿 冠帶 福德 青龍
右弼 病 遷移 飛廉	紫微 破軍 天魁 地劫 天傷 衰 奴僕 奏書	天機 左輔 帝旺 官祿／身宮 將軍	臨官 田宅 小耗

機月同梁之格，一生吏業爭榮。五十二歲大限入丑，天傷之地，又逢空劫羊陀，小限入未，陀羅逢地劫天空傷使，太歲亦逢空劫拱照，故亡於是年。

李嗣源命

巨門忌 陀羅 天刑 天虛 臨官 子女 力士	廉貞 天相 文曲 祿存 冠帶 夫妻 博士	天梁 擎羊 天哭 沐浴 兄弟 官符	七殺 文昌 天馬 長生 命宮 伏兵
貪狼 帝旺 財帛 青龍	陰男 丁亥年九月初五日寅時生 癸巳年六十七歲十一月初七故	土五局	天同權 天鉞 地空 養 父母 大耗
太陰祿 龍池 天使 衰 疾厄 小耗			武曲 胎 福德 病符
紫微 天府 右弼 截空 病 遷移 將軍	天機科 地劫 天傷 死 奴僕 奏書	破軍 左輔 鈴星 天空 墓 官祿／身宮 飛廉	太陽 天魁 火星 鳳閣 絕 田宅 喜神

七殺朝斗，一生爵祿榮昌。紫府朝垣，左右拱照，終身富貴。六十七歲大限入寅為傷使夾地，小限入未，擎羊天哭逢傷使，太歲陀羅天虛會空劫天傷，故凶也。

白起之命

天鉞 文曲忌 長生 父母 伏兵	天虛 地空 火星 擎羊 破軍 紫微 沐浴 命宮 官符	天刑 祿存 文昌 天機 冠帶 兄弟 博士	龍池 天哭 天馬 陀羅 臨官 夫妻 力士
截空 鳳閣 天府 養 福德 大耗	陰男 己丑年十月三十日辰時生 癸卯年七十五歲正月十四故 土五局		太陽 帝旺 子女 青龍
太陰 胎 田宅 病符			地劫 七殺 武曲祿 衰 財帛／身宮 小耗
貪狼權 廉貞 絕 官祿 喜神	天傷 天魁 巨門 墓 奴僕 飛廉	右弼 左輔 天相 死 遷移 奏書	天使 天空 鈴星 天梁 天同科 病 疾厄 將軍

紫微輔弼同行為君臣慶會，火羊同垣，威權出眾，權祿加會，乃文武雙全富貴之命。七十五歲大限入子，為天傷之地，太歲逢雙空地劫擎羊是為凶也，故死。

馬援之命

天使 天刑 天空 太陽忌 臨官 疾厄 小耗	鳳閣 破軍權 帝旺 財帛 將軍	天鉞 天機 衰 子女 奏書	截空 龍池 天馬 天府 紫微 病 夫妻 飛廉
文曲 武曲科 冠帶 遷移 青龍	陽男 甲辰年九月十四日子時生 己酉年六十六歲正月初八故 火六局		太陰 死 兄弟 喜神
天傷 擎羊 天同 沐浴 奴僕 力士			天虛 鈴星 文昌 貪狼 墓 命宮／身宮 病符
天哭 祿存 火星 右弼 七殺 長生 官祿 博士	陀羅 天魁 天梁 養 田宅 官符	左輔 天相 廉貞祿 胎 福德 伏兵	地劫 地空 巨門 絕 父母 大耗

科權祿拱，富貴聲揚。貪狼遇鈴，威鎮邊疆，昌曲加會，乃文武雙全也。六十六歲大限入天羅，為傷使夾地，小限入卯，天傷擎羊之地，又逢空劫，故其數難逃。

趙普之命

太陽 天鉞 天空 夫妻／身宮 絕 飛廉	破軍 右弼 鳳閣 兄弟 胎 喜神	天機 命宮 養 病符	紫微（權） 天府（科） 左輔 天馬 龍池 父母 長生 大耗
武曲（忌） 子女 墓 奏書	壬辰年五月十四日亥時生 陽男 己酉年七十八歲四月十一故	水二局	太陰 鈴星 福德 沐浴 伏兵
天同 文曲 天魁 截空 財帛 死 將軍			貪狼 陀羅 地劫 天虛 田宅 冠帶 官符
七殺 天哭 天使 疾厄 病 小耗	天梁（祿） 火星 天刑 遷移 衰 青龍	廉貞 天相 擎羊 地空 天傷 奴僕 帝旺 力士	巨門 文昌 祿存 官祿 臨官 博士

左右夾命，雙祿加會，富貴雙全到終。七十八歲大限在寅，逢哭虛天使地劫，太歲逢截空天空，是以凶也。

皇雨安命

武曲 破軍 夫妻 病 伏兵	太陽 截空 兄弟 衰 大耗	天府 左輔 右弼 火星 命宮 帝旺 病符	天機（祿） 太陰（忌） 天鉞 鈴星 天空 父母 臨官 喜神
天同 擎羊 子女 死 官符	乙未年四月二十四日戌時生 陰男 己卯年四十五歲四月十一故	木三局	紫微（科） 貪狼 地劫 福德 冠帶 飛廉
祿存 鳳閣 財帛／身宮 墓 博士			巨門 田宅 沐浴 奏書
文曲 陀羅 天使 疾厄 絕 力士	廉貞 七殺 地空 天虛 遷移 胎 青龍	天梁（權） 文昌 天魁 天刑 天傷 奴僕 養 小耗	天相 天馬 龍池 天哭 官祿 長生 將軍

左右同宮，日月夾命，其貴必矣。四十五歲大限在卯，逢地劫天哭火星，小限在酉，逢空劫天虛拱照，太歲重疊大限，歲限相沖，是以凶也。

白居易命

天同 天虛 夫妻 病 伏兵	武曲 天府 左輔 火星 截空 兄弟 衰 大耗	太陽 太陰忌 鈴星 天哭 命宮 帝旺 病符	貪狼 右弼 天鉞 地劫 父母 臨官 喜神
破軍 擎羊 子女 死 官符	乙亥年三月二十七日酉時生 陰男 丙寅年五十二歲二月初五故	木三局	天機祿 巨門 福德 冠帶 飛廉
祿存 龍池 財帛 墓 博士			紫微科 天相 田宅 沐浴 奏書
廉貞 陀羅 地空 天馬 天使 疾厄 絕 力士	文昌 文曲 遷移／身宮 胎 青龍	七殺 天魁 天空 天傷 奴僕 養 小耗	天梁權 天刑 鳳閣 官祿 長生 將軍

權祿拱照，左右夾垣。日月同宮，昌曲守身，富貴之命。命帶忌星，壽難長久。五十二歲大限到卯，天哭天刑鈴星逢，小限入辰擎羊逢天傷地劫，太歲陀羅天使逢劫空，故亡。

司馬懿命

天府科 天鉞 夫妻 絕 飛廉	天同 太陰 龍池 兄弟 胎 喜神	武曲忌 貪狼 左輔 右弼 命宮 養 病符	太陽 巨門 鳳閣 天虛 父母 長生 大耗
天哭 子女 墓 奏書	壬寅年四月二十日戌時生 陽男 丁卯年二十六歲二月十二故	水二局	天相 地劫 福德 沐浴 伏兵
廉貞 破軍 天魁 天空 截空 財帛／身宮 死 將軍			天機 天梁祿 陀羅 田宅 冠帶 官符
文曲 天使 疾厄 病 小耗	鈴星 地空 遷移 衰 青龍	文昌 擎羊 天刑 天傷 奴僕 帝旺 力士	紫微權 七殺 火星 祿存 天馬 官祿 臨官 博士

權祿會合，左右同宮，少年顯貴。命逢化忌，壽難長久。二十六歲大限入酉，地劫會三空，小限入巳，亦為空劫會照；流年空劫天空截空同會，故亡矣。

殷倫之命

天府 文曲 祿存 天刑 臨官 財帛 博士	天同 祿 太陰 擎羊 帝旺 子女 力士	武曲 貪狼 紅鸞 衰 夫妻 青龍	太陽 巨門 天馬 病 兄弟 小耗
陀羅 截空 天使 冠帶 疾厄 官符	丙申年九月十三日丑時生 陽男 戊子年五十三歲三月十八故	火六局	天相 科 文昌 天鉞 天空 死 命宮 將軍
廉貞 忌 破軍 火星 沐浴 遷移 伏兵			天機 權 天梁 地空 天哭 墓 父母 奏書
右弼 鳳閣 天虛 天傷 長生 奴僕 大耗	養 官祿 病符	左輔 地劫 龍池 胎 田宅 喜神	紫微 七殺 天魁 鈴星 絕 福德／身宮 飛廉

府相朝垣，昌曲加會，財官雙美富貴之命。五十三歲大限在丑，無正曜且逢天空天刑，小限在寅，天傷哭虛會照加會擎羊，太歲逢地劫羊陀及天使，故亡。

項濟川命

天梁 科 文曲 天刑 絕 財帛 將軍	七殺 天魁 墓 子女 小耗	龍池 鳳閣 死 夫妻 青龍	廉貞 陀羅 天馬 病 兄弟 力士
紫微 天相 天空 天使 胎 疾厄 奏書	辛卯年九月二十三日丑時生 陰男 壬辰年六十一歲九月初七故	火六局	文昌 忌 祿存 天虛 衰 命宮 博士
天機 祿 巨門 天哭 養 遷移 飛廉			破軍 擎羊 火星 地空 帝旺 父母 官符
貪狼 右弼 天鉞 天傷 長生 奴僕 喜神	太陽 權 太陰 沐浴 官祿 病符	武曲 天府 左輔 地劫 冠帶 田宅 大耗	天同 鈴星 臨官 福德／身宮 伏兵

科祿權會合昌曲，日月丑宮照命，富貴全美。六十一歲大限在天羅，為天使之地空劫羊陀會照，太歲亦同，歲限相沖凶也，故亡於是年。

呂蒙正命

廉貞忌 貪狼 祿存 絕 父母 博士	巨門 文曲 右弼 擎羊 胎 福德 力士	天相 養 田宅 青龍	天同祿 天梁 文昌科 左輔 天馬 長生 官祿／身宮 小耗
太陰 陀羅 火星 截空 墓 命宮 官符	丙申年五月二十四日寅時生 陽男 己卯年四十三歲十一月初六故 水二局		武曲 七殺 天鉞 天空 地空 天傷 沐浴 奴僕 將軍
天府 死 兄弟 伏兵			太陽 天哭 冠帶 遷移 奏書
鳳閣 天虛 病 夫妻 大耗	紫微 破軍 地劫 天刑 衰 子女 病符	天機權 鈴星 龍池 帝旺 財帛 喜神	天魁 天使 臨官 疾厄 飛廉

陽梁昌祿會命，金殿傳臚，祿科權會，富貴全美。限步未濟，早年困苦。三十後方及第入相。四十三歲大限入申，逢火鈴陀天虛，太歲逢傷使及雙空拱照，故亡於是年。

張溫之命

廉貞 貪狼忌 天鉞 龍池 天哭 臨官 父母 喜神	巨門權 文昌 冠帶 福德 飛廉	天相 火星 地空 天虛 沐浴 田宅 奏書	天同 天梁 文曲 長生 官祿 將軍
太陰 右弼 帝旺 命宮 病符	癸丑年七月初四日辰時生 陰男 癸未年三十一歲正月十一故 土五局		武曲 七殺 鳳閣 天傷 養 奴僕 小耗
天府 天魁 地劫 天刑 衰 兄弟 大耗			太陽科 左輔 胎 遷移 青龍
鈴星 天空 天馬 病 夫妻 伏兵	紫微祿 破軍 擎羊 截空 死 子女 官符	天機 祿存 墓 財帛／身宮 博士	陀羅 天使 絕 疾厄 力士

魁鉞夾命本為貴，唯日月反背，昌曲落陷居於弱鄉，苗而不秀，故不顯其文也。又限步不遂，故怨恨三十一歲而死。

36 古今富貴貧賤夭壽命圖（命譜）

杭寬之命

天梁 權 右弼 天馬 財帛／身宮 臨官 伏兵	七殺 截空 子女 冠帶 大耗	夫妻 沐浴 病符	廉貞 天鉞 鈴星 兄弟 長生 喜神
紫微 科 天相 擎羊 天使 疾厄 帝旺 官符	乙酉年六月初六日戌時生 陰男 乙亥年五十一歲六月十一故 水二局		左輔 地劫 天哭 命宮 養 飛廉
天機 祿 巨門 祿存 天虛 遷移 衰 博士			破軍 天空 父母 胎 奏書
貪狼 文曲 陀羅 天刑 天傷 奴僕 病 力士	太陽 忌 太陰 火星 地空 官祿 死 青龍	武曲 天府 文昌 天魁 田宅 墓 小耗	天同 福德 絕 將軍

發不主財，祿纏於陷地，空劫沖照，終身不得發達。五十一歲大限行巳，空劫天哭逢，小限入酉，空劫哭虛同，命限相沖，凶也，故損壽。

石崇富命

巨門 鈴星 父母 病 小耗	廉貞 祿 天相 文曲 右弼 福德 死 將軍	天梁 天鉞 天空 田宅 墓 奏書	七殺 文昌 左輔 天馬 截空 官祿／身宮 絕 飛廉
貪狼 鳳閣 命宮 衰 青龍	甲午年五月初三日寅時生 陽男 戊子年五十四歲十一月初五故 木三局		天同 地空 天傷 奴僕 胎 喜神
太陰 擎羊 火星 兄弟 帝旺 力士			武曲 科 龍池 遷移 養 病符
紫微 天府 祿存 夫妻 臨官 博士	天機 天魁 陀羅 地劫 天刑 子女 冠帶 官符	破軍 權 天哭 天虛 財帛 沐浴 伏兵	太陽 忌 天使 疾厄 長生 大耗

處世榮華，權祿守財福。命逢文昌武曲拱照，為巨富之命。大限五十四入天傷之地，逢空劫羊陀拱照，小限亦同，太歲入哭虛之地，加會截空，故壽終。

范丹貧命

天相 左輔 天馬 祿存 天傷 絕 **奴僕** 博士	天梁 擎羊 鈴星 胎 **遷移／身宮** 力士	廉貞忌 七殺 文昌科 文曲 天使 天空 養 **疾厄** 青龍	地空 長生 **財帛** 小耗
巨門 陀羅 火星 截空 墓 **官祿** 官符	丙午年二月十日卯時生 陽男 甲子年七十七歲七月初五故	土五局	右弼 天鉞 沐浴 **子女** 將軍
紫微 貪狼 死 **田宅** 伏兵			天同祿 天刑 冠帶 **夫妻** 奏書
天機權 太陰 地劫 病 **福德** 大耗	天府 死 **父母** 病符	太陽 天哭 天虛 帝旺 **命宮** 喜神	武曲 破軍 天魁 臨官 **兄弟** 飛廉

生來貧賤，劫空臨財福之鄉，祿馬陷於絕地之中，年限入美景方得名揚。七十七歲大限入於天空天使，小限入申，空劫陀羅及哭虛會照，故亡。

車明貧命

左輔 祿存 天馬 天傷 長生 **奴僕** 博士	天機忌 擎羊 鈴星 帝旺 **遷移／身宮** 力士	紫微 破軍 文昌 文曲 天鉞 天使 天空 冠帶 **疾厄** 青龍	地空 臨官 **財帛** 小耗
太陽 陀羅 火星 鳳閣 養 **官祿** 官符	戊午年二月二十四日卯時生 陽男 庚申年六十三歲五月初三故	金四局	天府 右弼科 帝旺 **子女** 將軍
武曲 七殺 胎 **田宅** 伏兵			太陰權 天刑 龍池 衰 **夫妻** 奏書
天同 天梁 地劫 絕 **福德** 大耗	天相 天魁 墓 **父母** 病符	巨門 天哭 天虛 截空 死 **命宮** 喜神	廉貞 貪狼祿 病 **兄弟** 飛廉

生來貧賤，劫空臨財福之鄉，六十三歲大限行天傷之地，小限入擎羊之地，逢哭虛地劫天刑，太歲逢空劫哭虛，故亡。

和尚之命

天同 文曲 天刑 臨官 財帛 伏兵	武曲 天府 截空 冠帶 子女 大耗	太陽 太陰 忌 沐浴 夫妻 病符	貪狼 天鉞 天馬 長生 兄弟 喜神
破軍 擎羊 火星 天使 帝旺 疾厄 官伏	陰男 乙酉年九月十八日丑時生 乙亥年五十一歲四月初十故	水二局	天機 祿 巨門 文昌 天哭 養 命宮 飛廉
祿存 天虛 衰 遷移 博士			紫微 科 天相 天空 地空 胎 父母 奏書
廉貞 右弼 陀羅 天傷 病 奴僕 力士	龍池 鳳閣 死 官祿 青龍	七殺 左輔 天魁 地劫 墓 田宅 小耗	天梁 權 鈴星 絕 福德/身宮 將軍

巨機酉上化吉者，縱有財官也不榮，俗人發達終夭。空門享福豐隆。五十一歲大限入巳，天刑鈴星天哭逢，小限入酉，哭虛會照，太歲行空劫夾地，故壽終。

和尚之命

武曲 祿 破軍 左輔 陀羅 地劫 鳳閣 天馬 地空 長生 父母 大耗	太陽 天空 祿存 養 子女 博士	天府 擎羊 胎 夫妻 官符	天機 太陰 天鉞 絕 兄弟 伏兵
天同 文昌 鈴星 天使 沐浴 疾厄 青龍	陰男 己巳年二月二十二日午時生 辛亥年四十三歲三月初三故	金四局	紫微 貪狼 權 右弼 火星 龍池 墓 命宮/身宮 大耗
冠帶 遷移 小耗			巨門 文曲 忌 天刑 死 父母 病伏
天傷 臨官 奴僕 將軍	廉貞 七殺 天哭 帝旺 官祿 奏書	天梁 科 天魁 衰 田宅 飛廉	天相 天虛 病 福德 喜神

極居卯酉，多為脫俗之僧。雖祿權扶持，惜逢殺破空劫沖照。大限四十三歲入午，天空天傷逢，小限入丑，天哭之地，又逢羊陀空劫沖照，太歲亦逢羊陀空劫天虛，故壽終。

楊道人命

天相 天鉞 長生 **福德** 飛廉	天梁 祿 天哭 天虛 沐浴 **田宅** 喜神	廉貞 七殺 冠帶 **官祿** 病伏	天馬 天傷 臨官 **奴僕** 大耗
巨門 左輔 龍池 養 **父母** 奏書	壬子年正月初八日亥時生 陽男 壬寅年五十一歲十一月初五故		鈴星 天刑 帝旺 **遷移** 伏兵
紫微 權 貪狼 文曲 天魁 截空 胎 **命宮** 將軍	金四局		天同 右弼 陀羅 地劫 天使 鳳閣 衰 **疾厄** 官符
天機 太陰 絕 **兄弟** 小耗	天府 科 火星 天空 墓 **夫妻／身宮** 青龍	太陽 擎羊 地空 死 **子女** 力士	武曲 忌 破軍 文昌 祿存 病 **財帛** 博士

極居卯酉，多為脫俗之僧。雖權祿加會，逢刑忌沖破，不過虛名而已。五十一歲大限入未，逢天空截空，小限入子為地空擎羊之地，哭虛天傷會照，太歲亦會合天傷哭虛，故損壽。

古峯僧命

太陰 左輔 天馬 天虛 病 **福德** 將軍	貪狼 天魁 衰 **田宅** 小耗	天同 祿 巨門 天哭 帝旺 **官祿** 青龍	武曲 天相 陀羅 天傷 臨官 **奴僕** 力士
廉貞 天府 文曲 科 死 **父母** 奏書	辛亥年二月二十五日子時生 陰男 丙申年四十六歲四月初三故		太陽 權 天梁 右弼 火星 祿存 冠帶 **遷移** 博士
龍池 墓 **命宮／身宮** 飛廉	木三局		七殺 文昌 忌 擎羊 鈴星 天刑 天使 沐浴 **疾厄** 官符
破軍 天鉞 絕 **兄弟** 喜神	胎 **夫妻** 病伏	紫微 天空 養 **子女** 大耗	天機 地劫 地空 鳳閣 長生 **財帛** 伏兵

命無正曜，雖酉未宮權祿加臨又會機梁。但命會空劫，宜為僧道，有岩泉之名。四十六歲大限入空劫之地，會照哭虛，小限入地網，擎羊天使守照，太歲又逢陀羅天傷，其數安能逃。

寶壇僧命

天相 天鉞 天馬 夫妻 絕 飛廉	天梁祿 文昌 火星 天刑 兄弟 胎 喜神	廉貞 七殺 地空 命宮 養 病符	文曲 父母 長生 大耗
巨門 子女 墓 奏書	陽男 壬申年十月初四日辰時生 壬戌年五十一歲十月十一故	水二局	天空 福德 沐浴 伏兵
紫微權 貪狼 天魁 地劫 截空 財帛／身宮 死 將軍			天同 陀羅 天哭 田宅 冠帶 官符
天機 太陰 鈴星 天虛 天使 疾厄 病 小耗	天府科 左輔 右弼 遷移 衰 青龍	太陽 擎羊 天傷 奴僕 帝旺 力士	武曲忌 破軍 祿存 官祿 臨官 博士

科權祿拱，左右朝垣，本似富貴之命。奈何空劫身命，忌星會合，只宜為僧，有岩泉之名。五十一歲大限入亥，空劫會照，小限入子，擎羊天傷，太歲入地網又逢陀羅火鈴哭虛合天使，故壽終。

武安王命

巨門 地空 地劫 祿存 天傷 奴僕 長生 博士	廉貞 天相科 右弼 擎羊 遷移 沐浴 力士	天梁 天鉞 火星 天空 天使 疾厄 冠帶 青龍	七殺 左輔 天馬 財帛 臨官 小耗
貪狼祿 文昌 陀羅 鳳閣 官祿 養 官符	陽男 戊午年五月十三日午時生 乙卯年五十八歲八月初七故	金四局	天同 鈴星 子女 帝旺 將軍
太陰權 田宅 胎 伏兵			武曲 文曲 龍池 夫妻 衰 奏書
紫微 天府 福德 絕 大耗	天機忌 天魁 天刑 父母 墓 病符	破軍 截空 天哭 天虛 命宮／身宮 死 喜神	太陽 兄弟 病 飛廉

殺破廉貞俱作惡，廟而不陷掌三軍，科祿左右加會，武職崢嶸。五十八歲大限入巳，空劫天傷之地，小限在丑，劫空傷使加火鈴，故壽終。

嚴介溪命

武曲 破軍 權 大耗 命宮 長生	太陽 天哭 天虛 祿 伏兵 父母 沐浴	天府 天鉞 陀羅 鈴星 截空 官符 福德 冠帶	天機 太陰 地劫 祿存 天馬 科 博士 田宅 臨官
天同 左輔 龍池 忌 病符 兄弟 養	庚子年正月二十二日酉時生 陽男 癸亥年八十四歲五月初九故	金四局	紫微 貪狼 擎羊 天刑 力士 官祿 帝旺
喜神 夫妻 胎			巨門 右弼 鳳閣 天傷 青龍 奴僕 衰
地空 飛廉 子女 絕	廉貞 七殺 文昌 文曲 天魁 天空 奏書 財帛 墓	天梁 天使 將軍 疾厄 死	天相 火星 小耗 遷移／身宮 病

武曲守垣，昌曲朝照。火羊會照，威權出眾，文武雙全，大富貴也。子息宮逢空劫哭虛及天傷且有飛廉為害，故因子破敗而臨終，不得全美也。

萬兩溪命

太陽 天虛 伏兵 夫妻 病	破軍 文曲 截空 大耗 兄弟 衰	天機 天哭 祿 病符 命宮 帝旺	紫微 天府 文昌 天鉞 科 喜神 父母 臨官
武曲 擎羊 天刑 官符 子女 死	庚寅年七十六歲八月初四故	乙亥年八月二十一日寅時生 陰男 木三局	太陰 地空 忌 飛廉 福德 冠帶
天同 右弼 祿存 龍池 博士 財帛 墓			貪狼 奏書 田宅 沐浴
七殺 陀羅 天使 力士 疾厄 絕	天梁 地劫 權 青龍 遷移 胎	廉貞 天相 天魁 鈴星 天傷 小耗 奴僕 養	巨門 左輔 火星 天馬 鳳閣 將軍 官祿／身宮 病

此為祿權坐守，雙祿會命，昌曲夾命，左右加會，乃富貴雙全，福壽有終之命。七十六歲大限到子，天傷擎羊之地，太歲陀羅天使逢截空，是以命亡。

鄧錬之命

巨門、天鉞、天馬 絕 **夫妻** 飛廉	廉貞、天相、文昌、火星、天刑、天哭 胎 **兄弟** 喜神	天梁（祿）、地空 養 **命宮** 病符	七殺、文曲 長生 **父母** 大耗
貪狼、龍池 墓 **子女** 奏書	陽男 壬子年十月初二日辰時生 庚子年四十九歲正月初九故	水二局	天同 沐浴 **福德** 伏兵
太陰、天魁、地劫、截空 死 **財帛／身宮** 將軍			武曲（忌）、陀羅、鳳閣 冠帶 **田宅** 官符
紫微（權）、天府（科）、鈴星、天使 病 **疾厄** 小耗	天機、左輔、右弼、天空 衰 **遷移** 青龍	破軍、擎羊、天傷 帝旺 **奴僕** 力士	太陽、祿存 臨官 **官祿** 博士

昌曲夾命，左右朝垣，雙祿守照，無不富貴。早年連登科第，位至監察御史，轉陞京卿。四十九歲小限入地網，逢陀忌，太歲擎羊天傷，以至倒壽。

譚二華命

天同（忌）、天空、地劫、地空 絕 **田宅** 大耗	武曲（權）、天府、鳳閣、三台 胎 **官祿** 伏兵	太陽（祿）、太陰（科）、陀羅、天鉞、天傷 養 **奴僕** 官符	貪狼、火星、祿存、龍池、八座 長生 **遷移** 博士
破軍、文昌、鈴星、右弼 墓 **福德** 病符	陽男 庚辰年七月二十一日午時生 甲申年六十五歲十月十五故	土五局	天機、巨門、擎羊、天使 沐浴 **疾厄** 力士
天刑 死 **父母** 喜神			紫微、天相、文曲、左輔、天虛 冠帶 **財帛** 青龍
廉貞、天馬、天哭 病 **命宮／身宮** 飛廉	天魁 衰 **兄弟** 奏書	七殺 帝旺 **夫妻** 將軍	天梁 臨官 **子女** 小耗

此為紫府朝垣，文曲武曲會合祿權，加會三台八座，吉星俱拱照，為大貴之命。且廉貞守命垣，庚生人合之為貴，終身福厚，位登二品。

李宗師命

天同 天空 祿存 兄弟 臨官 博士	武曲 天府 擎羊 鈴星 命宮 帝旺 力士	太陽 太陰 天鉞 地劫 權 父母 衰 青龍	貪狼 天馬 龍池 祿 福德 病 小耗
破軍 左輔 陀羅 夫妻 冠帶 官符	陽男 戊辰年正月二十六日申時生 乙酉年七十八歲十月初二故	火六局	天機 巨門 天刑 忌 田宅 死 將軍
地空 子女 沐浴 伏兵			紫微 天相 右弼 火星 天虛 科 官祿／身宮 墓 奏書
廉貞 文昌 天哭 財帛 長生 大耗	天魁 天使 疾厄 養 病符	七殺 文曲 截空 遷移 胎 喜神	天梁 天傷 奴僕 絕 飛廉

此為府相朝垣，昌曲加會，文名聲揚。但刑妻無子，終身享高爵厚祿。七十八歲大限在丑，天使劫空會照，小限入卯逢空劫，太歲雙空天使拱照，又入死地，故壽終。

裴應章命

天相 陀羅 兄弟 臨官 力士	天梁 祿存 命宮 冠帶 博士	廉貞 七殺 左輔 右弼 擎羊 父母 沐浴 官符	福德 長生 伏兵
巨門 忌 夫妻／身宮 帝旺 青龍	陰男 丁酉年四月二十九日亥時生	水二局	天鉞 鈴星 天哭 田宅 養 大耗
紫微 貪狼 文曲 天虛 子女 衰 小耗			天同 天空 地劫 權 官祿 胎 病伏
天機 太陰 火星 祿科 財帛 病 將軍	天府 龍池 鳳閣 天使 疾厄 死 奏書	太陽 地空 天刑 遷移 墓 飛廉	武曲 破軍 文昌 天魁 天馬 奴僕 絕 喜神

梁居午位，官資清顯。科祿權加會，富貴雙全，位登二品。

狀元命

太陰 陀羅 鳳閣 官祿／身宮 臨官 力士	貪狼（權） 鈴星 天空 祿存 天傷 奴僕 冠帶 博士	天同 巨門 擎羊 地劫 遷移 沐浴 官符	武曲（祿） 天相 天鉞 天使 疾厄 長生 伏兵
廉貞 天府 天刑 田宅 帝旺 青龍	己巳年八月二十三日申時生 陰男		太陽（科） 天梁 龍池 截空 財帛 養 大耗
右弼 地空 福德 衰 小耗	水二局		七殺 子女 胎 病符
破軍 文昌 父母 病 將軍	天哭 命宮 死 奏書	紫微 文曲（忌） 天魁 兄弟 墓 飛廉	天機 左輔 火星 天馬 天虛 夫妻 絕 喜神

日月照命，昌曲夾命。且前後三方吉集，尤為大貴。對宮羊刃，入廟不妨。

唐狀元命

廉貞 貪狼 官祿 絕 伏兵	巨門 文昌 天傷 奴僕 墓 大耗	天相 左輔 右弼 火星 地空 遷移 死 病符	天同 天梁（權） 文曲 天鉞 天使 疾厄 病 喜神
太陰（忌） 擎羊 田宅 胎 官符	乙酉年四月初五日辰時生 陰男		武曲 七殺 天哭 財帛／身宮 衰 飛廉
天府 地劫 祿存 天虛 福德 養 博士	火六局		太陽 天空 子女 帝旺 奏書
陀羅 鈴星 父母 長生 力士	紫微（科） 破軍 龍池 鳳閣 命宮 沐浴 青龍	天機（祿） 天魁 天刑 兄弟 冠帶 小耗	天馬 夫妻 臨官 將軍

紫微守命，龍池鳳閣入命，左輔右弼朝垣。天相得紫微，是為君臣加會。其富貴必矣。

常國公命

天相 左輔 天馬 鈴星 截空 將軍 子女 絕	天梁 天魁 地劫 小耗 夫妻 墓	廉貞 七殺 龍池 鳳閣 青龍 兄弟 死	陀羅 力士 命宮 病
巨門（祿） 火星 天空 地空 奏書 財帛 胎	陰男 辛卯年二月十二日未時生		右弼 祿存 天虛 博士 父母 衰
紫微 貪狼（忌） 文昌 天哭 天使 飛廉 疾厄 養	火六局		天同 擎羊 天刑 官符 福德／身宮 帝旺
天機 太陰 天鉞 喜神 遷移 長生	天府 天傷 病符 奴僕 沐浴	太陽（權） 大耗 官祿 冠帶	武曲 破軍 文曲（科） 伏兵 田宅 臨官

命宮雖無正曜，但得三方吉拱，富貴必矣。況公侯承蔭祖宗，即如帝胄之命，不必合格，但得吉星扶持可也。故看命數者，又當因人而論。

暨太監命

天相 祿存 博士 福德 病	天梁 擎羊 天哭 天虛 力士 田宅 死	廉貞 七殺（忌） 青龍 官祿 墓	天馬 天傷 小耗 奴僕 絕
巨門 左輔 陀羅 龍池 截空 官符 父母 衰	陽男 丙子年正月初六日亥時生		天鉞 鈴星 天刑 將軍 遷移 胎
紫微 貪狼 文曲 伏兵 命宮 帝旺	木三局		天同（祿） 右弼 地劫 鳳閣 天使 奏書 疾厄 養
天機（權） 太陰 大耗 兄弟 臨官	天府 火星 天空 病符 夫妻／身宮 冠帶	太陽 地空 喜神 子女 沐浴	武曲 破軍（科） 文昌 天魁 飛廉 財帛 長生

命坐紫微，武曲朝垣。文昌文曲加會，天魁天鉞酉亥宮拱照，紫微得文曲扶佐，主掌兵權。

36 古今富貴貧賤夭壽命圖（命譜）

都督命

天同 天刑 天虛 臨官 子女 伏兵	武曲 天府 文曲 截空 冠帶 夫妻 大耗	太陽 太陰忌 天哭 沐浴 兄弟 病符	貪狼 文昌 天鉞 天馬 長生 命宮 喜神
破軍 擎羊 帝旺 財帛 官符	乙亥年九月十八日寅時生 陰男	水二局	天機祿 巨門 地空 養 父母 飛廉
祿存 龍池 天使 衰 疾厄 博士			紫微科 天相 胎 福德 奏書
廉貞 右弼 陀羅 病 遷移 力士	地劫 天傷 死 奴僕 青龍	七殺 左輔 天魁 鈴星 天空 墓 官祿/身宮 小耗	天梁權 火星 鳳閣 絕 田宅 將軍

殺破貪狼俱無惡，廟而不陷掌三軍。況左右魁鉞守照，文昌同垣，鈴羊會照，威權出眾，宜武職崢嶸。

胡總制命

天府科 天鉞 天刑 絕 子女 飛廉	天同 太陰 文曲 胎 夫妻 喜神	武曲忌 貪狼 養 兄弟 病符	太陽 巨門 文昌 天馬 長生 命宮 大耗
火星 墓 財帛 奏書	壬申年九月二十六日寅時生 陽男	土五局	天相 天空 地空 沐浴 父母 伏兵
廉貞 破軍 天魁 截空 天使 死 疾厄 將軍			天機祿 天梁 陀羅 天哭 冠帶 福德 官符
右弼 鳳閣 天虛 病 遷移 小耗	地劫 天傷 衰 奴僕 青龍	左輔 擎羊 鈴星 龍池 帝旺 官祿/身宮 力士	紫微權 七殺 祿存 臨官 田宅 博士

巨日同宮，官封三代。太陽入命逢輔弼拱照，鈴羊火羊均成格，龍池鳳閣亦入命，其富貴必矣，宜武職崢嶸。

進士之命

天梁 陀羅 天虛 長生 遷移/身宮 力士	七殺 祿存 天使 養 疾厄 博士	文昌 文曲 擎羊 天哭 胎 財帛 官符	廉貞 地空 天馬 絕 子女 伏兵
紫微 天相 左輔 天傷 沐浴 奴僕 青龍	丁亥年正月二十一日卯時生 陰男		天鉞 天刑 墓 夫妻 大耗
天機科 巨門忌 龍池 冠帶 官祿 小耗	金四局		破軍 右弼 死 兄弟 病符
貪狼 地劫 截空 臨官 田宅 將軍	太陽 太陰祿 鈴星 帝旺 福德 奏書	武曲 天府 火星 天空 衰 父母 飛廉	天同權 天魁 鳳閣 病 命宮 喜神

科權拱照，昌曲暗拱，天魁坐命，當為科甲之士。但中年限行絕地，未得遂志。至五十四歲後方利達。

舉人之命

廉貞 貪狼 天馬 臨官 官祿 大耗	巨門 天刑 龍池 天傷 帝旺 奴僕 伏兵	天相 天鉞 陀羅 截空 衰 遷移 官符	天同忌 天梁 祿存 鳳閣 天虛 天使 病 疾厄 博士
太陰科 天哭 冠帶 田宅 病符	庚寅年十月初五日戌時生 陽男		武曲權 七殺 擎羊 地劫 死 財帛/身宮 力士
天府 天空 沐浴 福德 喜神	火六局		太陽祿 墓 子女 青龍
文曲 長生 父母 飛廉	紫微 破軍 左輔 右弼 天魁 鈴星 地空 養 命宮 奏書	天機 文昌 胎 兄弟 將軍	火星 絕 夫妻 小耗

君臣慶會，左右同宮，昌曲夾命，揆鉞拱命之格，當為大貴。但逢空劫拱照，雖美不足，故至三十六歲後，大限入辰，陽梁昌祿會合，方能發達。

進士之命

祿存 博士 田宅 病	天機 權 擎羊 力士 官祿 死	紫微 破軍 天傷 青龍 奴僕 墓	天刑 小耗 遷移 絕
太陽 陀羅 截空 官符 福德 衰	丙申年十二月初十日亥時生 陽男		天府 天鉞 鈴星 天空 天使 將軍 疾厄 胎
武曲 七殺 文曲 左輔 伏兵 父母 帝旺	木三局		太陰 地劫 天哭 奏書 財帛 養
天同 祿 天梁 鳳閣 天虛 大耗 命宮 臨官	天相 火星 病符 兄弟 冠帶	巨門 地空 龍池 喜神 夫妻／身宮 沐浴	廉貞 忌 貪狼 文昌 科 右弼 天魁 天馬 飛廉 子女 長生

寅申最喜同梁會，又祿權守照，其貴必矣。三十歲大限入辰，太陽正坐。小限入卯，昌曲魁鉞拱照，是以高中，官至四品上。

納粟之命

文昌 小耗 父母 病	天機 地空 將軍 福德 死	紫微 破軍 權 天鉞 火星 奏書 田宅 墓	截空 飛廉 官祿 絕
太陽 忌 地劫 天刑 青龍 命宮 衰	甲申年八月十八日巳時生 陽男		天府 文曲 天空 天傷 喜神 奴僕 胎
武曲 科 七殺 右弼 擎羊 鈴星 力士 兄弟 帝旺	木三局		太陰 天哭 病符 遷移 養
天同 天梁 祿存 鳳閣 天虛 博士 夫妻／身宮 臨官	天相 天魁 陀羅 官符 子女 冠帶	巨門 龍池 伏兵 財帛 沐浴	廉貞 祿 貪狼 左輔 天馬 天使 大耗 疾厄 長生

太陽坐命，太陰拱照，為日月爭耀，富貴全美。但化忌地劫入命垣。故不能大貴，而得大富。止於納粟縣佐之位而已。

廩生之命

命宮／身宮 病 小耗	天機 父母 死 將軍	紫微 權 破軍 左輔 右弼 天鉞 天空 福德 墓 奏書	截空 田宅 絕 飛廉
太陽 忌 文曲 鳳閣 兄弟 衰 青龍	甲午年四月二十日子時生 陰男		天府 官祿 胎 喜神
武曲 科 七殺 擎羊 鈴星 夫妻 帝旺 力士	木三局		太陰 文昌 龍池 天傷 奴僕 養 病符
天同 天梁 祿存 子女 臨官 博士	天相 天魁 陀羅 火星 財帛 冠帶 官符	巨門 天刑 天哭 天虛 天使 疾厄 沐浴 伏兵	廉貞 祿 貪狼 地空 地劫 天馬 遷移 長生 大耗

此命身皆無正曜，多主庶母所生。得府相朝垣，廉祿拱沖。福德宮吉集，故有受朝廷作養。但壽終不得長。因劫空沖命，文昌陷於天傷故也。

富商之命

天同 天鉞 天使 疾厄 長生 飛廉	武曲 忌 天府 科 文曲 財帛 沐浴 喜神	太陽 太陰 天刑 子女 冠帶 病符	貪狼 文昌 夫妻 臨官 大耗
破軍 火星 遷移 養 奏書	壬申年十一月二十六日寅時生 陽男		天機 巨門 天空 地空 兄弟 帝旺 伏兵
天魁 截空 天傷 奴僕 胎 將軍	金四局		紫微 權 天相 陀羅 天哭 命宮 衰 官符
廉貞 左輔 天馬 鳳閣 天虛 官祿／身宮 絕 小耗	地劫 田宅 墓 青龍	七殺 右弼 擎羊 鈴星 龍池 福德 死 力士	天梁 祿 祿存 父母 病 博士

此科權迭併入命，但嫌陀羅破局，是故不貴。天府武曲喜居財帛，且逢輔弼，其富必矣。但破軍居遷移，不免勞力耳。

秀才之命

天機 天刑 子女 絕 大耗	紫微 文曲 夫妻 胎 伏兵	天鉞 陀羅 截空 兄弟 養 官符	破軍 文昌 祿存 天馬 命宮 長生 博士
七殺 火星 財帛 墓 病符	庚申年九月初十日寅時生 陽男		擎羊 天空 地空 父母 沐浴 力士
太陽祿 天梁 天使 疾厄 死 喜神	水二局		廉貞 天府 天哭 福德 冠帶 青龍
武曲權 天相 右弼 鳳閣 天虛 遷移 病 飛廉	天同忌 巨門 天魁 地劫 天傷 奴僕 衰 奏書	貪狼 左輔 鈴星 龍池 官祿／身宮 帝旺 將軍	太陰科 田宅 臨官 小耗

此破軍守命，最喜祿存而解其狂。主人文武雙全，三十以上宜食廩出貢。乃致富大材耳。若非火星沖照，羊陀夾命，則又當大貴矣。

孤殀之命

文曲 祿存 遷移 病 博士	天機權 擎羊 天使 疾厄 死 力士	紫微 破軍 天空 天刑 財帛 墓 青龍	子女 絕 小耗
太陽 鈴星 陀羅 天傷 截空 奴僕 衰 官符	丙午年十一月十八日丑時生 陽男 甲戌年二十九歲故		天府 文昌科 天鉞 夫妻 胎 將軍
武曲 七殺 官祿 帝旺 伏兵	木三局		太陰 地空 兄弟 養 奏書
天同祿 天梁 左輔 火星 天馬 田宅 臨官 大耗	天相 福德／身宮 冠帶 病符	巨門 右弼 地劫 天哭 天虛 父母 沐浴 喜神	廉貞忌 貪狼 天魁 命宮 長生 飛廉

此命貪狼廉貞俱陷，又逢化忌，雖有天魁坐長生，亦無用也。二十九歲小限入申為絕地，太歲又在地網，又逢羊陀傷使與雙空，故得狂邪之疾亡。

小兒夭命

廉貞 貪狼權 文昌 陀羅 · 父母 · 病 · 力士	巨門 地空 祿存 · 福德 · 衰 · 博士	天相 擎羊 龍池 鳳閣 · 田宅 · 帝旺 · 官符	天同 天梁科 天鉞 · 官祿 · 臨官 · 伏兵
太陰 天空 地劫 天刑 · 命宮 · 死 · 青龍	陰男 己卯八月初二日巳時生 辛巳年三歲二月十九故	木三局	武曲祿 七殺 文曲忌 天虛 天傷 · 奴僕 · 冠帶 · 大耗
天府 右弼 鈴星 天哭 · 兄弟 · 墓 · 小耗			太陽 · 遷移 · 沐浴 · 病符
火星 · 夫妻／身宮 · 絕 · 將軍	紫微 破軍 · 子女 · 胎 · 奏書	天機 天魁 · 財帛 · 養 · 飛廉	左輔 天馬 天使 · 疾厄 · 長生 · 喜神

此命日月反背，太陰守命落陷。又臨天刑天空地劫之地，其難養必矣。三歲行童限在疾厄，逢天使天哭羊陀會照，故損壽。

小兒夭命

天府科 文曲 天鉞 · 遷移 · 長生 · 飛廉	天同 太陰 天使 · 疾厄 · 沐浴 · 喜神	武曲忌 貪狼 天刑 · 財帛 · 冠帶 · 病符	太陽 巨門 · 子女 · 臨官 · 大耗
天傷 · 奴僕 · 養 · 奏書	陽男	壬申年十一月初一日丑時生	天相 文昌 天空 · 夫妻 · 帝旺 · 伏兵
廉貞 破軍 天魁 火星 截空 · 官祿 · 胎 · 將軍	金四局		天機 天梁祿 陀羅 地空 天哭 · 兄弟 · 衰 · 官符
左輔 天馬 鳳閣 天虛 · 田宅 · 絕 · 小耗	福德／身宮 · 墓 · 青龍	右弼 擎羊 地劫 龍池 · 父母 · 死 · 力士	紫微權 七殺 鈴星 祿存 · 命宮 · 病 · 博士

此看本宮守命垣，本宜易養。但夾空夾劫，夾羊夾陀，若非夭即主卑賤，雖紫祿何力？故夭於九歲。

呂太后命

天同 鈴星 田宅 絕 大耗	武曲（科） 天府 文曲 左輔 官祿／身宮 墓 病符	太陽（忌） 太陰 天鉞 天傷 奴僕 死 喜神	貪狼 文昌 右弼 截空 天虛 遷移 病 飛廉
破軍（權） 天哭 福德 胎 伏兵	陽女 甲寅年三月初七日寅時生 辛酉年六十八歲九月初一故 火六局		天機 巨門 地空 天使 疾厄 衰 奏書
擎羊 火星 天空 父母 養 官符			紫微 天相 財帛 帝旺 將軍
廉貞（祿） 祿存 天馬 命宮 長生 博士	天魁 陀羅 地劫 兄弟 沐浴 力士	七殺 夫妻 冠帶 青龍	天梁 天刑 子女 臨官 小耗

雙祿守垣，左右昌曲加會。經曰：呂后專權，二重天祿天馬。七殺夫宮主剋夫。六十八歲大限入申，為傷使夾地，小限入酉，天使之地，羊陀空劫火鈴湊合，是為凶也。故壽終。

貂蟬之命

太陰 天鉞 鈴星 夫妻 臨官 飛廉	貪狼 文曲 兄弟 冠帶 奏書	天同 巨門 命宮 沐浴 將軍	武曲（忌） 天相 文昌 天哭 父母 長生 小耗
廉貞 天府（科） 天刑 天虛 子女 帝旺 喜神	陽女 壬戌年八月二十三日寅時生 己丑年二十八歲八月初五故 水二局		太陽（祿） 天梁 地空 福德 養 青龍
右弼 天魁 火星 截空 財帛 衰 病符			七殺 陀羅 田宅 胎 力士
破軍 龍池 天使 疾厄 病 大耗	地劫 遷移 死 伏兵	紫微（權） 擎羊 鳳閣 天傷 奴僕 墓 官符	天機 左輔 天空 祿存 天馬 官祿／身宮 絕 博士

雖有左右加會，巨門天同俱不得地。夫宮空劫雙祿馬，多配貴夫，但緣淺難久。刑傷哭虛陀羅入子女，又逢火鈴夾，子息全無。二十八歲大限入巳，逢空劫，小限太歲入傷使夾地，亦會劫空。故亡。

林御史命

太陽 忌 長生 子女 小耗	破軍 權 右弼 天哭 天虛 沐浴 夫妻 將軍	天機 天鉞 冠帶 兄弟 奏書	紫微 天府 左輔 鈴星 截空 天馬 臨官 命宮 飛廉
武曲 科 龍池 養 財帛/身宮 青龍	甲子年五月二十八日戌時生 陽男 甲寅年五十一歲三月初五故		太陰 地劫 帝旺 父母 喜神
天同 擎羊 天使 胎 疾厄 力士	金四局		貪狼 鳳閣 衰 福德 病符
七殺 文曲 祿存 絕 遷移 博士	天梁 天魁 陀羅 天空 地空 天傷 天刑 墓 奴僕 病符	廉貞 祿 天相 文昌 火星 死 官祿 伏兵	巨門 病 田宅 大耗

紫府同宮，科祿加會，昌曲俱拱，為合格局。又云：左輔文昌，尊居八座。五十一歲大小限均在子，逢哭虛火鈴截空會照，太歲亦逢哭虛，故損壽。

孔明之命

天機 截空 長生 夫妻 將軍	紫微 天魁 養 兄弟 小耗	左輔 右弼 胎 命宮 青龍	破軍 陀羅 鈴星 絕 父母 力士
七殺 沐浴 子女 奏書	辛酉年四月初十日戌時生 陰男 甲寅年五十四歲八月二十五故		地劫 祿存 天哭 墓 福德 博士
太陽 權 天梁 天虛 冠帶 財帛/身宮 飛廉	金四局		廉貞 天府 擎羊 天空 死 田宅 官符
武曲 天相 文曲 科 天鉞 天使 臨官 疾厄 喜神	天同 祿 巨門 火星 地空 帝旺 遷移 病符	貪狼 忌 文昌 天刑 天傷 衰 奴僕 大耗	太陰 天馬 病 官祿 伏兵

左右同宮，日卯月酉並明，為明珠兩照，一生多才多能。五十四歲大限入寅天使之地，逢天空羊陀，太歲羊陀迭併，故壽終。

齊味道命

陀羅 長生 田宅 力士	天機（科） 文曲 左輔 祿存 官祿／身宮 養 博士	紫微 破軍 擎羊 天傷 胎 奴僕 官符	文昌 右弼 天空 絕 遷移 伏兵
太陽 沐浴 福德 青龍	丁未年三月二十四日寅時生 陰男 己亥年五十三歲三月初七故 金四局		天府 天鉞 地空 天使 墓 疾厄 大耗
武曲 七殺 鳳閣 冠帶 父母 小耗			太陰（祿） 死 財帛 病符
天同（權） 天梁 天馬 截空 臨官 命宮 將軍	天相 地劫 天虛 帝旺 兄弟 奏書	巨門（忌） 鈴星 衰 夫妻 飛廉	廉貞 貪狼 天魁 火星 天刑 龍池 天哭 病 子女 喜神

秘經云：科祿權拱來相會，左右扶持福不輕。昌曲加會，富貴之論。命垣得同梁，得純陽中正之心。五十三歲大限入地網，小限在巳，陀羅逢哭虛天使，太歲天哭逢羊陀天傷，故凶。

安祿山命

天梁（科） 陀羅 病 父母 力士	七殺 祿存 衰 福德 博士	擎羊 火星 帝旺 田宅 官符	廉貞 天鉞 鈴星 天空 天馬 臨官 官祿 伏兵
紫微 天相 左輔 死 命宮 青龍	己未年正月初九日戌時生 陰男 丁酉年三十九歲正月十九故 木三局		地劫 天傷 天刑 截空 冠帶 奴僕 大耗
天機 巨門 鳳閣 墓 兄弟 小耗			破軍 右弼 沐浴 遷移 病符
貪狼（權） 文曲（忌） 絕 夫妻 將軍	太陽 太陰 地空 天虛 胎 子女 奏書	武曲（祿） 天府 文昌 天魁 財帛／身宮 養 飛廉	天同 龍池 天哭 天使 長生 疾厄 喜神

紫府加會化祿，左右拱照，無不富貴。只嫌紫破居於辰戌位，主為臣不忠。三十九歲大限入丑，羊陀空劫天傷天虛拱照，小限入卯，傷使擎羊拱照，太歲陀羅空劫天傷天虛會合，故壽終。

國家圖書館出版品預行編目資料

學會紫微斗數，這本很重要：紫微斗數賦文白話解釋
/了然山人著.
——第一版——臺北市：知青頻道出版；
紅螞蟻圖書發行，2023.03
面 ； 公分——(Easy Quick；197)
ISBN 978-986-488-241-0（平裝）

1. CST：紫微斗數

293.11 112001785

Easy Quick 197
學會紫微斗數，這本很重要：紫微斗數賦文白話解釋
作　　者／了然山人
發 行 人／賴秀珍
總 編 輯／何南輝
校　　對／周英嬌、了然山人
美術構成／沙海潛行
封面設計／引子設計
出　　版／知青頻道出版有限公司
發　　行／紅螞蟻圖書有限公司
地　　址／台北市內湖區舊宗路二段121巷19號（紅螞蟻資訊大樓）
網　　站／www.e-redant.com
郵撥帳號／1604621-1　紅螞蟻圖書有限公司
電　　話／(02)2795-3656（代表號）
傳　　真／(02)2795-4100
登 記 證／局版北市業字第796號
法律顧問／許晏賓律師
印 刷 廠／卡樂彩色製版印刷有限公司
出版日期／2023年 3月　第一版第一刷

定價 400 元　港幣 134 元

ISBN 978-986-488-241-0　Printed in Taiwan